Theodor Fontane
Grete Minde

Juristische Zeitgeschichte
Abteilung 6, Band 52

Juristische Zeitgeschichte
Hrsg. von Prof. Dr. Dr. Thomas Vormbaum
(FernUniversität in Hagen, Institut für Juristische Zeitgeschichte)

Abteilung 6:
Recht in der Kunst – Kunst im Recht
Mithrsg. Prof. Dr. Gunter Reiß
(Universität Münster)

Band 52

Redaktion: Anne Gipperich

De Gruyter

Theodor Fontane

Grete Minde

**Nach einer altmärkischen Chronik
(1880)**

Mit Kommentaren von Anja Schiemann
und Walter Zimorski

De Gruyter

Dr. Anja Schiemann ist Professorin für Strafrecht und Kriminologie an der Deutschen Hochschule der Polizei, Münster-Hiltrup.

Walter Zimorski lehrte nach dem Studium der Germanistik und Philosophie an der Ruhr-Universität Bochum neuere deutsche Sprache und Literatur an Volkshochschulen im Ruhrgebiet.

Der Text folgt dem Text der ersten Buchausgabe. Berlin 1880.
Die graphischen Zeichen sind der Formatvorlage der Schriftenreihe angepasst.

Frontispiz: Theodor Fontane (30. Dezember 1819 bis 20. September 1898). Portrait–Radierung von Wilhelm Krauskopf (1880). Aus: L'Adultera. Novelle. Von Theodor Fontane. In: Nord und Süd. Eine deutsche Monatsschrift. Herausgegeben von Paul Lindau. XIII. Band, April–Mai–Juni 1880, S. 299–349 und XIV. Band, Juli–August–September 1880, S. 47–95. Breslau. Druck und Verlag von S. Schottlaender. – Erste Novellenausgabe mit Porträttafel: Privatbesitz.

ISBN 978-3-11-061699-6
e-ISBN (PDF) 978-3-11-061862-4
e-ISBN (EPUB) 978-3-11-061705-4

Library of Congress Control Number: 2018951338

Bibliografische Information der Deutschen Nationalbibliothek

Die Deutsche Nationalbibliothek verzeichnet diese Publikation in der Deutschen Nationalbibliografie; detaillierte bibliografische Daten sind im Internet über http://dnb.dnb.de abrufbar.

© 2018 Walter de Gruyter GmbH, Berlin/Boston

Druck und Bindung: CPI books GmbH, Leck

www.degruyter.com

MIX
Papier aus verantwortungsvollen Quellen
FSC
www.fsc.org   FSC® C083411

Verlag von S. Schottlaender in Breslau

Inhaltsverzeichnis

GRETE MINDE

NACH EINER ALTMÄRKISCHEN CHRONIK

(1880)

https://doi.org/10.1515/9783110618624-001

Erstes Kapitel

Das Hänflingsnest

„Weißt du, Grete, wir haben ein Nest in unserm Garten, und ganz niedrig, und zwei Junge drin."

„Das wäre! Wo denn? Ist es ein Fink oder eine Nachtigall?"

„Ich sag es nicht. Du mußt es raten."

Diese Worte waren an einem überwachsenen Zaun, der zwei Nachbargärten voneinander trennte, gesprochen worden. Die Sprechenden, ein Mädchen und ein Knabe, ließen sich nur halb erkennen, denn so hoch sie standen, so waren die Himbeerbüsche hüben und drüben doch noch höher und wuchsen ihnen bis über die Brust.

„Bitte, Valtin", fuhr das Mädchen fort, „sag es mir."

„Rate."

„Ich kann nicht. Und ich *will* auch nicht."

„Du *könntest* schon, wenn du wolltest. Sieh nur", und dabei wies er mit dem Zeigefinger auf einen kleinen Vogel, der eben über ihre Köpfe hinflog und sich auf eine hohe Hanfstaude niedersetzte.

„Sieh", wiederholte Valtin.

„Ein Hänfling?"

„Geraten."

Der Vogel wiegte sich eine Weile, zwitscherte und flog dann wieder in den Garten zurück, in dem er sein Nest hatte. Die beiden Kinder folgten ihm neugierig mit ihren Augen.

„Denke dir", sagte Grete, „ich habe noch kein Vogelnest gesehen; bloß die zwei Schwalbennester auf unsrem Flur. Und ein Schwalbennest ist eigentlich gar kein Nest."

„Höre, Grete, ich glaube, da hast du recht."

„Ein richtiges Nest, ich meine von einem Vogel, nicht ein Krähen- oder Storchennest, das muß so weich sein wie der Flachs von Reginens Wocken."

„Und so ist es auch. Komm nur. Ich zeig es dir." Und dabei sprang er vom Zaun in den Garten seines elterlichen Hauses zurück.

„Ich darf nicht", sagte Grete.

„Du darfst nicht?"

„Nein, ich soll nicht. Trud ist dawider."

„Ach Trud, Trud. Trud ist deine Schwieger, und eine Schwieger ist nicht mehr als eine Schwester. Wenn ich eine Schwester hätte, die könnte den ganzen Tag verbieten, ich tät es doch. Schwester ist Schwester. Spring. Ich fange dich."

„Hole die Leiter."

„Nein, spring."

Und sie sprang, und er fing sie geschickt in seinen Armen auf.

Jetzt erst sah man ihre Gestalt. Es war ein halbwachsenes Mädchen, sehr zart gebaut, und ihre feinen Linien, noch mehr das Oval und die Farbe ihres Gesichts, deuteten auf eine Fremde.

„Wie du springen kannst", sagte Valtin, der seinerseits einen echt märkischen Breitkopf und vorspringende Backenknochen hatte. „Du fliegst ja nur so. Und nun komm, nun will ich dir das Nest zeigen."

Er nahm sie bei der Hand, und zwischen Gartenbeeten hin, auf denen Dill und Pastinak in hohen Dolden standen, führte er sie bis in den Mittelgang, der weiter abwärts vor einer Geißblattlaube endigte.

„Ist es hier?"

„Nein, in dem Holunder."

Und er bog ein paar Zweige zurück und wies ihr das Nest.

Grete sah neugierig hinein und wollte sich damit zu schaffen machen, aber jetzt umkreiste sie der Vogel, und Valtin sagte: „Laß; er ängstigt sich. Es ist wegen der Jungen; unsere Mütter sind nicht so bang um uns."

„Ich habe keine Mutter", erwiderte Grete scharf.

„Ich weiß", sagte Valtin, „aber ich vergeß es immer wieder. Sieht sie doch aus, als ob sie deine Mutter wäre, versteht sich, deine Stiefmutter. Höre, Grete, sieh dich vor. Hübsch ist sie, aber hübsch und bös. Und du kennst doch das Märchen vom Machandelboom?"

„Gewiß kenn ich das. Das ist ja mein Lieblingsmärchen. Und Regine muß es mir immer wieder erzählen. Aber nun will ich zurück in unsern Garten."

„Nein, du mußt noch bleiben. Ich freue mich immer, wenn ich dich habe. Du bist so hübsch. Und ich bin dir so gut."

„Ach, Narretei. Was soll ich noch bei dir?"

„Ich will dich noch ansehen. Mir ist immer so wohl und so weh, wenn ich dich ansehe. Und weißt du, Grete. wenn du groß bist, da mußt du meine Braut werden."

„Deine Braut?"

„Ja, meine Braut. Und dann heirat ich dich."

„Und was machst du dann mit mir?"

„Dann stell ich dich immer auf diesen Himbeerzaun und sage 'spring'; und dann springst du, und ich fange dich auf, und..."

„Und?"

„Und dann küß ich dich."

Sie sah ihn schelmisch an und sagte: „Wenn das wer hörte! Emrentz oder Trud..."

„Ach Trud und immer Trud. Ich kann sie nicht leiden. Und nun komm und setz dich."

Er hatte diese Worte vor dem Laubeneingang gesprochen, an dessen rechter Seite eine Art Gartenbank war, ein kleiner niedriger Sitzplatz, den er sich aus vier Pflöcken und einem darübergelegten Brett selbst zurechtgezimmert hatte. Er liebte den Platz, weil er sein eigen war und nach dem Nachbargarten hinübersah. „Setz dich", wiederholte er, und sie tat's, und er rückte neben sie. So verging eine Weile. Dann zog er einen Malvenstock aus der Erde und malte Buchstaben in den Sand.

„Lies", sagte er. „Kannst du's?"

„Nein."

„Dann muß ich dir sagen, Grete, daß du deinen eigenen Namen nicht lesen kannst. Es sind fünf Buchstaben, und es heißt Grete."

„Ach, griechisch", lachte diese. „Nun merk ich erst; ich soll dich bewundern. Hatt es ganz vergessen. Du gehörst ja zu den sieben, die seit Ostern zum alten Gigas gehen. Ist er denn so streng?"

„Ja und nein."

„Er sieht einen so durch und durch. Und seine roten Augen, die keine Wimpern haben..."

„Laß nur", beruhigte Valtin. „Gigas ist gut. Es muß nur kein Kalvinscher sein oder kein Katholscher. Da wird er gleich bös und Feuer und Flamme."

„Ja, sieh, das ist es ja eben..."

Valtin malte mit dem Stocke weiter. Endlich sagte er: „Ist es denn wahr, daß deine Mutter eine Katholsche war?"

„Gewiß war sie's."

„Und wie kam sie denn ins Land und in euer Haus?"

„Das war, als mein Vater in Brügge war, da sind viele Spansche. Kennst du Brügge?"

„Freilich kenn ich's. Das ist ja die Stadt, wo sie die beiden Grafen enthauptet haben."

„Nein, nein. Das verwechselst du wieder. Du verwechselst auch immer. Weißt du noch... Ananias und Äneas?! Aber das war damals, als du noch nicht bei Gigas warst... Ach, bei Gigas! Und nun soll ich auch hin, denn ich werde ja vierzehn, und Trud ist bei ihm gewesen, wegen Unterricht und Firmung, und hat es alles besprochen... Aber sieh, ihr habt ja noch Kirschen an eurem Baum. Und wie dunkel sie sind! Nur zwei. Die möcht ich haben."

„Es ist zu hoch oben; da können bloß die Vögel hin. Aber laß sehen, Gret, ich will sie dir doch holen ... wenn..."

„Wenn?"

„Wenn du mir einen Kuß geben willst. Eigentlich müßtest du's. Du bist mir noch einen schuldig."

„Schuldig?"

„Ja. Von Silvester."

„Ach, das ist lange her. Da war ich noch ein Kind."

„Lang oder kurz. Schuld ist Schuld."

„Und bedenke, daß ich morgen zu Gigas komme..."

„Das ist erst morgen."

Und eh sie weiter antworten konnte, schwang er sich in den Baum und kletterte rasch und geschickt bis in die Spitze, die sofort heftig zu schwanken begann.

„Um Gott, du fällst", rief sie hinauf, er aber riß den Zweig ab, an dem die zwei Kirschen hingen, und stand im Nu wieder auf dem untersten Hauptast, an dem er sich jetzt, mit beiden Knien einhakend, waagerecht entlangstreckte.

„Nun pflücke", rief er und hielt ihr den Zweig entgegen. „Nein, nein, nicht so. Mit dem Mund..."

Und sie hob sich auf die Fußspitzen, um nach seinem Willen zu tun. Aber im selben Augenblicke ließ er die Kirschen fallen, bückte sich mit dem Kopf und gab ihr einen herzhaften Kuß.

Das war zuviel. Erschrocken schlug sie nach ihm und lief auf die Gartenleiter zu, die dicht an der Stelle stand, wo sie das Gespräch zwischen den Himbeerbüschen gehabt hatten. Erst als sie die Sprossen hinauf war, hatte sich ihr Zorn wieder gelegt, und sie wandte sich und nickte dem noch immer verdutzt Dastehenden freundlich zu. Dann bog sie die Zweige voneinander und sprang leicht und gefällig in den Garten ihres eigenen Hauses zurück.

Zweites Kapitel

Trud und Emrentz

In den Gärten war alles still, und doch waren sie belauscht worden. Eine schöne, junge Frau, Frau Trud Minde, modisch gekleidet, aber mit strengen Zügen, war, während die beiden noch plauderten, über den Hof gekommen und hatte sich hinter einem Weinspalier versteckt, das den geräumigen, mit Gebäuden umstandenen Mindeschen Hof von dem etwas niedriger gelegenen Garten trennte. Sechs Stufen führten hinunter. Nichts war ihr hier entgangen, und die widerstreitendsten Gefühle, nur keine freundlichen, hatten sich in ihrer Brust gekreuzt. Grete war noch ein Kind, so sagte sie sich, und alles, was sie von ihrem Versteck aus gesehen hatte, war nichts als ein kindisches Spiel. Es war nichts und es bedeutete nichts. Und doch, es war Liebe, *die* Liebe, nach der sie sich selber sehnte und an der ihr Leben arm war bis diesen Tag. Sie war nun eines reichen Mannes ehelich Weib; aber nie, so weit sie zurückdenken mochte, hatte sie lachend und plaudernd auf einer Gartenbank gesessen, nie war ein frisches, junges Blut um ihretwillen in einen Baumwipfel gestiegen und hatte sie dann kindlich unschuldig umarmt und geküßt. Das Blut stieg ihr zu Kopf, und Neid und Mißgunst zehrten an ihrem Herzen.

Sie wartete, bis Grete wieder diesseits war, und ging dann raschen Schrittes über den Hof auf Flur und Straße zu, um nebenan ihre Muhme Zernitz, des alten Ratsherrn Zernitz zweite Frau und Valtins Stiefmutter, aufzusuchen. In der Tür des Nachbarhauses traf sie Valtin, der beiseite trat, um ihr Platz zu machen. Denn sie war in Staat, in hoher Stehkrause und goldner Kette.

„Guten Tag, Valtin. Ist Emrentz zu Haus? Ich meine deine Mutter.“

„Ich denke, ja. Oben.“

„Dann geh hinauf und sag ihr, daß ich da bin.“

„Geh nur selbst. Sie hat es nicht gern, wenn ich in ihre Stube komme.“

Es klang etwas spöttisch. Aber Trud, erregt wie sie war, hatte dessen nicht acht und ging, an Valtin vorüber, in den ersten Stock hinauf, dessen große Hinterstube der gewöhnliche Aufenthalt der Frau Zernitz war. Das nach vorn zu gelegene Zimmer von gleicher Größe, das keine Sonne, dafür aber viele hohe Lehnstühle und grünverhangene Familienbilder hatte, war ihr zu trist und öde. Zudem war es das Wohn- und Lieblingszimmer der ersten Frau Zernitz gewesen, einer steifen und langweiligen Frau, von der sie lachend als von ihrer „Vorgängerin im Amt" zu sprechen pflegte.

Trud, ohne zu klopfen, trat ein und war überrascht von dem freundlichen Bilde, das sich ihr darbot. Alle drei Flügel des breiten Mittelfensters standen auf, die Sonne schien, und an dem offenen Fenster vorbei schossen die Schwalben. Über die Kissen des Himmelbetts, dessen hellblaue Vorhänge zurückgeschlagen waren, waren Spitzentücher gebreitet, und vom Hof herauf hörte man das Gackern der Hühner und das helle Krähen des Hahns.

„Ei, Trud", erhob sich Emrentz und schritt von ihrem Fensterplatz auf die Muhme zu, um diese zu begrüßen. „Zu so früher Stunde. Und schon in Staat! Laß doch sehen. Ei, das ist ja das Kleid, das du den Tag nach deiner Hochzeit trugst. Wie lang ist es? Ach, als ich dir damals gegenübersaß, und Zernitz neben mir, und die grauen Augen der guten alten Frau Zernitz immer größer und immer böser wurden, weil er mir seine Geschichten erzählte, die kein Ende hatten, und immer so herzlich lachte, daß ich zuletzt auch lachen mußte, aber über *ihn*, da dacht ich nicht, daß ich zwei Jahre später an diesem Fenster sitzen und *auch* eine Frau Zernitz sein würde."

„Aber eine andre."

„Gott sei Dank, eine andre... Komm, setz dich... Und ich glaube, Zernitz denkt es auch. Denn Männer in zweiter Ehe, mußt du wissen, das sind die besten. Das erst ist, daß sie die erste Frau vergessen, und das zweit ist, daß sie alles tun, was wir wollen. Und das ist die Hauptsache. Ach Trud, es ist zum Lachen; sie schämen sich ordentlich und entschuldigen sich vor uns, schon eine erste gehabt zu haben. Andre mögen anders sein; aber für meinen alten Zernitz bürg ich, und wäre nicht der Valtin..."

„Um *den* eben komm ich", unterbrach Trud, die der Muhme nur mit halbem Ohr gefolgt war, „um eben deinen Valtin. Höre, das hat sich ja mit der Gret, als ob es Braut und Bräutigam wäre. Er muß aus dem Haus. Und ich denke, du wirst ihn missen können."

„Laß doch. Es sind ja Kinder."

„Nein; es sind nicht Kinder mehr. Valtin ist sechzehn oder wird's, und Gret ist über ihre Jahre und hat's von der Mutter."

„Nicht doch. Ich war ebenso."

„Das ist dein Sach, Emrentz."

„Und dich verdrießt es", lachte diese.

„Ja, mich verdrießt es; denn es gibt einen Anstoß im Haus und in der Stadt. Und ich mag's und will's nicht. Du hast einen leichten Sinn, Emrentz, und siehst es nicht, weil du zuviel in den Spiegel siehst. Lache nur; ich weiß es wohl, er will es; alle Alten wollen's, und du sollst dich putzen und seine Puppe sein. Aber ich, ich seh um mich, und was ich eben gesehen hab... Emrentz, mir schlägt noch das Herz. Ich komme von Gigas und suche Greten und will ihr sagen, daß sie sich vorbereitet und ernst wird in ihrem Gemüt, da find ich sie... nun rate, wo? Im Garten zwischen den Himbeerbüschen. Und wen mit ihr? Deinen Valtin..."

„Und er gibt ihr einen Kuß. Ach, Trud, ich hab's ja mitangesehn, alles, hier von meinem Fenster, und mußt an alte Zeiten denken, und an den Sommer, wo ich auch dreizehn war und mit Hans Hensen Versteckens spielte und eine geschlagene Glockenstunde hinter dem Rauchfang saß, Hand in Hand und immer nur in Sorge, daß wir zu früh gefunden, zu früh in unserm Glück gestört werden könnten. Laß doch, Trud, und gönn's ihnen. 's ist nichts mit alter Leute Zärtlichkeiten, und ich wollt, ich stünde wieder, wie heute die Grete stand. Es war so hübsch, und ich hatt eine Freude dran. Nun bin ich dreißig, und er ist doppelt so alt. Hätt ich noch vier Jahre gewartet, höre, Trud, ich glaube fast, ich hätte besser zu dem Jungen als zu dem Alten gepaßt. Sieh nicht so bös drein und bedenk, es trifft's nicht jeder so gut wie du. Gleich zu gleich und jung zu jung."

„Jung zu jung!" sagte diese bitter. „Es geht ins dritte Jahr, und unser Haus ist öd und einsam."

„Alt oder jung, wir müssen uns eben schicken, Trud"; und dabei nahm Emrentz ihrer Muhme Arm und schritt mit ihr in dem geräumigen Zimmer auf und ab. „Mein Alter ist zu jung, und dein Junger ist zu alt; und so haben wir's gleich, trotzdem uns der Schuh an ganz verschiedenen Stellen drückt. Nimm's leicht, und wenn du das Wort nicht leiden kannst, so sei wenigstens billig und gerecht. Wie liegt's denn? Höre, Trud, ich denke, wir haben nicht viel eingesetzt und dürfen nicht viel fordern. Hineingeheiratet haben wir uns. Und war's denn besser, als wir mit fünfundzwanzig, oder war's noch ein Jahr mehr, auf dem Gardelegner Marktplatz saßen und gähnten und strickten und von unserm Fenster aus den Bauerfrauen die Eier in der Kiepe zählten? Jetzt kaufen wir sie wenigstens und leben einen guten Tag. Und das Sprichwort sagt, man kann nicht alles haben. Was fehlt, fehlt. Aber dir zehrt's am Herzen, daß dir nichts Kleines in der Wiege schreit, und du versuchst es nun mit Gigas und mit Predigt und Litanei. Aber das hilft zu nichts und hat noch keinem geholfen. Halte dich ans Leben; *ich* tu's und getröste mich mit der Zukunft. Und wenn der alte Zernitz eine zweite Frau nahm, warum sollt ich nicht einen zweiten Mann nehmen? Da hast du meine Weisheit, und warum es mir gedeiht. Lache mehr und bete weniger."

Es schien, daß Trud antworten wollte, aber in diesem Augenblick hörte man deutlich von der Straße her das Schmettern einer Trompete und dazwischen Paukenschläge. Es kam immer näher, und Emrentz sagte: „Komm, es müssen die Puppenspieler sein. Ich sah sie schon gestern auf dem Anger, als ich mit meinem Alten aus dem Lorenzwäldchen kam." Und danach gingen beide junge Frauen in das Frau Zernitzsche Vorderzimmer mit den hohen Lehnstühlen und den verhangenen Familienbildern und stellten sich an eins der Fenster, das sie rasch öffneten.

Und richtig, es waren die Puppenspieler, zwei Männer und eine Frau, die, bunt und phantastisch aufgeputzt, ihren Umritt hielten. Hunderte von Neugierigen drängten ihnen nach. Es war ersichtlich, daß sie nicht hier, sondern erst weiter abwärts, an einem unmittelbar am Markte gelegenen Eckhause zu halten gedachten, als aber der zur Rechten Reitende, der lange, gelb und schwarz gestreifte Trikots und ein schwarzes, enganliegendes Samt- und Atlascollet trug, der beiden jungen Frauen gewahr wurde, hielt er sein Pferd plötzlich an und gab ein Zeichen, daß der die Pauke rührende, hagre Hanswurst, dessen weißes Hemd und spitze Filzmütze bereits der Jubel aller Kinder waren, einen Augenblick schweigen solle. Zugleich nahm er sein Barett ab und grüßte mit ritterlichem Anstand zu dem Fenster des Zernitzschen Hauses hinauf. Und nun erst begann er: „Heute abend, sieben Uhr, mit hoher obrigkeitlicher Bewilligung, auf dem Rathause hiesiger kurfüstlicher Stadt Tangermünde: *Das Jüngste Gericht.*"

Dies Wort wurde, während der Schwarzundgelbgestreifte die Trompete hob, von einem ungeheuern Paukenschlage begleitet.

„Das jüngste Gericht! Großes Spiel in drei Abteilungen, so von uns gespielet worden vor Ihren christlichen Majestäten, dem römischen Kaiser und König und dem Könige von Ungarn und Polen. Desgleichen vor allen Kurfürsten und Fürsten deutscher Nation. Worüber wir Zeugnisse haben allerdurchlauchtigster Satisfaktion. Das jüngste Gericht! Großes Spiel in drei Abteilungen, mit Christus und Maria, samt dem Lohn aller Guten und der Verdammnis aller Bösen. Dazu beides, Engel und Teufel, und großes Feuerwerk, aber ohne Knall und Schießen und sonstige Fährlichkeit, um nicht 'denen schönen Frauen', so wir zu sehen hoffen, irgendwie störend oder mißfällig zu sein."

Und nun wieder Paukenschlag und Trompetenstoß, und auf den Marktplatz zu nahm der Umritt seinen Fortgang, während der Puppenspieler im Trikot noch einmal zu dem Zernitzschen Hause hinaufgrüßte. Auch die dunkelfarbige Frau, die zwischen den beiden andren zu Pferde saß, verneigte sich. Sie schien groß und stattlich und trug ein Diadem mit langem schwarzem Schleier, in den zahllose Goldsternchen eingenäht waren.

„Gehst du heute?" fragte Emrentz.

„Nein. Nicht heut und nicht morgen. Es widersteht mir, Gott und Teufel als bloße Puppen zu sehen. Das Jüngste Gericht ist kein Spiel, und ich begreif unsre Ratsmannen nicht, und am wenigsten unsern alten Peter Guntz, der doch sonst ein christlicher Mann ist. Heiden und Türken sind's. Sahst du die Frau? Und wie der lange schwarze Schleier ihr vom Kopfe hing?"

„Ich gehe doch", lachte Emrentz.

Damit trennten sich die Frauen, und Trud, unzufrieden über das Gespräch und das Scheitern ihrer Pläne, kehrte noch übellauniger, als sie gekommen, in das Mindesche Haus zurück.

Drittes Kapitel

Das „Jüngste Gericht" und was weiter geschah

In jener Stille, wie sie dem Mindeschen Hauswesen eigen war, verging der Tag; nur der Pfauhahn kreischte von seiner Stange, und aus dem Stallgebäude her hörte man das Stampfen eines Pferdes, eines schönen flandrischen Tieres, das der alte Minde, bei Gelegenheit seiner zweiten Heirat, aus den Niederlanden mit heimgebracht hatte. Das war nun fünfzehn Jahr; es war alt geworden wie sein Herr, aber hatte bessere Tage als dieser.

Grete hatte gebeten, das Puppenspiel im Rathaus besuchen zu dürfen, und es war ihr, allem Abmahnen Truds unerachtet, von ihrem Vater, dem alten Minde, gestattet worden, nachdem dieser in Erfahrung gebracht hatte, daß auch Emrentz und Valtin und der alte Zernitz selbst dem Spiele beiwohnen würden. Lange vor sieben Uhr hatte man Greten abgeholt, und in breiter Reihe, als ob sie zusammengehörten, schritten jetzt alle gemeinschaftlich auf das Rathaus zu. Die Freitreppe, die hinaufführte, war mit Neugierigen besetzt, auch mit solchen, die drinnen ihre Plätze hatten und nur wieder ins Freie getreten waren, um so lange wie möglich noch der frischen Luft zu genießen. Denn in dem niedrig gewölbten Saale war es stickig, und kein anderes Licht fiel ein als ein gedämpftes von Flur und Treppe her. In der zweiten Reihe waren ihnen, unter Beistand eines alten Stadt- und Ratsdieners, einige Mittelplätze freigehalten worden, auf denen sie bequemlich Platz nahmen, erst Zernitz selbst und Emrentz, dann Valtin und Grete. Das war auch die Reihenfolge, in der sie saßen. Grete war von Anfang an nur Aug und Ohr, und als Emrentz ihr aus einem Sandelkästchen allerhand Süßigkeiten anbot, wie sie damals Sitte waren, überzuckerte Frucht und kleine Theriakkügelchen, dankte sie und weigerte sich, etwas zu nehmen. Valtin sah es und flüsterte ihr zu: „Fürchtest du dich?"

„Ja, Valtin. Bedenke, das Jüngste Gericht."

„Wie kannst du nur? Es sind ja Puppen."

„Aber sie bedeuten was, und ich weiß doch nicht, ob es recht ist."

„Das hat dir Trud ins Gewissen geredt", lachte Emrentz, und Grete nickte.

„Glaub ihr nicht; es ist 'ne fromme Sach. Und in Stendal haben sie's in der Kirchen gespielt." Und dabei nahm Emrentz eine von den kandierten Früchten und drückte den Stengel in ihres Alten große Sommersprossenhand. Der aber nickte ihr zärtlich zu, denn er nahm es für Liebe.

Während dieses Gesprächs hatte sich der Saal auf allen Plätzen gefüllt. Viele standen bis nach dem Ausgang zu, vor den Zernitzens aber saß der alte Peter Guntz, der schon zum vierten Male Burgemeister war und den sie um seiner Klugheit und Treue willen immer wieder wählten, trotzdem er schon an die achtzig zählte. „Das ist ja Grete Minde", sagte er, als er des Kindes ansichtig wurde. „Sei brav, Gret." Und dabei sah er sie mit seinen kleinen und tiefliegenden Augen freundlich an.

Und nun wurd es still, denn auf dem Rathausturme schlug es sieben, und die Gardine, die bis dahin den Bühnenraum verdeckt hatte, wurde langsam zurückgezogen. Alles erschien anfänglich in grauer Dämmerung, als sich aber das Auge an das Halbdunkel gewöhnt hatte, ließ sich die Herrichtung der Bühne deutlich erkennen. Sie war, der Breite nach, dreigeteilt, wobei sich der treppenförmige Mittelraum etwas größer erwies als die beiden Seitenräume, von denen der eine, mit der schmalen Tür, den Himmel und der andre, mit der breiten Tür, die Hölle darstellte. Engel und Teufel standen oder hockten umher, jeder auf der ihm zuständigen Seite, während eine hagere Puppe, mit weißem Rock und trichterförmiger Filzmütze, die dem lebendigen Hanswurst des Vormittagsrittes genau nachgebildet schien, zu Füßen der großen Mitteltreppe saß, deren Stufen zu Christus und Maria hinaufführten. Was nur der Hagere hier sollte? Grete fragte sich's und wußte keine Antwort; allen anderen aber war kein Zweifel, zu welchem Zweck er da war und daß ihm oblag, Schergendienste zu tun und die Sonderung in Gut' und Böse, nach einer ihm werdenden Ordre, oder vielleicht auch nach eigenem souveränem Ermessen, durchzuführen. Und jetzt erhob sich Christus von seinem Thronsessel und gab mit der Rechten das Zeichen, daß das Gericht zu beginnen habe. Ein Donnerschlag begleitete die Bewegung seiner Hand, und die Erde tat sich auf, aus der nun, erst langsam und ängstlich, dann aber rasch und ungeduldig, allerhand Gestalten ans Licht drängten, die sich, irgendeinem berühmten Totentanz entnommen, unschwer als Papst und Kaiser, als Mönch und Ritter und viel andere noch erkennen ließen. Ihr Hasten und Drängen entsprach aber nicht dem Willen des Weltenrichters, und auf seinen Wink eilte jetzt der sonderbare Scherge herbei, drückte die Toten wieder zurück und schloß den Grabdeckel, auf den er sich nun gravitätisch setzte.

Nur zwei waren außerhalb geblieben, ein wohlbeleibter Abt mit einem roten Kreuz auf der Brust und ein junges Mädchen, ein halbes Kind noch, in langem weißem Kleid und mit Blumen im Haar, von denen einzelne Blätter bei jeder Bewegung niederfielen. Grete starrte hin; ihr war, als würde sie selbst vor Gottes Thron gerufen, und ihr Herz schlug und ihre zarte Gestalt zitterte. Was wurd aus dem Kind? Aber ihre bange Frage mußte sich noch gedulden, denn der Abt hatte den Vortritt, und Christus, in einem Ton, in dem unverkennbar etwas von Scherz und Laune mitklang, sagte:

> „Mönchlein, schau hin, du hast keine Wahl,
> Die schmale Pforte, *dir* ist sie zu schmal."

Und im selben Augenblick ergriff ihn der Scherge und stieß ihn durch das breite Tor nach links, wo kleine Flammen von Zeit zu Zeit aus dem Boden aufschlugen.

Und nun stand das Kind vor Christi Thron. Maria aber wandte sich bittend an ihren Sohn und Heiland und sprach an seiner Statt:

> „Dein Tag war kurz, dein Herze war rein,
> Dafür ist der Himmel dein.
> Geh ein!
> Unter Engeln sollst du ein Engel sein."

Und Engel umfingen sie, und es war ein Klingen wie von Harfen und leisem Gesang. Und Grete drückte Valtins Hand. Unter allen Anwesenden aber herrschte die gleiche Befriedigung, und der alte Zernitz flüsterte: „Hör, Emrentz, *der* versteht's. Ich glaube jetzt, daß er vor Kaiser und Reich gespielt hat."

Und das Spiel nahm seinen Fortgang.

***

Inzwischen, es hatte zu dunkeln begonnen, waren die Mindes in dem rechts neben der Flurtür gelegenen Unterzimmer versammelt und nahmen an einem Tische, der nur zur Hälfte gedeckt war, ihre Abendmahlzeit ein. Der alte Jacob Minde hatte den Platz an der einen Schmalseite des Tisches, während Trud und Gerdt, seine Schwieger und sein Sohn, an den Längsseiten einander gegenübersaßen. Trud steif und aufrecht, Gerdt bequem und nachlässig in Kleidung und Haltung. In allem der Gegenpart seines Weibes; auch seines Vaters, der trotz eines Zehrfiebers, an dem er litt, aus einem starken Gefühle dessen, was sich für ihn zieme, die Schwäche seines Körpers und seiner Jahre bezwang.

Es schien, daß Trud ihre schon vormittags gegen Emrentz gemachten Bemerkungen über das Puppenspiel eben wiederholt hatte, denn Jacob Minde, während er einzelne von den großen Himbeeren nahm, die, wie er es liebte, mit den Stielchen abgepflückt worden waren, sagte: „Du bist zu streng, Trud, und du bist es, weil du nur unser tangermündisch Tun und Lassen kennst. Und in Alt-Gardelegen ist es nicht anders. Aber draußen in der Welt, in den großen Ländern und Städten, da wagt sich die Kunst an alles Höchste und Heiligste, und sie haben fromme und berühmte Meister, die nie andres gedacht und gedichtet und gemalt und gemeißelt haben als die Glorie des Himmels und die Schrecknisse der Hölle."

„Ich weiß davon, Vater", sagte Trud ablehnend. „Ich habe solche Bilder in unsrer Gardelegner Kirche gesehn, aber ein Bild ist etwas andres als eine Puppe."

„Bild oder Puppe", lächelte der Alte. „Sie wollen dasselbe, und das macht sie gleich."

„Und doch, Vater, mein ich, ist ein Unterschied, ob ein frommer und berühmter Meister, wie du sagst, eine Schilderei malt zur Ehre Gottes oder ob ein unchristlicher Mann, mit einem Türkenweib und einem Pickelhering, Gewinnes halber über Land zieht und mit seinem Spiel die Schenken füllt und die Kirchen leert."

„Ah, kommt es daher?" lachte Gerdt und streckte sich noch bequemer in seinem Stuhl. „*Daher* also. Warst heut in der Pfarr, und da haben wir nun den Pfarrwind. Ja, das ist Gigas; er bangt um sich und seine Kanzel. Und nun gar das Jüngste Gericht! Das ist ja sein eigener Acker, den er am besten selber pflügt. So wenigstens glaubt er. Weiß es Gott, ich hab ihn nie sprechen hören, auch nicht bei Hochzeit und Kindelbier, ohne daß ein höllisch Feuer aus irgendeinem Ritz oder Ritzchen aufgeschlagen wär. Und nun kommt dieser Puppenspieler und tut's ihm zuvor und brennt uns ein wirklich Feuerwerk..."

Er konnte seinen Satz nicht enden, denn in eben diesem Augenblicke hörten sie, vom Marktplatze her, einen dumpfen Knall, der so heftig war, daß alles Gerät im Zimmer in ein Klirren und Zittern kam; und eh sie noch einander fragen konnten, was es sei, wiederholten sich die Schläge, dreimal, viermal, aber schwächer. Trud erhob sich, um auf die Straße zu sehn, und ein dicker Qualm, der sich in Höhe der gegenüberliegenden Häuser hinzog, ließ keinen Zweifel, daß bei den Puppenspielern ein Unglück geschehen sein müsse. Flüchtig Vorübereilende bestätigten es, und Trud, indem sie sich ins Zimmer zurückwandte, sagte triumphierend: „Ich wußt es: Gott läßt sich nicht spotten." Auf Gerdts blassem und gedunsenem Gesicht aber wechselten Furcht und Verlegenheit, wodurch es nicht gewann, während der alte Minde sein Käppsel abnahm und mit halblauter Stimme die Barmherzigkeit Gottes und den Beistand aller Heiligen anrief. Denn er war noch aus den katholischen Zeiten her. In einem Anfluge von Teilnahme war Trud, die sonst gern ihre herbe Seite herauskehrte, an den Alten herangetreten und hatte ihre Hand auf die Rückenlehne seines Stuhls gelegt, als sie aber den Namen Gretens zum dritten Mal aus seinem Munde hörte, wandte sie sich wieder ab und schritt unruhig und übellaunig im Zimmer auf und nieder. Man sah, daß sie fremd in diesem Hause war und keine Gemeinschaft mit den Mindes hatte.

Sie war eben wieder ans Fenster getreten und sah nach dem Marktplatze hin, als sie plötzlich, inmitten einer Gruppe, Greten selbst erkannte, die, mit einem Stück Zeug unter dem Kopf, auf einer Bahre herangetragen wurde. War sie tot? Es war oft ihr Wunsch gewesen; aber dieser Anblick erschütterte sie doch. „Gott, Grete!" rief sie und sank in einen Stuhl.

Die Träger hatten mittlerweile die Bahre niedergesetzt und trugen das schöne Kind, dessen Arme schlaff herabhingen, von der Straße her ins Zimmer. „Hier", sagte Gerdt, als er die Leute verlegen und unschlüssig dastehen sah, und wies auf eine mit Kissen überdeckte Truhe. Und auf eben diese legten sie jetzt die scheinbar Leblose nieder. Mit ihnen war auch die alte Regine, die Pflegerin Gretens, jammernd und weinend eingetreten und beruhigte sich erst, als nach Besprengen mit frischem Wasser ihr Liebling die Augen wieder aufschlug.

„Wo bin ich?" fragte Grete. „Ach... nicht in der Hölle!"

„Gott, mein süß Gretel", zitterte Regine hin und her. „Was sprichst du nur? Du bist ja ein gutes und liebes Kind. Und ein gutes und liebes Kind, das kommt in den Himmel. Aber das ist auch noch nicht, noch lange nicht. Du kommst auch noch nicht in den Himmel. Du bist noch bei uns. Gott sei Dank, Gott sei Dank. So sieh doch, sieh doch, ich bin ja deine alte Regine."

Die Träger standen noch immer verlegen da, bis der alte Minde sie bat, ihm zu erzählen, was vorgefallen sei. Aber sie wußten nicht viel, da sie wegen des großen Andrangs nur draußen auf der Treppe gewesen waren. Sie hatten nur gehört, daß, gegen den Schluß hin, ein brennender Papierpfropfen in das mit Schwärmern und Feuerrädern angefüllte Vorratsfaß des Puppenspielers gefallen sei und daß es im selben Augenblick einen Schlag und gleich darauf ein furchtbar Menschengedränge gegeben habe. In dem Gedräng aber seien zwei Frauen und ein sechsjährig Kind elendiglich ums Leben gekommen.

Grete richtete sich auf, ersichtlich um zu sprechen und den Bericht nach ihrem eigenen Erlebnis zu vervollständigen; als sie aber ihrer Schwieger ansichtig wurde, wandte sie sich ab und sagte: „Nein, ich mag nicht."

Trud wußte wohl, was es war. Sie nahm deshalb ihres Mannes Hand und sagte: „Komm. Es ist besser, Grete bleibt allein. Wir wollen in die Stadt gehen und sehen, wo Hülfe not tut." Und damit gingen beide.

Als sie fort waren, wandte sich Grete wieder und sagte, ohne daß es einer neuen Aufforderung bedurft hätte: „Ja, so war es. Der Hagre, mit den Schlackerbeinen und der häßlichen, spitzen Filzmütze, bat ihn eben, daß er ihm als einen Bringerlohn eine von den Seelen wieder freigeben solle – da gab es einen Knall, und als ich mich umsah, sah ich, daß alles nach der Türe hindrängte. Denn da, wo das Spiel gewesen war, war alles Rauch und Qualm und Feuer. Und ich dachte, der Letzte Tag sei da. Und Emrentz hatte mich bei der Hand genommen und zog mich mit sich fort. Aber mit einem Male war ich von ihr los, und da stand ich nun und schrie, denn es war, als ob sie mich erdrückten, und zuletzt hatt ich nicht Luft und Atem mehr. Da packte mich Valtin von hinten her und riß mich aus dem Gedränge heraus und in den Saal zurück. Und ich meinte, daß er irre geworden, und so wollt ich wieder in den Knäuel hinein. Er aber zwang mich auf eine Bank nieder und hielt mich mit beiden Händen fest. 'Willst du mich morden?' rief ich. 'Nein, retten will ich dich.' Und so hielt er mich, bis er sehen mochte, daß das Gedränge nachließ. Und nun erst nahm er mich auf seinen Arm und trug mich über den Vorplatz und die Treppe hinunter, bis wir unten auf dem Marktplatz waren. Da schwanden mir die Sinne. Und was weiter geschehen, weiß ich nicht. Aber das weiß ich, daß ich ohne Valtin erdrückt oder verbrannt oder vor Angst gestorben wäre."

Der alte Minde war an einen Schrank getreten, um von seinem Melissengeist, den er noch bei den Brügger Karmeliterinnen erstanden hatte, ein paar Tropfen in ein Spitzglas mit Wein und Wasser zu tun. Grete nahm es; und als eine halbe Stunde später Trud und Gerdt von ihrem Ausgange zurückkehrten, versicherte sie, kräftig genug zu sein, um ohne Beistand in ihre hohe Giebelstube hinaufsteigen zu können.

Viertes Kapitel

Regine

Diese Giebelstube teilte sie mit der alten Regine, die von lange her das Mindesche Hauswesen führte. Freilich, seit Trud da war, war es anders geworden, aber zu niemandes rechter Zufriedenheit. Am wenigsten zur Zufriedenheit der alten Regine. Diese setzte sich jetzt an das Bett ihres Lieblings, und Grete sagte: „Weißt du, Regine, Trud ist böse mit mir."

Regine nickte.

„Und darum konnt ich's nicht sagen", fuhr Grete fort, „ich meine das von dem Valtin, und daß er mich aus dem Feuer herausgetragen; und sie merkte wohl, was es war und warum ich schwieg und mich abwandte. Denke nur, ich soll nicht mehr sprechen mit ihm. Ja, so will sie's; ich weiß es von ihm selbst; er hat mir's heute gesagt. Und er hat es von der Emrentz. Aber die hat gelacht. Höre, Regine, der Emrentz könnt ich gut sein. Wenn ich doch eine Mutter hätte wie *die!* Ach, meine Mutter! Glaubst du nicht, daß sie mich liebhätte?"

„Das hätte sie", sagte Regine und fuhr sich mit der Hand über das Auge; „das hätte sie. Jede Mutter hat ihr Kind lieb, und *deine* Mutter... ach, ich mag es gar nicht denken. Ja, mein Gretelchen, da hätten wir andre Tage, du und ich. Und der Vater auch. Er ist jetzt krank, und Trud ist hart mit ihm und glaubt es nicht. Aber ich weiß es und weiß schon, was ihm fehlt: ein Herz fehlt ihm, und das ist es, was an ihm nagt und zehrt. Ja, deine Mutter fehlt ihm, Gret. Er war nicht mehr jung, als er sie von Brügg' her ins Haus bracht, aber er liebte sie so, und das mußt er auch, denn sie war wie ein Engel. Ja, so war sie."

„Und wie sah sie aus? Sage mir's."

„Ach, du weißt es ja. Wie du. Nur hübscher, so hübsch du bist. Denn es ist, als ob du das blasse Bild von ihr wärst. Und so war es gleich den ersten Tag, als dein Vater dich auf den Arm nahm und sagte: 'Sieh, Gerdt, das ist deine Schwester.' Aber er wollte dich nicht sehn. Und als ich ihm zuredete und sagte: 'Sieh doch nur ihre schwarzen Augen; die hat sie von der Mutter', da lief er fort und sagte: 'Von *ihrer* Mutter. Aber das ist nicht meine.'"

„Und wie war denn *seine* Mutter? Hast du sie noch gekannt?"

„O gewiß."

„Und war sie schöner?"

„Ach, was du nur frägst, Gretel. Schöner als deine Mutter? Schöner war keine.
's war eine Stendalsche, weiter nichts, und der alte Zernitz, der sie nicht leiden
konnt und immer über sie lachte, wiewohlen sie mit seiner eignen Frau zum
Verwechseln war, der sagte: 'Höre, Regine, sieht sie nicht aus wie der Stendalsche Roland?' Und wahrhaftig, so sah sie auch aus, so steif und so lang und so
feierlich. Und auch so schlohweiß, denn sie trug immer selbstgebleichtes Lin-
nen! Und warum trug sie's? Weil sie geizig war; und es sollt immer mehr und
mehr werden. Denn sie war eines reichen Brauherrn Tochter, und alles Geld,
das wir haben, das kommt von ihr."

„Und hatte sie der Vater auch lieb?"

„Ich hab ihm nicht ins Herz gesehen. Aber ich glaub's nicht recht. Denn sieh,
sie hatte keine Liebe, und wer keine Liebe hat, der findet auch keine. Das ist so
Lauf der Welt, und es war just so, wie's mit der Trud ist. Aber ein Unterschied
ist doch. Denn unsre Trud, obwohlen sie mir das gebrannte Herzeleid antut, ist
doch hübsch und klug und weiß, was sie will, und paßt ins Haus und hat eine
vornehme Art. Das haben so die Gardelegenschen. Aber die Stendalsche, die
hatt es nicht und hat keinem was gegönnt und paßte *nicht* ins Haus, und wäre
nicht der Grabstein mit der langen Inschrift, es wüßte keiner mehr von ihr.
Auch Gigas nicht. Und zu dem hielt sie sich doch und ging in die Beichte."

„Und zu *dem* soll ich nun auch gehen, Regine; morgen schon. Trud ist bei ihm
gewesen, und das Spielen und Klettern soll nun ein End haben, und ich soll
vernünftig werden, so sagen sie. Aber ich fürchte mich vor Gigas. Er sieht
einen so durch und durch, und mir ist immer, als mein er, ich verstecke was in
meinem Herzen und sei noch katholisch von der Mutter her."

„Oh, nicht doch, Gret. Er hat dich ja selber getauft. Und jeden Sonntag bist du
zur Kirch und singst Doktor Lutheri Lieder, und singst sie, wie sie Gigas nicht
singen kann. Ich hör immer deine feine kleine Stimme. Nein, nein, laß nur und
ängstige dich nicht. Er meint es gut. Und nun schlaf, und wenn du von dem
Puppenspiele träumst, so gib acht, mein Gretel, und träume von der Seite, wo
die Engel stehn."

Und damit wollte sie nebenan in ihre Kammer gehen. Aber sie kehrte noch
einmal um und sagte: „Und weißt du, Grete, der Valtin ist doch ein guter Jung.
Alle Zernitzens sind gut... Und von dem Valtin darfst du *auch* träumen. Ich
erlaub es dir, *ich*, deine alte Regine."

Fünftes Kapitel

Grete bei Gigas

Es war den andern Vormittag, und von Sankt Stephan schlug es eben zehn, als Trud und Grete die Lange Straße hinaufgingen. Trotz früher Stunde brannte die Sonne schon, und beide standen unwillkürlich still und atmeten auf, als sie den schattigen Lindengang erreicht hatten, der, an der niedrigen Kirchhofsmauer entlang, auf das Predigerhaus zulief. Auch dieses Haus selber lag noch unter alten Linden versteckt, in denen jetzt viele Hunderte von Sperlingen zwitscherten. Eine alte Magd, als die Glocke das Zeichen gegeben, kam ihnen von Hof oder Küche her entgegen und wies, ohne gegrüßt oder gefragt zu haben, nach links hin auf die Studierstube. Wußte sie doch, daß Frau Trud immer willkommen war.

Es war ein sehr geräumiges Zimmer, mit drei großen und hohen Fenstern, ohne Vorhänge, wahrscheinlich um das wenige Licht, das die Bäume zuließen, nicht noch mehr zu verkümmern. An den Wänden hin liefen hohe Regale mit hundert Bänden in braun und weißem Leder, während an einem vorspringenden Pfeiler, gerade der Tür gegenüber, ein halblebensgroßes Kruzifix hing, das auf einen langen, eichenen Arbeitstisch herniedersah. Auf diesem Tische, zwischen aufgeschlagenen Büchern und zahlreichen Aktenstößen, aber bis an die Kruzifix-Wand zurückgeschoben, erhob sich ein zierliches, fünfstufiges Ebenholztreppchen, das, in beabsichtigtem oder zufälligem Gegensatz, oben einen Totenkopf und unten um seinen Sockel her einen Kranz von roten und weißen Rosen trug. Eigene Zucht. Zehn oder zwölf, die das Zimmer mit ihrem Dufte füllten.

Gigas, als er die Tür gehen hörte, wandte sich auf seinem Drehschemel und erhob sich, sobald er Trud erkannte. „Ich bitt Euch, Platz zu nehmen, Frau Minde." Dabei schob er ihr einen Stuhl zu und fuhr in seiner Rede fort: „Das ist also Grete, von der Ihr mir erzählt habt, Eure Schwieger und Euer Kind. Denn Ihr tragt es auf dem Herzen, und sein Wohl und Weh ist auch das Eure. Und das schätz ich an Euch, Frau Minde. Denn der Teufel mit seinen Listen geht immer um, am meisten aber bei der Jugend, und von ihr gilt es doppelt: 'Wachet und betet, daß ihr nicht in Anfechtung fallet.' Betest du, Grete?"

„Ja, Herr."

„Oft?"

„Jeden Abend."

Er sah, daß Grete zitterte und immer auf Trud blickte, aber nicht um Rat und Trostes willen, sondern aus Scham und Scheu. Und Gigas, der nicht nur das menschliche Herz kannte, sondern sich aus erbitterten Glaubenskämpfen her auch einen Schatz echter Liebe gerettet hatte, wandte sich jetzt an Trud und sagte: „Ich spräche gern allein mit dem Kind. So's Euch gefällt, Frau Minde, wartet auf mich in Hof oder Garten. Ihr wißt den Weg."

Und damit erhob sich Trud und verließ das Zimmer. Grete folgte mit dem Ohr und wurd erst ruhiger, als sie die schwere Hoftür in den Rollen gehn und wieder zuschlagen hörte.

Auch Gigas hatte gewartet. Nun aber fuhr er fort: „Also jeden Abend betest du, Grete. Das hör ich gern. Aber *was* betest du?"

„Ich bete die sieben Bitten."

„Das ist gut. Aber was betest du noch!"

„Ich bet auch einen Spruch, den mich unsre alte Regine gelehrt hat."

„Das ist die Magd, die dich großgezogen, eh deine Schwieger ins Haus kam?"

„Ja, Herr."

„Und wie lautet der Spruch? Ich möcht ihn wohl hören. Denn sieh, Grete, das mußt du wissen, ein für allemal, so wie wir beten, so sind wir. Es ist schon ein Zeichen, wie der Mensch zum Menschen spricht, aber wie der Mensch zu Gott spricht, das entscheidet über ihn. Da liegt es, gut oder böse. Willst du mir den Spruch sagen? Du mußt dich nicht fürchten vor mir. Sammle dich und besinne dich. Sieh, ich will dir auch eine Rose schenken. Da. Und wie gut sie dir kleidet. Du gleichest deiner Mutter, aber nicht in *allem*, denk ich. Denn du weißt doch, daß sie sich zu dem alten Glauben hielt. Und sie mied mich, wenn ich in euer Haus kam. Aber ich habe für sie gebetet. Und nun sage mir deinen Spruch."

„Ich glaube, Herr, es ist ein Lied."

„Auch das ist gut. Spruch oder Lied. Aber beginne."

Und nun faltete Grete die Hände und sagte, während sie zu dem Alten aufsah:

> „Himmelwärts
> Richte, Gott, mein sündig Herz,
> Laß der Kranken und der Armen
> Mich in ihrer Not erbarmen;
> Was ich irdisch gebe hin,

Ist mir himmlischer Gewinn."

Gigas lächelte. Die Lieblichkeit des Kindes ließ das Feuer, das sonst wohl auf seiner Stirne hoch aufgeschlagen hätte, nicht übermächtig werden, und er sagte nur: „Nein, Grete, das macht es nicht; darin erkenn ich noch die Torheit von den guten Werken. Lernen wir lieber einen andern Spruch. Denn sieh, unsre guten Werke sind nichts und bedeuten nichts, weil all unser Tuen sündig ist von Anfang an. Wir haben nichts als den Glauben, und nur eines ist, das sühnet und Wert hat: der Gekreuzigte."

„Ja, Herr... Ich weiß... Und ich hab einen Splitter von seinem Kreuz." Und sie zog in freudiger Erregung eine Goldkapsel aus ihrem Mieder.

Gigas war einen Augenblick zurückgetreten, und seine roten Augen schienen röter geworden. Aber er sammelte sich auch diesmal rasch wieder und nahm die Kapsel und betrachtete sie. Sie hing an einem Kettchen. In das obere Kapselstück war eine Mutter Gottes in feinen Linien eingegraben, innerhalb aber lag ein rotes Seidenläppchen und in diesem der Splitter. Der Alte knipste das Deckelchen wieder zu und sagte dann ruhig: „Es ist Götzendienst, Grete."

„Ein Andenken, Herr! Ein Andenken von meiner Mutter. Und es ist alles, was ich von ihr hab. Ich habe sie nicht mehr gekannt, Ihr wißt es. Aber Regine hat mir das Kettchen umgehängt, als ich meinen zehnten Geburtstag hatte. So hat sie's der Mutter versprechen müssen, und seitdem trag ich es Tag und Nacht."

„Und ich will es dir nicht nehmen, Grete, *jetzt* nicht. Aber ich denke, der Tag soll kommen, wo du mir es *geben* wirst. Denn verstehe wohl: wir wollen sein Kreuz tragen, aber keinen Splitter von seinem Kreuz, und nicht *auf* unserm Herzen soll es ruhen, sondern *in* ihm. Und nun laß uns gute Freunde sein. Ich sehe, du hast einen offenen Sinn und bist anders, als ich dachte. Aber es geht noch um in dir, und die Regine, mit der ich sprechen will, hat nicht gebührlich gesorgt, den alten Spuk mit seinen Ränken und Listen auszutreiben. Ich denke, Grete, wir wollen die Tenne reinfegen und die Spreu von dem Weizen sondern. Du hast das rechte Herz, aber noch nicht den rechten Glauben, und irrt der Glaube, so irrt auch das Herz. Und nun geh, Grete. Und die Gnade Gottes sei mit dir."

Sie wollte seine Hand küssen, aber er litt es nicht und begleitete sie bis an die Stufen, die von der Diele her zu der Haustür hinaufführten. Hier erst wandt er sich wieder und ging über Flur und Hof auf den Garten zu, wo Trud, inmitten eines Buchsbaumganges, in stattlicher Haltung auf und nieder schritt. Beide begrüßten einander, und die Magd, die von ihrem Küchenfenster aus sehen konnte, wie der Alte sich aufrichtete und grader ging als gewöhnlich, verzog ihr Gesicht und murmelte vor sich hin: „Nicht zu glauben...! Und ist so alt und so fromm!" Und dabei kicherte sie und ließ an ihrem Lachen erkennen, daß sie den Gedanken in ihrer Seele weiterspann.

Trud und Gigas waren inzwischen den Garten hinaufgegangen und hielten vor einem runden Beet, das mit Rittersporn und gelben Studentenblumen dicht besetzt war. „Ich kann Euch nicht folgen, Frau Trud, in dem, was Ihr mir über das Kind gesagt habt", sagte Gigas. „Ihr verkennt es. Es ist ein verzagtes Herz und kein trotzig Herz. Ich sah, wie sie zitterte, und der Spruch, den sie sagen wollte, wollt ihr nicht über die Lippen. Nein, es ist ein gutes Kind und ein schönes Kind. Wie die Mutter."

In Truds Auge zuckte wieder ein gelber Strahl auf, denn sie hörte nicht gern eines andern Lob, und in herbem Tone wiederholte sie: „Wie die Mutter... Ich muß es glauben, daß sie schön war. *Ihr* sagt es, und alle Welt sagt es. Aber ich wollte, sie wär es weniger gewesen. Denn damit zwang sie's und hat unser Haus behext und in den alten Aberglauben zurückfallen lassen. So fürcht ich. Und daß ich's offen gesteh, ich traue dem alten Jacob Minde nicht, und ich traue der Regine nicht. Und widerstünd es mir nicht, den Horcher und Späher im eigenen Haus zu machen, ich glaube, daß ich noch manches fänd wie Bild und Splitter."

„Saget das nicht, Frau Trud. Euren Vater, den alten Ratsherrn, kenn ich von Beicht und Abendmahl und hab ihn allemal treu befunden. So das Unwesen aber im Mindeschen Hause umginge, was Gott in seiner Gnade verhüten wolle, so müßt ich Euch verklagen, Frau Trud, Euch, zu der ich mich alles Besten versehen habe. Denn ihr beherrschst das Haus. Euer Vater ist alt, und Euer Eheherr ist ein Wachs in Eurer Hand, und ihr wißt es wohl, aller Samen, der vom Unkraut fällt und wuchert, ist ein Unheil und schädigt uns das Korn für unsre himmlischen Scheuren."

Sie hatten ihren Gang um das Rondel herum wiederaufgenommen, aus dessen kleinen dreieckigen Beeten die junge Frau jetzt einzelne Blumen pflückte. Beide schwiegen. Endlich sagte Trud: „Ich beherrsche das Haus, sagt Ihr. Ja, ich beherrsch es, und man gehorcht mir; aber es ist ein toter Gehorsam, von dem das Herz nicht weiß. *Das* trotzt mir und geht seinen eigenen Weg."

„Aber Grete ist ein Kind."

„Ja und nein. Ihr werdet sie nun kennenlernen. Achtet auf ihr Auge. Jetzt schläft es, und dann springt es auf. Es ist etwas Böses in ihr."

„In uns allen, Frau Trud. Und nur zwei Dinge sind, es zu bändigen: der Glaube, den wir uns erbitten, und die Liebe, die wir uns erziehn. Liebt Ihr das Kind?"

Und sie senkte den Blick.

Sechstes Kapitel

Das Maienfest

Ein Jahr beinah war vergangen, und die Tangermünder feierten, wie herkömmlich, ihr Maienfest. Das geschah abwechselnd in dem einen oder andern jener Waldstücke, die die Stadt in einem weiten Halbkreis umgaben. In diesem Jahr aber war es im *Lorenzwald*, den die Bürger besonders liebten, weil sich eine Sage daran knüpfte, die Sage von der Jungfrau Lorenz. Mit dieser Sage aber verhielt es sich so. Jungfrau Lorenz, ein Tangermünder Kind, hatte sich in dem großen, flußabwärts gelegenen Waldstück, das damals noch die Elbheide hieß, verirrt, und als der Abend hereinbrach und noch immer kein Ausweg sichtbar wurde, betete sie zur Mutter Gottes, ihr beizustehen und sich ihrer Not zu erbarmen. Und als sie so betete, da nahte sich ihr ein Hirsch, ein hoher Elfender, der legte sich ihr zu Füßen und sah sie an, als spräch er: „Ich *bin* es, besteige mich nur." Und sie bestieg mutig seinen Rücken, weil sie fühlte, daß ihr die Mutter Gottes das schöne Tier in Erhörung ihres Gebetes geschickt habe, und klammerte sich an sein Geweih. Der Hirsch aber trug sie, zwischen den hohen Stämmen hin, aus der Tiefe des Waldes heraus, bis an das Tor und in die Mitte der Stadt. Da blieb er und ließ sich fangen. Und die Stadt gab ihm ein eingehürdet Stück Weideland und hielt ihn in Schutz und Ansehen bis an seinen Tod. Und auch da noch ehrten sie das fromme Tier, das der Mutter Gottes gedient hatte, und brachten sein Geweih nach Sankt Nikolai und hingen es neben dem Altarpfeiler auf. Den Wald aber, aus dem er die Jungfrau hinausgetragen, nannten sie den *Lorenzwald.*

Und dahin ging es heut. Die Gewerke zogen aus mit Musik und Fahnenschwenken, und die Schulkinder folgten, Mädchen und Knaben, und begrüßten den Mai. Und dabei sangen sie:

> „Habt ihr es nicht vernommen?
> Der Lenz ist angekommen!
> Es sagen's euch die Vögelein,
> Es sagen's euch die Blümelein,
> Der Lenz ist angekommen.
>
> Ihr seht es an den Feldern,
> Ihr seht es an den Wäldern;
> Der Kuckuck ruft, der Finke schlägt,
> Es jubelt, was sich froh bewegt,
> Der Lenz ist angekommen!"

Und auch Trud und Gerdt, als der Nachmittag da war, hatten in gutem Mute die Stadt verlassen. Grete mit Reginen folgte. Draußen aber trafen sie die Zernitzens, alt und jung, die sich's auf mitgebrachten und umgestülpten Körben bequem gemacht und nun gar noch die Freud und Genugtuung hatten, die jungen Mindes, mit denen sie lieber als mit den andern Bürgersleuten verkehrten, an ihrer Seite Platz nehmen zu sehen. Auch Valtin und Grete begrüßten sich, und in kurzem war alles Frohsinn und guter Laune, voran der alte Zernitz, der sich, nach Abtretung seines Platzes an Trud, auf den Rain hingelagert und sein sichtliches und immer wachsendes Gefallen daran hatte, der stattlichen, in vollem Staat erschienenen jungen Frau über ihre Schönheit allerlei Schönes zu sagen. Und diese, hart und herbe, wie sie war, war doch Frau genug, sich der Schmeichelrede zu freuen. Emrentz drohte mit Eifersucht und lachte dazwischen, Gerdt summte vor sich hin oder steckte Butterblumenstielchen ineinander, und inmitten von Scherz und Geplauder sah ein jeglicher auf die sonnige Wiese hinaus, wo sich bunte Gruppen um Buden und Carrousel drängten, Bürger nach der Taube schossen und Kinder ihren Ringelreihen tanzten. Ihr Singen klang von der großen Linde her herüber, an deren untersten Zweigen rote und gelbe Tücher hingen.

So mocht eine Stunde vergangen sein, als sie, von der Stadt her, gebückt auf seinem flandrischen Pferde, des alten Minde gewahr wurden. Inmitten seiner Einsamkeit war er plötzlich von einer tiefen Sehnsucht erfaßt worden, den Mai noch einmal mitzufeiern; und nun kam er den breiten Waldweg herauf, auf die Stelle zu, wo die Zernitzens und Mindes gemeinschaftlich lagerten. Ein Diener schritt neben dem Pferde her und führte den Zügel. Was wollte der Alte? Wozu kam er? Und Trud und Gerdt empfingen ihn mit kurzen, rasch herausgestoßenen Fragen, die mehr nach Mißstimmung als nach Teilnahme klangen, und nur Grete freute sich von Herzen und sprang ihm entgegen. Und als nun Decken für ihn ausgebreitet lagen, stieg er ab und setzte sich an einen guten Platz, der den Waldesschatten über sich und die sonnenbeschienene Lichtung vor sich hatte.

Grete pflückte Blumen und sagte: „Soll ich dir einen Kranz flechten?"

Aber der Alte lächelte: „Noch nicht, Grete. Ich warte noch ein Weilchen."

Und sie sah ihn mit ihren großen Augen an und küßte stürmisch seine welke Hand. Denn sie wußte wohl, was er meinte.

Eine Störung war sein Kommen gewesen, das empfanden alle, vielleicht er selbst. Der alte Zernitz zeigte sich immer schweigsamer, Emrentz auch, und Trud, um wenigstens zu sprechen, und vielleicht auch, um der beobachtenden

Blicke Gretens enthoben zu sein, sagte zu dieser: „Du solltest unter die Linde gehen, Grete."

„Und Valtin begleitet dich", sagte Emrentz hinzu.

Beide wurden rot, denn sie waren keine Kinder mehr. Aber sie schwiegen und gingen auf die Wiese hinaus. „Sie wollen allein sein", sagte Grete. „Seien wir's auch." Und an den Schau- und Spielbuden vorbei nahmen sie, kreuz und quer, ihren Weg auf die kleinen und großen Gruppen zu, die sich bei Ringelstechen und Taubenschießen erlustigten. Aber zu der Linde, wo die Kinder spielten, gingen sie nicht.

Es war sehr heiß, so daß sie bald wieder den Schatten aufsuchten, und jenseits der Lichtung angekommen, verfolgten sie jetzt einen halbüberwachsenen Weg, der sich immer tiefer in den Wald hineinzog. Es glühte schon in den Wipfeln, da flog eine Libelle vor ihnen her, und Grete sagte: „Sieh, eine Seejungfer. Wo *die* sind, da muß auch Wasser sein. Ein Sumpf oder ein Teich. Ob schon die Teichrosen blühn? Ich liebe sie so. Laß uns danach suchen."

Und so gingen sie weiter. Aber der Teich wollte nicht kommen, und plötzlich überfiel es Greten: „Wo sind wir, Valtin? Ich glaube, wir haben uns verirrt."

„Nicht doch. Ich höre ja noch Musik."

Und sie blieben stehen und horchten.

Aber ob es eine Täuschung gewesen war oder ob die Musik eben jetzt zu schweigen begann, gleichviel, beide strengten sich vergeblich an, einen neuen Klang aufzufangen. Und es half auch zu nichts, als sie das Ohr an die Erde legten.

„Weißt du, Grete", sagte Valtin, „ich werd hier hinaufsteigen. Das ist ein hoher Baum, da hab ich Übersicht, und es kann keine tausend Schritt sein." Und er schwang sich hinauf und kletterte von Ast zu Ast, und Grete stand unten, und ein Gefühl des Alleinseins durchzitterte sie. Nun aber war er hoch oben. „Siehst du was?" rief sie hinauf

„Nein. Es sind hohe Bäume rundum. Aber laß nur, die Sonne muß uns den Weg zeigen; wo sie niedergeht, ist Abend, und die Stadt liegt nach Mittag zu. Soviel weiß ich gewiß. Also *da* hinaus müssen wir." Und gleich darauf war er wieder unten bei der ihn bang Erwartenden.

Sie schlugen nun die Wegrichtung ein, die Valtin von oben her mit der Hand bezeichnet hatte. Aber sosehr sie spähten und suchten, die Waldwiese kam nicht, und Grete setzte sich müd und matt auf einen Baumstumpf und begann leise vor sich hin zu weinen.

„Meine süße Grete", sagte Valtin, „sei doch nicht so bang." Und er umarmte sie und küßte sie herzlich. Und sie litt es und schlug nicht mehr nach ihm wie damals unter dem Kirschbaum; nein, ein Gefühl unendlichen Glückes überkam sie mitten in ihrer Angst, und sie sagte nur: „Ich will nicht mehr weinen, Valtin. Du bist so gut. Und wer gut ist, dem zuliebe geschehen Zeichen und Wunder. Und siehe, dessen bin ich gewiß, wenn wir zu Gott um seine Hülfe bitten, dann hilft er auch und führt uns aus dem Walde wieder ins Freie und wieder nach Haus. Gerade wie damals die Jungfer Lorenz. Denn wir sind ja hier im Lorenzwald."

„Ja, Grete, da sind wir. Aber wenn der Hirsch käm und es wirklich gut mit uns meinte, dann trüg er uns an eine andre Stelle, denk ich, und *nicht* nach Haus. Denn wir haben eigentlich kein Haus, Grete. Du nicht, und ich auch nicht. Emrentz ist eine gute Frau, viel besser als Trud, und ich danke Gott alle Tage dafür; aber so sie mir nichts zuleide tut, so tut sie mir auch nichts zuliebe. Sie putzt sich für sich und für den Vater, und das ist alles. Nein, Grete, *nicht* in die Stadt und *nicht* nach Haus, lieber weit, weit fort, in ein schönes Tal, von Bergen eingeschlossen, und oben weiß von Schnee und unten bunt von Blumen..."

„Wo ist das?"

„Ich weiß es nicht. Aber ich hab einmal in einem alten Buche davon gelesen, und da wurde mir das Herz so weit. Zwischen hohen Felswänden liegt es, und der Sturm geht drüber hin und trifft es nie; und die Sonne scheint, und die Wolken ziehen; und ist kein Krieg und keine Krankheit; und die Menschen, die dort leben, lieben einander und werden alt und sterben ohne Schmerz."

„Das ist schön", sagte Grete. „Und nun komm und laß uns sehn, ob wir's finden."

Und dabei lachten sie beid und schritten wieder rüstig vorwärts, denn die Schilderung von dem Tale hatte Greten erfrischt und ihr ihren Mut und ihre Kraft zurückgegeben. Und eine kleine Strecke noch, da lichtete sich's, und wie Dämmerung lag es vor ihnen. Aber statt der Waldwiese war es ein Uferstreifen, auf den sie jetzt hinaustraten, und dicht vor ihnen blitzte der breite Strom. „Ich will sehen, wohin er fließt", sagte Valtin und warf einen Zweig hinein. „Nun weiß ich's. *Dorthin* müssen wir." Und sie schritten flußaufwärts nebeneinander her. Die Sterne kamen und spiegelten sich, und nicht lange mehr, so hörten sie das Schlagen der Glocken, und die Turmspitze von Sankt Stephan stieg in dunklen Umrissen vor ihnen auf.

Es war neun Uhr, oder schon vorüber, als sie das Mindesche Haus erreichten. Valtin trat mit in das untre Zimmer, in dem sich um diese Stunde nur noch Trud und Gerdt befanden, und sagte: „Hier ist Grete. Wir hatten uns verirrt.

Aber ich bin schuld." Und damit ging er wieder, während Grete verlegen in der Nähe der Tür stehenblieb.

„Verirrt", sagte jetzt Trud, und ihre Stimme zitterte. „Ja, verirrt. Ich denke, weil ihr's wolltet. Und wenn ihr's *nicht* wolltet, weil ihr ungehorsam wart und nicht Zucht und Sitte kennt. Ihr solltet zu den Kindern gehen. Aber das war euch zuwider. Und so ging es in den Wald. Ich werde mit Gigas sprechen und mit deinem Vater. Der soll mich hören. Denn ich will nicht üble Nachred im Haus, ob er's gleich selber so gewollt hat. Gott sei's geklagt...! Was bracht er uns das fremde Blut ins Haus? Das fremde Blut und den fremden Glauben. Und arm wie das Heimchen unterm Herd."

In diesem Augenblicke stand Grete vor Trud, und ihre bis dahin niedergeschlagenen Augen blitzten in einem unheimlichen Feuer auf. „Was sagst du da von fremd und arm? Arm! Ich habe mir's von Reginen erzählen lassen. Sie kam aus einem Land, wo sie glücklich war, und hier hat sie geweint und sich zurückgesehnt, und vor Sehnsucht ist sie gestorben. Arm! Wer war arm? Wer? Ich weiß es. *Du* warst arm. *Du!*"

„Schweig", sagte Gerdt.

„Ich schweige nicht. Was wollt ihr? Ich bin nicht euer Kind. Gott sei Dank, daß ich's nicht bin. Ich bin eure Schwester. Und ich wollt, ich wär auch *das* nicht. Auch *das* nicht. Verklagt mich. Geht hin, und erzählt ihm, was ich gesagt hab; ich werd ihm erzählen, was ich gehört hab, heute draußen im Wald und hundertmal hier in diesem seinem Haus. Oh, ich hab euch zischeln hören. Und ich weiß alles, alles. Ihr wartet auf seinen Tod. Streitet nicht. Aber noch lebt er, und solang er lebt, wird er mich schützen. Und ist er tot, so schütz ich mich *selbst*. Ja, ich schütze mich selbst. Hörst du, Trud." Und sie ballte ihre kleinen Hände.

Trud, in ihrem Gewissen getroffen, erkannte, daß sie zu weit gegangen, während Grete plötzlich aller Scheu los und ledig war, die sie bis dahin vor ihrer Schwieger gehabt hatte. Sie hatte das Gefühl eines vollkommenen Sieges und stieg, in der Freude darüber, in den zweiten Stock hinauf. Oben fand sie Reginen und erzählte ihr alles, was unten geschehen.

„Kind, Kind, das tut nicht gut, das kann sie dir nicht vergessen."

Aber Grete war übermütig geworden und sagte: „Sie fürchtet sich vor mir. Laß sehn; ich habe nun bessere Tage."

Siebentes Kapitel

Jacob Mindes Tod

Und wirklich, es war, als ob Grete recht behalten sollte. Weder des Umherirrens im Walde noch des heftigen Streites, der den Tag beschlossen, wurde von Trud irgend noch erwähnt; allem Anscheine nach auch gegen Gigas nicht, der sonst kaum ermangelt haben würde, von dem graden Pfade des Rechts und von dem „Irrpfad in der Wildnis" zu sprechen. Aber solche Predigt unterblieb, und die Sommermonate vergingen ruhiger als irgendeine Zeit vorher. Aller Groll schien vergessen, und Grete, die, nach Art leidenschaftlicher Naturen, ebenso rasch zu gewinnen als zu reizen war, gewöhnte sich daran, in den Stunden, wo Gerdt außerhalb des Hauses seinen Geschäften nachging, in Truds Schlafzimmer zu sitzen und ihr vorzuplaudern oder vorzulesen, was sie besonders liebte. Und wenn Regine den Kopf schüttelte, sagte sie nur: „Du bist eifersüchtig und kannst sie nicht leiden. Aber sie meint es gut, und es war auch nicht recht, daß wir in den Wald gingen."

So kam der Einsegnungstag, Ende September, und den Sonntag darauf war Abendmahl, an dem alle Mitglieder des Hauses teilnahmen. Alle zeigten sich in gehobener Stimmung, der alte Jacob Minde aber, trotzdem er nur mit Mühe den Kirchgang gemacht hatte, war mitteilsamer denn seit lange, plauderte viel von seiner Jugend und seinem Alter und sprach auch abwechselnd und ohne Scheu von Gerdts und von Gretens Mutter, als ob kein Unterschied wäre. Trud und Gerdt sahen dabei einander an, und was in ihren Blicken sich ausgesprochen hatte, das sollte sich anderntags bestätigen. Denn in aller Frühe schon lief es durch die Stadt, daß der alte Ratsherr auf den Tod liege, und als um die sechste Stunde der Schein der niedergehenden Sonne drüben an den Häuserfronten glühte, bat er Reginen, daß sie die Vorhänge zurückschieben und die Kinder rufen solle. Und diese kamen, und Grete nahm seine Hand und küßte sie. Gleich darauf aber winkte der Alte seine Schwieger zu sich heran und sagte: „Ich lege sie dir ans Herz, Trud. Erinnere dich allezeit an die Mahnung des Propheten: 'Laß die Waisen Gnade bei dir finden.' Erinnere dich daran und handle danach. Versprich es mir und vergiß nicht diese Stunde." Trud antwortete nicht, Grete aber warf sich auf die Knie und schluchzte und betete, und ehe sie ihren Kopf wieder aufrichtete, war es still geworden in dem kleinen Raum.

Am dritten Tage danach stand der alte Minde hoch aufgebahrt in Sankt Stephan, der tangermündischen Hauptkirche, die, nach Art mittelalterlicher Got-
teshäuser, hart am Rande der Stadt gelegen war. Auf dem Altar brannten die
großen Kerzen, und ringsumher saßen die Ratmannen der Stadt, obenan der
alte Peter Guntz, der nicht geglaubt hatte, seinen so viel jüngeren Freund über-
leben zu müssen. Keiner fehlte; denn die Mindes waren das älteste Geschlecht
und das vornehmste, wirkliche Kaufherren, und seit Anbeginn im Rate der
Stadt. In nächster Nähe des Sarges aber standen die Leidtragenden. Gerdt sah
vor sich hin, stumpf wie gewöhnlich, während Trud und Grete, schwarz und in
wollene Stoffe gekleidet, zum Zeichen ihrer tiefsten Trauer bis über Kinn und
Mund hinauf hohe weiße Tücher trugen, die nur den Oberkopf frei ließen.
Grete, kaum fünfzehn Jahr, sah um vieles älter aus, als sie war, und alles Kindliche, das ihre Erscheinung bis dahin gehabt hatte, schien mit diesem Tage von
ihr gewichen.

Die Orgel spielte, die Gemeinde sang, und als beide schwiegen, trat Gigas aus
der Sakristei und schritt auf die Altarstufen zu. Er schien noch ernster als
gewöhnlich, und sein Kopf mit dem spärlichen weißen Haar sah unbeweglich
über die hohe Radkrause hinweg. Und nun begann er. Erst hart und herbe, wie
fast immer die Strenggläubigen, wenn sie von Tod und Sterben sprechen; als er
aber das Allgemeine ließ und vom Tod überhaupt auf *diesen* Toten kam, wurd
er warm und vergaß aller Herbigkeit. Er, dessen stummes Antlitz hier spräche,
so hob er mit immer eindringlicher werdender Stimme an, sei ein Mann gewesen wie wenige, denn er habe beides gehabt, den Glauben und die Liebe. Da
sei keiner unter ihnen, an dem er seine Liebe nicht betätigt habe; der Arme
habe seine Mildtätigkeit, der Freund seine Hülfe, die Bürgerschaft seinen Rat
erfahren, und seine klugen und feinen Sitten seien es gewesen, die bis nach
Lübeck und bis in die Niederlande hin das Ansehen der Stadt auf die jetzige
Höhe gehoben hätten. Dies wüßten alle. Aber von seinem Glauben und seiner
Glaubensfestigkeit wisse nur *er*. Und wenn schon jeder in Gefahr stehe, Unkraut unter seinem Weizen aufschießen zu sehen, so habe doch diese Gefahr
keinem so nahe gestanden wie diesem Toten. Denn nicht nur, daß er eine Rei-
he von Jahren unter den Bekennern der alten Irrlehre gelebt, die bedrohlichste
Stunde für das Heil seiner Seele sei die Stunde seiner zweiten Eheschließung
gewesen. Denn die Liebe zum Weibe, das sei die größte Versuchung in unsrer
Liebe zu Gott. Aber er hab ihr widerstanden und habe nicht um irdischen
Friedens willen den ewigen Frieden versäumt. In seinem Wandel ein Vorbild,
werde sich die selige Verheißung, die Christus der Herr auf dem Berg am
Galiläischen Meer gegeben, dreifach an ihm erfüllen. Sei er doch friedfertig
und sanftmütig gewesen und reinen Herzens.

Und nun sangen sie wieder, während die Träger den Toten aufhoben und ihn das Mittelschiff entlang aus der Kirche hinaus auf den Kirchhof trugen. Denn ein Grab im Freien war sein Letzter Wille gewesen. Draußen aber, unter alten Kastanienbäumen, deren Laub sich herbstlich zu färben anfing, setzten sie den Sarg nieder, und als er hinabgelassen und das letzte Wort gesprochen war, kehrten alle heim, und Trud und Gerdt schritten langsam die Straße hinunter, bis an das Mindesche Haus, das nun *ihre* war. Nur Grete war geblieben und huschte heimlich in die Kirche zurück und setzte sich auf die Bahre, die noch an alter Stelle stand. Sie wollte beten, aber sie konnte nicht und sah immer nur Trud, so herb und streng, wie sie sie *früher* gesehen hatte, und fühlte deutlich, wie sich ihr das Herz dabei zusammenschnürte. Und eine Vorahnung überkam sie wie Gewißheit, daß Regine wohl doch recht gehabt haben könne. So saß sie und starrte vor sich hin und fröstelte. Und nun sah sie plötzlich auf und gewahrte, daß das Abendrot in den hohen Chorfenstern stand und daß alles um sie her wie in lichtem Feuer glühte: die Pfeiler, die Bilder und die hochaufgemauerten Grabsteine. Da war es ihr, als stünde die Kirche rings in Flammen, und von rasender Angst erfaßt, verließ sie den Platz, auf dem sie gesessen, und floh über den Kirchhof hin.

In den engen Gassen war es schon dunkel geworden, der rote Schein, der sie geängstigt, schwand vor ihren Augen, und ihr Herz begann wieder ruhiger zu klopfen. Als sie aber den Flur ihres Hauses erreicht hatte, stieg sie zu Reginen hinauf und umarmte sie und küßte sie und sagte: „Regine, nun bin ich ganz allein. Eine Waise!"

Achtes Kapitel

Eine Ritterkette

Eine Waise war sie, und sie sollt es nur allzubald empfinden. Anfangs ging es, auch noch um die Christzeit, als aber Ostern herankam, wurd es anders im Haus, denn es geschah, was nicht mehr erwartet war: Trud genas eines Knäbleins. Da war nun die Freude groß, und auch Grete freute sich. Doch nicht lange. Bald mußte sie wahrnehmen, daß das Neugeborene alles war und sie nichts; Regine kochte den Brei, und sie gab ihn. Daß sie selber ein Herz habe und ein Glück verlange, daran dachte niemand; sie war nur da um andrer Glückes willen. Und das verbitterte sie.

Ein Trost war, daß sie Valtin häufiger sah. Denn Trud hatte für nichts Sinn mehr als für das Kind, und nur selten, wenn sie sich aus Laune oder Zufall auf ihr Hüteramt besann, fiel sie vorübergehend in ihre frühere Strenge zurück.

So vergingen die Tage, meist ohne Streit, aber noch mehr ohne Lust und Freud, und als es jährig war, daß sie den alten Minde von seinem Platz vor dem Altar auf den Kirchhof hinausgetragen hatten, ging Grete gen Sankt Stephan, um seiner an seinem Grabe zu gedenken.

Es war ein schöner Oktobertag, und die Kastanien lagen ausgestreut umher. Grete setzte sich auf den Hügel, und das Bild des geliebten Toten stand wieder vor ihrer Seele, blaß und freundlich, und sie hing ihm noch in süßer Trauer nach, als sie sich plötzlich bei Namen gerufen hörte. Sie sah auf und erkannte Valtin. Er hatte sie das Haus verlassen sehen und war ihr nachgegangen.

„Wie geht es?" fragte Grete.

Valtin antwortete nicht gleich. Endlich sagte er: „Ich mag nicht klagen, Grete, denn dein eigen Herz ist voll. Aber das muß wahr sein, Emrentz ist wie vertauscht und hat was gegen mich. Und erst seit kurzem. Denn, wie du weißt, ich hatt es nicht gut und hatt es nicht schlecht. So hab ich dir oft gesagt, und so war es. Aber seit ihr das Kleine habt, ist es anders. Und jeden Tag wird es schlimmer. Es ist ordentlich, als ob sie's der Trud nicht gönnte. Was meinst du?"

Grete schüttelte den Kopf. „Nein, das ist es nicht. Ich weiß aber, was es ist, und Trud ist wieder schuld. Sie verredet dich bei der Emrentz. *Das* ist es."

„Verredet mich? Ei, da laß doch hören", sagte Valtin.

„Ja, verredet dich. Ich weiß es von der Regine. Die war in der Hinterstub oben und wiegte das Kind, als sie beid am Fenster saßen. Und da hörte sie dein Lob aus der Emrentz Mund, und wie sie sagte: 'Du seist ein guter Jung und machtest ihr das Leben nicht schwer, was du doch könntest, denn sie sei ja noch jung und deine Stief.' Aber das mißfiel unsrer Trud, und sie nahm ihren spöttischen Ton an und fragte nur: ob sie denn blind sei. Und ob sie nicht säh, wie dir der Schalk im Nacken säße. Du lachtest ja über sie."

Valtins Augen waren immer größer geworden, aber Grete sah es nicht und fuhr unverändert fort: „Und das glaube nur, Regine hört und sieht alles. Und sie sah auch, wie sich Emrentz verfärbte, erst rot und dann erdfahl im ganzen Gesicht. Und so bitterbös. Und dann hörte sie, wie sie der Trud zuflüsterte: 'Ich danke dir, Trud, und ich will nun ein Auge darauf haben.'"

„Also daher!" sagte Valtin. „Aber gut, daß ich es weiß. Ich will sie zur Rede stellen, eure Trud, wenn ich ihr auf Flur oder Treppe begegne. Mich verreden. Das ist schlecht."

„Und unwahr dazu."

Valtin schwieg eine Weile. Dann nahm er Gretens Hand und sagte beinahe kleinlaut: „Nein, unwahr eigentlich nicht. Es ist wahr, ich habe mich abgewandt und hab auch gelacht. Aber ich tat's nicht in Bösem und wollt ihr nicht wehe tun. Und das weiß die Trud auch. Und sie weiß auch, daß ich der Emrentz nicht gram bin, nein, ganz und gar nicht, und daß ich mich eigentlich freue, daß er sie gern hat, wenn ich auch so manchmal meine Gedanken darüber habe. Denn er ist ein andrer Mann geworden, und unser Haus ist ein ander Haus worden als vordem; und das alles dank ich ihr. Eine Stief ist freilich eine Stief, gewiß, das bleibt, und wenn ich da bin, ist es gut, und wenn ich nicht da bin, ist es noch besser; ich weiß es wohl, und es geht ihr nichts zu Herzen, wenn's nicht eine neue Mod oder ein Putz oder eine Gasterei ist; aber eigentlich hab ich sie doch gern, und weißt du, Gret, ich werde mit *ihr* sprechen und nicht mit der Trud. Ich bin jetzt achtzehn, und mit achtzehn, da darf man's. Und ich wette, sie nimmt's gut auf und gibt mir einen Kuß und ruft den Vater und erzählt ihm alles und sagt ihm alles und sagt ihm auch, daß er schuld sei, ja *er, er*, und daß sie *mich* heiraten wolle, nächstens schon, wenn er nicht anders würde, ganz anders. Und dann lacht er immer, weil er es gern hört. Aber sie sagt es noch lieber."

Grete, die, während er sprach, eine Menge der umherliegenden Kastanien gesammelt und aufgezogen hatte, hing sie sich jetzt als Schnur um den Hals und sagte: „Wie kleidet es mir?"

„Ach, dir kleidet alles. Du weißt es ja, und alle Leute wissen's. Und sie sagen auch, es sei hart, daß du dein Leben so vertrauern müßt. Immer so mit dem Kind..."

Grete seufzte. „Freilich, es ist nichts Feins; aber bei Tag ist es ein Spielzeug, und dann sieh, dann gibt mir's auch zu lachen, wenn ich so seh, wie sie das Würmchen aufputzen und einen kleinen Prinzen aus ihm machen möchten. Denn du mußt wissen, es ist ein häßlich Kind, und alles an ihm hat eine falsche Stell und paßt nicht recht zusamm', und ich seh es in Gedanken schon groß, wie's dann auch so hin und her schlenkert, grad wie der Gerdt, und sitzt immer krumm und eingesunken und streckt die Beine weit, weit von sich. Ach, es hat schon jetzt so lange dünne Beinchen. Wie die Spinn an der Wand."

„Und Trud?" fragte Valtin.

„Die sieht nur, daß es ein hübsches Kind ist, oder sie tut doch so. Und dann fragt sie mich: 'Nicht wahr, Gret, es sieht gut?' Und wenn ich dann schweig oder verlegen seh, dann redet sie auf mich ein, und dann heißt es: 'Sieh doch nur den Mund; ist er nicht klein? und hat auch nicht solchen Wulst. Und seine Augen stehen nicht so vor.' Aber es hilft nichts, es ist und bleibt der Gerdt, und ist ihm wie aus dem Gesicht geschnitten."

Valtin schüttelte den Kopf und sagte: „Und das ist alles, was du hast?!"

„Ja und nein. Und du mußt mich nicht bedauern. Denn ich habe ja noch die Regine, die mir von alten Zeiten erzählt, und ich habe Gigas, der mir seine Blumen zeigt. Und dann hab ich den Kirchhof. Und mitunter, wenn ich ein rechtes Glück hab, dann hab ich *dich.*"

Er sah sie zärtlich an und sagte: „Du bist so gut und trägst alles und willst *nichts.*"

Sie schüttelte den Kopf „Ich will eigentlich viel, Valtin."

„Ich glaub's nicht."

„Doch, doch. Denn sieh, Liebe will ich, und das ist viel. Und ich kann kein Unrecht sehn. Und wenn ich's seh, da gibt es mir einen Stich, hier gerad ins Herz, und ich möchte dann weinen und schrein."

„Das ist es ja, Grete. Darum bist du ja so gut." Und er nahm ihre Hand und drückte sie und sagte ihr, wie lieb er sie habe. Und dann sprach er leiser und fragte sie, ob sie sich nicht öfter sehen könnten, so wie heut, und so ganz wie von ungefähr. Und dann nannt er ihr die Plätze, wo's am ehesten ginge. Hier der Kirchhof sei gut, aber eigentlich die Kirche drin, die sei noch besser. Am besten aber sei die *Burg,* da sei niemand und sei alles so schön und so still und der Blick so weit.

Grete war es zufrieden, und sie sagten einander zu, daß sie, solange die schönen Herbstestage dauerten, sich allwöchentlich einmal oben auf der Burg treffen und miteinander plaudern wollten. Und als sie das beschlossen, hing ihm Grete die Kastanienkette um, die sie bis dahin getragen, und sagte ihm, er sei nun ihr Ritter, der zu ihr halten und für sie fechten und sterben müsse. Und dabei lachten sie. Gleich danach aber trennten sie sich und gingen auf verschiedenen Wegen, auf daß niemand sie zusammen sähe, wieder in ihre Wohnung zurück.

Neuntes Kapitel

Auf der Burg

Sie hielten Wort, und eine Woche später, während welcher Grete mehr als seit lang unter Truds Launen und einem Rückfall in ihre frühere Strenge gelitten hatte, trafen sie sich nachmittags auf dem Kirchhof und gingen durch Tor und Vorstadt erst bis an die „Freiheit" und dann auf einem ansteigenden Schlängelwege bis zur Burg selbst hinauf. Hier, auf dem großen Außenhof, der zugleich als Wirtschaftshof diente, war ein buntes und bewegtes Leben: im Taktschlag klang es von der Tenne her, die Scheunentore standen offen, und die Mädchen, die beim Flachsbrechen waren, sangen über den Hof hin:

> „Es waren zwei Königskinder,
> Die hatten einander so lieb,
> Sie konnten zusammen nicht kommen,
> Das Wasser war viel zu tief.
>
> 'Ach Liebster, könntest du schwimmen,
> So schwimme doch her zu mir...'"

Es klang so traurig. Aber die Gesichter der Mädchen lachten dabei.

„Hörst du", sagte Valtin, „das gilt uns. Sieh nur die Hübsche mit dem Flachskopf. Sieht sie nicht aus, als könnte sie sich ihr Brauthemd von ihrem eignen Wocken spinnen?"

Grete schwieg. Ihr war so weh. Endlich sagte sie: „Laß uns gehen, Valtin. Ich weiß nicht, was es ist. Aber das fühl ich, daß ich hier auch stehen und die Hände fleißig rühren und singen möcht. Sieh nur, wie die Spreu von der Tenne fliegt. Es ist alles so frei und luftig hier, und wenn ich hier mitstünd, ich glaube, da verwehte manches, was mich quält und drückt."

Valtin suchte nach einem Trosteswort, und sie schritten, als er sie wieder beruhigt, über einen wüsten Grasplatz, auf einen aufgemauerten und halbausgetrockneten Graben zu, der den großen, äußeren Burghof von dem kleinen, inneren trennte. Eine schmale Zugbrücke führte hinüber, und sie passierten sie. Drinnen war alles still: der Efeu wuchs hoch am Gemäuer auf, und in der Mitte stand ein alter Nußbaum, dessen weites Geäst den halben Hofraum überdachte. Und um den ausgehöhlten Stamm her war eine Bank. Grete wollte sich setzen; Valtin aber nahm ihre Hand und sagte: „Nicht hier, Grete; es ist zu stickig hier." Und damit gingen sie weiter, bis an den Fuß eines steilen, in die Rasenbettung eingeschnittenen Treppchens, das oben auf einen breiten, von zwei

Türmen flankierten Wallgang mündete. Zwischen diesen Türmen aber lief eine dicke, niedrige Feldsteinmauer, die nur um ein paar Fuß höher war als der Wallgang selbst. Und auf diese Mauer setzten sie sich und sahen in die Landschaft hinaus. Zu Füßen hatten sie den breiten Strom und die schmale Tanger, die spitzwinklig in den Strom einmündete, drüben aber, am andern Ufer, dehnten sich die Wiesen, und dahinter lag ein Schattenstrich, aus dessen Lichtungen hier und dort eine vom Abendrot übergoldete Kirchturmspitze hervorblickte. Der Himmel blau, die Luft frisch; Sommerfäden zogen, und in das Geläut der ersten heimwärtsziehenden Herden mischte sich von weit her das Anschlagen der Abendglocke.

„Ach, wie schön", sagte Grete. „Jahr und Tag, daß ich nicht hier oben war. Und mir ist fast, als hätt ich es nie gesehen."

„Das macht, daß wir einen so schönen Tag haben", sagte Valtin.

„Nein, das macht, daß es hier so frisch und so weit ist, und zu Haus ist es so dumpf und so eng. Da bin ich wie gefangen und eingemauert, eingemauert wie die Stendalsche Nonne, von der mir Regine so oft erzählt hat."

„Und du möchtest fort."

„Lieber heut als morgen. Entsinnst du dich noch, Maifest vorm Jahr, als wir uns verirrt hatten und auf den Hirsch warteten, der uns aus dem Walde hinaustragen sollte!"

Valtin nickte.

„Sieh, da sprachst du von einem Tal, das tief in Bergen läg, und der Sturm ginge drüber hin, und wäre kein Krieg, und die Menschen liebten einander. Und ich weiß, daß ich das Tal in Wachen und in Träumen sah. Viele Wochen lang. Und ich sehnte mich danach und wollte hin. Aber heute will ich nur noch fort, nur noch weg aus unserm Haus. Wohin ist gleich. Es schnürt mir die Brust zusammen, und ich habe keinen Atem mehr."

„Aber du hast doch die Regine, Gret. Und Gigas ist gut mit dir. Und dann sieh, Emrentz kann dich leiden. Ich weiß es; sie hat mir's selber gesagt, keine drei Tag erst, als ich mein Aussprach mit ihr hatt. Und dann, Grete, du weißt ja, dann hast du *mich.*"

Sie blickte sich scheu-verlegen um. Und als sie sah, daß sie von niemand belauscht wurden, trat sie rasch auf ihn zu, strich ihm das Haar aus der Stirn und sagte: „Ja, *dich* hab ich. Und ohne dich wär ich schon tot."

Valtin zitterte vor Bewegung. Er erkannte wohl, wie tiefunglücklich sie sei, und sagte nur: „Was ist es, Grete? Sag es. Vielleicht, daß ich es mit dir tragen kann. Was drückt dich?"

„Das Leben."

„Das Leben?" Und er sah sie vorwurfsvoll an.

„Nein, nein. Vergiß es. Nicht das Leben. Aber der Tag drückt mich; jeder; heute, morgen, und der folgende wieder. Endlos, endlos. Und ist kein Trost und keine Hülfe."

„Der Tag", wiederholte Valtin vor sich hin, und es war, als überleg er's und mustre die Reihe seiner eigenen Tage.

„Ja, der Tag", fuhr Grete fort. „Und jede Stund ist lang wie das Jahr. Kaum daß ich den Morgenschlaf aus den Augen hab, so heißt es: 'Das Kind, das Kind.' Und nun spring ich auf und mache das Bad und mache den Brei. Und nun ist das Bad viel zu heiß und der Brei viel zu kalt. Und dann wieder: 'Das Kind und das Kind.' Und an mir sehen sie vorbei, als wär ich der Schatten an der Wand. Ach, ich weiß, es ist eine Sünd, aber ich muß mir's heruntersprechen von der Seel, und wahr ist es und bleibt es, ich haß es. Und so kommt Mittag, und wir sitzen an dem runden Tisch, und ich spreche das Gebet. Sprech es, und niemand hört darauf. Und wenn ich das letzte Wort gesprochen, so heißt es: 'Grete, sieh, ich glaub, es schreit.' Und dann bring ich es, und dann geht es reihum, und dann soll ich essen mit dem Kind im Arm. Und wenn es hübsch wär. Aber es ist so häßlich und sieht mich an, als erriet es all meine Gedanken. Ach, Valtin, das ist mein Tag und mein Nacht. Und so leb ich. In meines Vaters Haus ohne Heimat! Unter Bruder und Schwester, und ohne Liebe! Es tötet mich, daß mich niemand liebt. Ach, wie's mich danach verlangt! Nur ein Wort, nur ein einzig Wort." Und sie warf sich auf die Knie und legte den Kopf auf den Stein und weinte bitterlich.

„Es kommen andere Tage", sagte Valtin. „Und wir wollen aushalten. Und wenn sie *nicht* kommen, eins mußt du wissen, Gret, ich tu alles, was du willst. Sage, daß ich hier hinunterspringen so spring ich, und sage, daß du fort willst, so will ich auch fort. Und wenn es in den Tod ging! Ich kann nicht leben ohne dich. Und ich will auch nicht."

Grete war aufgesprungen und sagte: „*Das* hab ich hören wollen. Das, das! Und nun kann ich wieder leben, weil ich dies Elend nicht mehr endlos seh. Ich weiß nun, daß ich's ändern kann, jeden Tag und jede Stunde. Sieh mich nicht so an. Erschrick nicht. Ich bin nicht so wild und unbändig, wie du denkst. Nein, ich will still und ruhig sein. Und wir wollen aushalten, wie du sagst, und wollen hoffen und harren, bis wir groß sind und unser Erbe haben. Denn wir haben doch eins, nicht wahr? Und haben wir *das*, Valtin, so haben wir uns, und dann haben wir die ganze Welt. Und dann sind wir glücklich. Ach, wie mir so leicht ums Herz geworden. Und nun komm und laß uns gehn. Die Sonn ist unter, und die letzten Herden sind eben herein."

Er war es zufrieden, und sie wandten sich und gingen heimwärts, erst unter dem Nußbaum hin und dann über die kleine Zugbrücke fort, die von dem inneren Burghof in den Außenhof führte. In dem Sumpfwasser unter ihnen stand das Rohr und wuchs hoch hinauf bis an das Brückengebälk. Ein paar blaue Dolden, blattlos und auf langen Stielen, blühten einsam dazwischen. Und nun waren sie wieder jenseits und sahen, daß alle Arbeit in Hof und Tenne schwieg. Die Mädchen, die beim Flachsbrechen gewesen waren, hatten sich mit den Knechten auf Bretter und Balken gesetzt, die hoch aufgeschichtet an einem Holunderzaune lagen, und sangen allerlei Lieder, Lustiges und Schelmisches, und neckten sich untereinander. Als sie aber des jungen Paares ansichtig wurden, brachen sie plötzlich ab und nahmen wie von selber die Weise wieder auf, die sie, eine Stunde vorher, bei beider Kommen gesungen hatten:

> „'Ach Tochter, herzliebste Tochter,
> Allein sollst du nicht gehn,
> Weck auf deine jüngste Schwester
> Und laß sie mit dir gehen'.

> 'Ach Mutter, herzliebste Mutter,
> Meine Schwester ist noch ein Kind,
> Sie pflückt ja all die Blumen,
> Die auf grüner Heide sind.'"

Valtin und Grete waren rascher zugeschritten, und die letzten Worte des Liedes verklangen ihnen unklar und halbgehört. Aber die Weise traf noch ihr Ohr, als sie das Burgtor schon lang im Rücken hatten.

Zehntes Kapitel

Zu Weihnachten

„Ich kann nun wieder leben", hatte Grete gesagt, und wirklich, das Leben wurd ihr leichter seitdem. Ein beinah freudiger Trotz, dem sie sich, auch wenn sie gehorchte, hingeben konnte, half ihr über alle Kränkungen hinweg. Sie gehorchte ja nur noch, weil sie gehorchen wollte. Wollte sie *nicht* mehr, so konnte sie, wie sie zu Valtin gesagt hatte, jeden Tag „dem Spiel ein Ende machen". Und wirklich, ein Spiel war es nur noch, oder sie wußt es doch in diesem Lichte zu sehen. Das gab ihr eine wunderbare Kraft, und wenn sie dann spätabends in ihre Giebelstube hinaufstieg, die sie, seit das Kind unten aus der ersten Pflege war, wieder mit Reginen bewohnte, so gelang es ihr, mit dieser zu lachen und zu scherzen. Und wenn es dann hieß, „aber nun schlafe, Gret", dann wickelte sie sich freilich in ihre Decken und schwieg, aber nur, um sich in wachen Träumen eine Welt der Freiheit und des Glückes aufzubauen. Dabei sah sie sich am liebsten am Bug oder Steuer eines Schiffes stehen, und der Seewind ging, und es war Nachtzeit, und die Sterne funkelten. Und sie sah dann hinauf, und alles war groß und weit und frei. Und zuletzt überkam es sie wie Frieden inmitten aller Sehnsucht, ihr Trotz wurde Demut, und an Stelle des bösen Engels, der ihren Tag beherrscht hatte, saß nun ihr guter Engel an ihrem Bett. Und wenn sie dann andren Tags erwachte und hinuntersah auf den Garten und den Pfau auf seiner Stange kreischen hörte, dann fragte sie sich: „Bist du noch du selbst? Bist du noch unglücklich?" Und mitunter wußte sie's kaum. Aber freilich auch andere Tage kamen, wo sie's wußte, nur allzu gut, und wo weder ihr guter noch ihr böser Engel, weder ihre Demut noch ihr Trotz sie vor einem immer bitterer und leidenschaftlicher aufgärenden Groll zu schützen wußte.

Ein solcher Tag, und der bittersten einer, war der Weihnachtstag, an dem auch diesmal ein Christbaum angezündet wurde. Aber nicht für Grete. Grete war ja groß, nein, nur für das Kleine, das denn auch nach den Lichtern haschte und vor allem nach dem Goldschaum, der reichlich in den Zweigen glitzerte. „'s ist Gerdts Kind", sagte Grete, der ihres Bruders Geiz und Habsucht immer ein Abscheu war; und sie wandte sich ihren eigenen Geschenken zu. Es waren ihrer nicht allzu viele: Lebkuchen und Äpfel und Nüsse, samt einem dicken Spangen-Gesangbuch (trotzdem sie schon zwei dergleichen hatte), auf dessen Titelblatt in großen Buchstaben und von Truds eigener Hand geschrieben war: Sprüche Salomonis, Kap. 16, Vers 18.

Sie kannte den Vers nicht, wußte aber, daß er ihr nichts Gutes bedeuten könne, und sobald sich's gab, war sie treppauf, um in der großen Bibel nachzuschlagen. Und nun las sie: „Wer zugrunde gehen soll, der wird stolz, und stolzer Mut kommt vor dem Fall."

Es schien nicht, daß sie verwirrt oder irgendwie betroffen war, sie strich nur, schnell entschlossen, die von Trud eingeschriebene Zeile mit einer dicken Feder durch, blätterte hastig in dem Alten Testamente weiter, als ob sie nach einer bekannten, aber ihrem Gedächtnis wieder halb entfallenen Stelle suche, und schrieb dann ihrerseits die Prophetenstelle darunter, die des alten Jacob Minde letzte Mahnung an Trud enthalten hatte: „Lasse die Waisen Gnade bei dir finden." Und nun flog sie wieder treppab und legte das Buch an seinen alten Platz. Trud aber hatte wohl bemerkt, was um sie her vorgegangen, und als sie mit Gerdt allein im Zimmer war, sah sie nach und sagte, während sie sich verfärbte: „Sieh und lies!" Und er nahm nun selber das Buch und las und lachte vor sich hin, wie wenn er sich ihrer Niederlage freue. Denn seine hämische Natur kannte nichts Liebres als den Ärger andrer Leute, seine Frau nicht ausgenommen. Zwischen dieser aber und Greten unterblieb jedes Wort, und als der Fasching kam, den die Stadt diesmal ausnahmsweise prächtig mit Aufzügen und allerlei Mummenschanz feierte, schien der Zwischenfall vergessen. Und auch um Ostern, als sich alles zu dem herkömmlichen großen Kirchgang rüstete, hütete sich Trud wohl, nach dem Buche zu fragen. Wußte sie doch, daß es Gret unter dem Weißzeug ihrer Truhe versteckt hatte. Denn sie mocht es nicht sehen.

Elftes Kapitel

Der Herr Kurfürst kommt

Und nun war Hochsommerzeit (der längste Tag schon um vier Wochen vorüber), und die Bürger, wenn sie spätabends aus dem Rathauskeller heimgingen, versicherten einander, was übrigens niemand bestritt, „daß die Tage schon wieder kürzer würden". Da kam an einem Mittewochen plötzlich die Nachricht in die Stadt, daß der allergnädigste Herr Kurfürst einzutreffen und einen Tag und eine Nacht auf seiner Burg Tangermünde zuzubringen gedenke. Das gab ein großes Aufsehen und noch mehr der Unruhe, weilen der Herr Kurfürst in eben jenen Tagen nicht bloß von seinem lutherischen Glauben zum reformierten übergetreten, sondern auch in Folge dieses Übertritts die Veranlassung zu großer Mißstimmung und der Gegenstand allerheftigster Angriffe von seiten der tangermündischen Hitzköpfe geworden war. Und nun kam er selbst, und während viele der nur zu begründeten Sorge lebten, um ihrer ungebührlichen und lästerlichen Rede willen zur Rechenschaft gezogen zu werden, waren andere, ihres Glaubens und Gewissens halber, in tiefer und ernster Bedrängnis. Unter ihnen Gigas. Und diese Bedrängnis wuchs noch, als ihm am Nachmittage vorerwähnten Mittewochens durch einen Herrn vom Hofe vermeldet wurde, daß Seine Kurfürstliche Durchlaucht um die siebente Morgenstunde zu Sankt Stephan vorzusprechen und daselbst eine Frühpredigt zu hören gedächten. Wie dem hohen Herrn begegnen? Dem Abtrünnigen, der vielleicht alles in Stadt und Land zu Abfall und Untreue heranzwingen wollte! Und so mutig Gigas war, es kam ihm doch ein Bangen und eine Schwachheit an. Aber er betete sich durch, und als der andre Morgen da war, stieg er, ohne Menschenfurcht, die kleine Kanzeltreppe hinauf und predigte über das Wort des Heilands: „Gebet dem Kaiser, was des Kaisers, und Gott, was Gottes ist." Und siehe da, die holzgeschnitzte Taube des Heiligen Geistes hatte nicht vergeblich über ihm geschwebt, und der Herr Kurfürst, nachdem er entblößten Hauptes und „mit absonderer Aufmerksamkeit" der Predigt gefolget war, hatte nach Schluß derselben ihm danken und ihn zu weiterer Besprechung auf seine Burg entbieten lassen. Und hier nun, wie die Chronisten melden, war Seine Kurfürstliche Durchlaucht dem festen und glaubenstreuen Manne nicht nur um einen Schritt oder zwei zu freundlicher Begrüßung entgegengegangen, sondern hatte demselben auch unter freiem Himmel, und in Gegenwart vieler Herren vom Adel, an Eides Statt zugesichert: „daß er seine von Gott ihm anbefohlenen Untertanen bei dem Worte Lutheri Augsburgischer Konfession belassen, eines jeden

Person auch in der Freiheit seines Glaubens und Gewissens schützen wolle, in eben jener Freiheit, um derentwillen er für *seine* Person das Bekenntnis der beständig hadernden Lutherischen abgetan und den reformierten Glauben angenommen habe".

Und als diese zu größerem Teile trostreiche Rede, über deren schmerzlichen Ausklang Gigas klug hinwegzuhören verstand, an Burgemeister und Rat überbracht worden war, waren Peter Guntz und die Ratmannen, dazu die Geistlichen und Rectores aller fünf Kirchen, auf der Burg erschienen, um, nach abgestattetem Dank und wiederholter Versicherung unverbrüchlicher Treue, den Herrn Kurfürsten um die Gunst anzugehen, ihm ein festlich Mahl herrichten zu dürfen. Aber in der Halle seiner *eigenen* Burg, dieweilen ihre Rathaushalle zu klein sei, um die reiche Zahl der Gäste zu fassen. Und alles war angenommen worden und hatte die Stadt um so mehr erfreut und beglückt, als bei gnädiger Entlassung der Sprecher, unter denen sich auch Gerdt in vorderster Reihe befunden, seitens Seiner Kurfürstlichen Durchlaucht der Hoffnung Ausdruck gegeben worden war, die sittigen und ehrbaren Frauen der Stadt auf seiner Burg mit erscheinen und an dem Festmahle teilnehmen zu sehn.

Und nun war dieses Mahl, unter freundlichem Beistand aller Dienerschaften des hohen Herrn, in kürzester Frist hergerichtet worden, und um die vierte Stunde bewegte sich der Zug der Geladenen, Männer und Frauen, die Lange Straße hinab, zur Burg hinauf. Die kleineren Bürgerfrauen aber, die von der Festlichkeit ausgeschlossen waren, sahen ihnen neidisch und spöttisch nach, und nicht zum wenigsten, als Trud und Emrentz an ihnen vorüberzogen. Denn beide waren absonderlich reich und prächtig gekleidet, in Ketten und hohen Krausen, und Emrentz, aller Julihitze zum Trotz, hatte sich ihr mit Hermelinpelz besetztes Mäntelchen nicht versagen können. Truds Kleid aber stand steif und feierlich um sie her und bewegte sich kaum, als sie, zur Rechten ihrer Muhme, die Straße hinunterschritt.

Und nun war alles oben, das Mahl begann, und die gotischen Fenster mit ihren kleinen, buntglasigen und vielhundertfältig in Blei gefaßten Scheibchen standen nach Fluß und Hof hin weit offen, und die Gäste, solang es drin ein Schweigen gab, hörten von den Zweigen des draußenstehenden Nußbaums her das Jubilieren der Vögel. Aber nicht immer schwieg es drinnen, Trinkspruch reihte sich an Trinkspruch, und wenn dann von der großen Empore herab, die zu Häupten des Kurfürsten aufragte, die Stadtpfeifer einfielen und die Paukenwirbel über den Fluß hin und bis weit in die Landschaft rollten, dann hielt der Fährmann sein Boot an, und die Koppelpferde horchten auf und sahen verwundert nach der sonst so stillen Burg hinüber.

Zwölftes Kapitel

Am Wendenstein

Um eben diese Zeit saß Grete daheim in der Hinterstube des ersten Stocks. Truds letztes Wort an sie war gewesen: „Hüte das Kind." Und nun hütete sie's. Es lag in einer Wiege von Rosenholz, ein Schleiertuch über dem Köpfchen, und durch Tür und Fenster, die beide geöffnet waren, zog die Luft. Herabgelassene Vorhänge gaben Schatten, und nur ein paar Fliegen tanzten um den Thymianbusch, der an der Decke des Zimmers hing. Es regte sich nichts in dem weiten Hause.

Und doch war jemand eingetreten: Valtin. Er hatte die Haustür vorsichtig geöffnet, so daß die Glocke keinen Ton gegeben, und sah sich nun auf dem halb im Dämmer liegenden Flure neugierig um. Es war alles wie sonst: an dem vordersten Querbalken saßen die zwei Schwalbennester, und in den Nischen standen die Schränke, erst die von Nußbaum, dann die von Kienenholz, bis dicht an die Hoftür hin. Die Hoftür selbst aber stand auf; ein breiter Lichtstreifen fiel ein, und auf dem sonnenbeschienenen Hofe saßen die Tauben und spielten im Sand oder schritten gurrend, und dabei stolz und zierlich ihre Köpfe drehend, an dem noch stolzeren Pfau vorüber. Und dahinter war das von Wein überwachsene Gitter, von dem aus die sechs Treppenstufen niederführten, und durch die offenen Stellen des Laubes hindurch sah man die Malvenkronen und die Strauchspitzen des tiefer gelegenen Gartens. Alles märchenhaft und wie verwunschen, und leiser noch, als er in das Haus eingetreten war, stieg er jetzt die Stiege hinauf, bis er an der Schwelle der Hinterstube hielt. Es schien, daß Grete schlief, und einen Augenblick war er in Zweifel, ob er bleiben oder wieder gehen solle. Aber zuletzt rief er ihren Namen, und sie sah lächelnd auf. „Komm nur", sagte sie, „ich schlafe nicht. Ich hüte ja das Kind. Willst du's sehen?"

„Nein", sagte er, „laß es. Sehen wir's an, so wecken wir's, und ist es wach, so schreit es. Und es soll nicht wach sein, und noch weniger soll es schreien, denn ich will dich abholen. Alle Welt ist draußen auf der Burg, und du bist hier allein, als wärst du die Magd im Haus oder die Kindermuhme. Komm, es sieht uns niemand. Wir gehen an den Gärten hin, und die Stadtmauer gibt uns Schatten. Und sind wir erst oben, da tun wir, als fänden wir uns. Sieh, ich bin so neugierig. Und du bist es auch, nicht wahr? Er ist ja doch eigentlich unser Landesherr. Und am End ist es ein Unrecht, ihn nicht gesehen zu haben, wenn man ihn schon sehen *kann*. Ich glaube, wir *müssen* ihn sehen, Grete. Was meinst du?"

Grete lachte. „Wie gut du die Worte stellen kannst. Sonst heißt es immer, Eva sei schuld; aber heute nicht. *Du* beredst mich, und ich soll tun, was sie mir verboten."

„Ach, wer?"

„Nun, du weißt es ja; Trud. Und da sitz ich nun hier und gehorche. Und dann ist das Kleine..."

„Laß nur. Es schläft ja. Und Regine hütet es so gut wie du. Komm, und eh das Fest aus ist, sind wir wieder da. Und du setzest dich an deinen alten Platz, und niemand weiß es. Und die schlafenden Kinder haben ihren Engel."

„Nun gut, ich komm." Und dabei rief sie nach der Regine, die neben dem Küchenherde saß, und ehe noch der Pfau draußen auf dem Hofe gekreischt und sein Rad geschlagen hatte, was er, wenn er Greten sah, immer zu tun pflegte, waren sie schon an ihm vorbei und zur Gartenpforte hinaus und gingen im Schatten der Stadtmauer, ganz wie Valtin es gewollt hatte, bis an das Wasser-tor und dann über die Tangerwiesen auf die Vorstadt zu. Niemand begegnete ihnen hier; alles war wie ausgestorben; und erst als sie die „Freiheit" passiert und den äußeren Burghof erreicht hatten, sahen sie, daß hier die kleinen Leute samt ihrem Gesinde zu vielen Hunderten standen und den Raum bis an die Zugbrücke hin so völlig füllten, daß an ein Hineinkommen in den inneren Burghof gar nicht zu denken war.

Und so schlug Valtin vor, wieder hügelabwärts zu steigen und drüben auf den Elbwiesen einen Spaziergang zu machen. Grete war es zufrieden, und erst als sie den Fährmann angerufen und den Fluß gekreuzt hatten, wandten sie sich wieder, um nun unbehindert auf die goldig im Scheine der Spätnachmittags-sonne daliegende Burg zurückzusehen und in die von drüben her herüberklin-genden Lebehochs miteinzustimmen.

Aber bald waren sie's müd, und sie gingen tiefer in die hoch in Gras stehende, mit Ranunkeln und rotem Ampfer übersäte Wiese hinein, bis sie zuletzt an einen niedrigen, mit Werft und Weiden besetzten Erdwall kamen, der sich quer durch die weite Wiesenlandschaft zog. Auf der Höhe dieses Walles lag ein Feldstein von absonderlicher Form und so dicht mit Flechten überwachsen, daß sich ein paar halbverwitterte Schriftzeichen daran nur mühsam erkennen ließen. Und auf diesen Feldstein setzten sie sich.

„Was bedeutet der Stein?" fragte Grete.

„Ich weiß es nicht. Vielleicht ein Wendengrab."

„Wie denn?"

„Weißt du denn nicht? Dies ist ja das Feld, wo die große Tangerschlacht war. Heiden und Christen. Und die Heiden siegten. Und zu beiden Seiten des Erdwalls, auf dem wir hier sitzen, *vor* uns bis dicht an den Wald und *hinter* uns bis dicht an den Fluß, liegen sie zu Tausenden."

„Ich glaub es nicht. Und wenn auch, ich mag nicht davon hören. Auch nicht, wenn die Christen gesiegt hätten... Aber sieh, wie schön." Und dabei zeigte sie auf die vor ihnen ausgebreitete Landschaft, die sie jetzt erst, von dem hochgelegenen Stein aus, mit ihrem Blick umfassen konnten. Es war dasselbe Bild, das sie letzten Herbst schon von der Burg und dem Gemäuer aus vor Augen gehabt hatten, nur die Dörfer, die damals mit nichts andrem als ihren Kirchturmspitzen aus dem Schattenstriche des Waldes hervorgeblickt, lagen heute klar und deutlich vor ihnen, und die Strohdächer mit ihren Storchennestern ließen sich überall erkennen.

„Weißt du, wie die Dörfer heißen?" fragte Grete.

„Gewiß weiß ich's. Das hier rechts ist *Buch,* wo der Herr von Buch lebte, der einen Schatz in unsrer Tangermünder Kirche viele Jahre lang verborgen hielt, um ihn zuletzt als Lösegeld für seinen Herrn Markgrafen zu zahlen. Denn die Magdeburger hatten ihn gefangengenommen. Und er hieß Markgraf Otto. Otto mit dem Pfeil. Ein schöner Herr und sehr ritterlich und war ein Dichter und liebte die Frauen. Weißt du davon?"

„Nein... Aber hier das Dorf mit dem blanken Wetterhahn?"

„Das ist *Fischbeck.*"

„Ach, das kenn ich. Da wohnt ja der alte Pfarr... aber nun hab ich seinen Namen vergessen. Oh, von *dem* weiß ich. Der war eines Fischbecker Bauern Sohn und sollte seines Vaters Pferde hüten. Aber er wollt es nicht und lief ihm fort, denn er wußt es bestimmt in seinem Herzen, daß er ein Geistlicher und ein frommer Mann werden müsse. Und er wurd es auch, und nun hütet er am selben Ort sein Amt und seine Gemeinde. Und sein Vater hat es noch erlebt."

„Aber, Grete, woher weißt du nur das alles? Die Geschichte von der großen Tangerschlacht und von dem Tangermünder Schatze, die weißt du *nicht*, und die von dem Fischbecker Pastor weißt du so genau!"

Grete lachte. „Und weißt du, wie lang ich sie weiß? Seit gestern. Und weißt du von wem? Von Gigas."

„Das mußt du mir erzählen."

„Freilich. Das will ich auch. Aber da muß ich weit ausholen."

„Tu's nur. Wir haben ja Zeit."

„Nun, sieh, Valtin, du weißt, ich bin immer weit fort; weit fort in meinen Gedanken. Und du weißt auch, um deshalb halt ich's aus. Und immer abends, wenn ich mit der Regine bin, les ich von Kindern oder schönen Prinzessinen, die vor einem bösen König oder einer bösen Königin geflohen sind, und es gibt viele solche Geschichten, und nicht bloß in Märchenbüchern, viel, viel mehr, als du dir denken kannst, und mitunter ist es mir, als wären alle Menschen irgendeinmal ihrem Elend entlaufen."

Valtin schüttelte den Kopf.

„Du schüttelst den Kopf. Und sieh, das tu ich auch. Oder doch von Zeit zu Zeit. Und so war es auch gestern, denn ich hatte wieder einen Traum gehabt, wieder von Flucht, und es war, als flög ich, und mir war im Fliegen so wohl und so leicht. Aber als ich aufwachte, war ich bedrückt und unruhig in meinem Gemüt. Und da dacht ich, das soll ein Ende haben: du wirst Gigas fragen, der soll dir sagen, ob es etwas Böses ist, zu fliehen. Und so ging ich zu ihm, gestern um die Mittagsstunde, trotzdem ich wohl gehört hatte, daß er selber in Sorg und Unruh sei."

„Und wie fandest du ihn?"

„Ich fand ihn in seinem Garten zwischen den Beeten, und wir gingen auf und ab, wie er's gern tut, und sprachen vielerlei, und zuletzt auch von unserm Herrn Kurfürsten, der, wie wir ja schon wußten, eine Nacht und einen Tag auf seiner Tangermünder Burg zu verbleiben gedenke. Und als ich sah, daß er sich in seinem Gewissen sorgte, gerade so, wie sich's Trud und Gerdt, als sie von ihm sprachen, in unsrem Hause schon zugeflüstert hatten, da faßt ich mir ein Herz und fragt ihn: was er wohl mein'. Ob Flucht allemalen ein bös und unrecht Ding sei. Oder ob es nicht auch ein rechtmäßig und zuständig Beginnen sein könne."

„Und was antwortete er dir?"

„Er schwieg eine ganze Weile. Als wir aber an die Bank kamen, die zu Ende des Mittelganges steht, sagte er: 'Setz dich, Gret. Und nun sage mir, wie kommst du zu solcher Frag?' Aber ich gab ihm keine Antwort und wiederholte nur alles und sah ihn fest dabei an. Und all das konnt ich, ohne mich ihm zu verraten, denn ich hatte wohl bemerkt, daß er an nichts als an den gnädigen und gestrengen Herrn Kurfürsten dachte, der genferisch geworden, und daß er immer nur alles Fährliche vor Augen sah, was ihm selber noch bevorstehen könne. Und endlich nahm er meine Hand und sagte: 'Ja, Grete, das ist eine schwere Frag, und ich denke, wir müssen zum ersten allemal beten, daß wir nicht in Versuchung fallen, und zum zweiten, daß uns die Gnade Gottes überall, wo wir zweifelhaft und unsicher in unsrem Gemüte sind, den rechten Weg finden lasse. Denn die richtigen Wege sind oft wechselvolle Wege, und wenn es heut unsre Pflicht ist, zu gehorchen und auszuharren, so kann es morgen unsre Pflicht sein, *nicht* zu gehorchen und uns durch Flucht einem schlimmen Ansinnen zu entziehn. Aber eines gilt heut und immerdar: wir müssen in unsrem Tun, ob wir nun fliehen oder ausharren, einem höheren Rufe Folge leisten.' Und nun erzählte er mir von dem Fischbeckschen Pastor und seiner Flucht."

„Aber er muß dir doch noch mehr erzählt haben?"

„Nein. Vielleicht daß er's getan, aber der alte Peter Guntz kam und unterbrach uns. Und ich wußte ja nun auch, was ich wissen wollt und daß auch eine Flucht das Rechte sein könne. Und als ich heimging, zählt ich mir her, wer alles geflohen sei. Joseph und Maria floh. Und auch Petrus floh aus seinem Gefängnis."

„Aber ein Engel des Herrn führte sie", sagte Valtin. „Und sie flohen um Gott und Glaubens willen."

Es schien, daß diese Worte Greten ins Gewissen trafen, denn sie schwieg. Endlich aber sagte sie: „Ja, um Gott und Glaubens willen. Aber auch um Lebens und Rechtes willen. Ich mag kein *Unrecht* sehen und auch keines leiden."

„Du weißt aber, daß wir Geduld üben und unsere Feinde lieben sollen."

„Ja, ich weiß es; aber ich kann es nicht."

„Weil du nicht willst."

„Nein, ich will es nicht."

Und als sie so weit gesprochen, wandten sie sich wieder und sahen, daß der Sonnenball unter war und die Burgtürme bereits im Abendrote glühten. „Es ist Zeit, daß wir heimgehen", sagte Valtin, „oder wir verpassen's, und Trud ist eher zu Haus als wir."

„Laß sie", sagte Grete leicht. „Ich mag nicht mehr nach Haus. Mir ist, als wäre dies mein letzter Tag und als müßt ich fort. Heute noch. Gleich. Willst du?"

Valtin sah sie bang und fragend an.

„Du willst nicht? Sag's nur. Du fürchtest dich."

„Ich will, Grete. Ganz gewiß. Aber ich muß es einsehen, daß es nicht anders geht. Und hab ich dir's anders versprochen, damals auf der Burg, als die Mädchen sangen und die Sommerfäden zogen, so darfst du mich nicht beim Worte nehmen. Es war ein Unrecht."

Sie warf den Kopf, aber sagte nichts und nahm seinen Arm. Und so schritten sie wieder auf die Fähre zu. Die Sterne waren bald herauf und spiegelten sich in dem stillen Strom, während Mückenschwärme wie Rauchsäulen über ihnen standen. Oben auf der Burg schimmerten noch die Lichter, sonst aber war alles still, und nur aus weiter Ferne her hörte man noch ein Singen, das mehr und mehr verklang. Es waren die kleinen Leute, die, samt ihrem Gesinde, vom Außenhofe her wieder in die Stadt zogen. Und dazu klatschten eintönig die Ruderschläge des Fährboots, und nun lief es auf, und Valtin und Grete sprangen ans Ufer.

Die Stadt gedachten sie soweit wie möglich zu meiden und nahmen ihren Weg an den Tangerwiesen hin, über die jetzt, mit ihnen zugleich, feuchte, weiße Nebel zogen. Die hohen Nachtkerzen ragten mit ihren Spitzen über die Nebelstreifen fort und mischten ihren Duft mit dem Dufte des Heues, das frisch gemäht zu beiden Seiten des Weges lag. Sie sprachen nicht, und Valtin suchte nur den Fledermäusen zu wehren, die, von dem alten Kirchengemäuer her, neben und über ihnen flatterten. So kamen sie bis an das Wassertor und bogen in denselben Zirkelgang ein, auf dem sie gekommen waren, immer zwischen den Gärten und der Stadtmauer hin. Und nun hielten sie vor der Mindeschen Gartenpforte.

„Gute Nacht, Valtin", sagte Grete ruhig und beinah gleichgültig. Als dieser aber ging, ohne sich umzusehen, rief sie noch einmal seinen Namen. Und er wandte sich wieder und lief auf sie zu. Und sie umarmten sich und küßten sich. „Vergiß, Valtin, was ich gesagt hab. Ich weiß, daß du dich nicht fürchtest. Denn du liebst mich. Und die sich lieben, die fürchten sich nicht. Und nun noch eines. Komm in einer halben Stund in den Garten, in euren, und wart auf mich. Mir ist so wunderlich, und ich muß dich noch sehen. Denn sieh, ich weiß es, es geschieht etwas; ich fühl es ganz deutlich *hier*." Und dabei legte sie die Hand aufs Herz und zitterte.

Und er versprach es, und sie trennten sich.

Dreizehntes Kapitel

Flucht

Die Pforte war nur angelehnt, und schon vom Garten aus ließ sich's erkennen, daß Trud inzwischen ins Haus zurückgekehrt sein müsse. Die Fenstervorhänge hingen noch herab, und das rasch wechselnde Schattenspiel zeigte deutlich, daß ein Licht dahinter hin und her getragen wurde. Grete stieg nun die Stufen hinauf, die von dem Garten in den Hof führten, drückte das Gitter ins Schloß und fühlte sich, über Flur und Treppe hin, bis an das Hinterzimmer des oberen Stocks. Die Türe stand noch offen, wohl der Schwüle halber, und Grete sah hinein. *Was* sie sah, war nur das Erwartete. Die Wiegendecke lag zurückgeschlagen, und Trud, in allem Putz und Staat, den sie bei der Festlichkeit getragen, mühte sich in gebückter Stellung um das Kind, das still dalag und nur dann und wann in Krämpfen zusammenzuckte. Ihre hohe Krause war zerdrückt, ihr Haar halb herabgefallen; ihren silbernen Hakengürtel aber, der ihr beim Aufnehmen und Niederlegen des Kindes hinderlich gewesen sein mochte, hatte sie von sich getan und über das Fußbrettchen der Wiege gehängt. Und jetzt richtete sie sich auf und sah Greten vor sich stehen.

„Ei, Grete. Schon da!" sagte sie bitter, aber ersichtlich noch mit ihrer inneren Erregung kämpfend. „Wo warst du?"

„Fort."

„Fort? Und ich hatt es dir doch verboten."

„Verboten?"

„Ja! Und nun sieh das Kind. Ein Wunder Gottes, wenn es uns am Leben bleibt. Und wenn es stirbt, so bist *du* schuld."

„Das darfst du nicht sagen, Trud", antwortete Grete ruhig, während es um ihren Mund zuckte. „Schilt mich. Schilt mich, daß ich ging, das darfst du, das magst du tun. Aber du darfst mich nicht schelten um des Kindes willen. An dem Kind ist nichts versäumt. Ich ließ es bei Reginen, und Regine, was sag ich, ist dreißig Jahr im Haus. Und war Kindermuhme bei Gerdt, und dann war sie's bei mir und hat mich großgezogen."

„Ja, das hat sie. Aber wozu? *Du* weißt es, und *ich* weiß es auch. Und die *Stadt* wird es bald genug erfahren... Armes Ding du! Aber's ist Erbschaft."

„Sage nicht *das*, Trud. Nichts von *ihr*. Ich will davon nicht hören."

„Aber du *sollst* es. Undankbare Kreatur!"

Grete lachte.

„Lache nur, Bettelkind! Denn das bist du. Nichts weiter. Eine fahrende Frau war sie, und keiner weiß, woher sie kam. Aber jetzt kennen wir sie, denn wir kennen *dich.* Eine fremde Brut seid ihr, und der Teufel sieht euch aus euren schwarzen Augen."

„Das lügst du."

Trud aber, ihrer Sinne nicht mehr mächtig, erhob ihre Hand und schlug nach ihr.

Grete war einen Schritt zurückgetreten, und es flimmerte ihr vor den Augen. Dann, ohne zu wissen, was sie tat, griff sie nach dem über der Wiege hängenden Gürtel und schleuderte ihn der verhaßten Schwieger ins Gesicht. Diese, vor Schmerz aufschreiend, wankte und hielt sich mühsam an einem hinter ihr stehenden Tischchen, und Grete sah nun, daß die scharfen Ecken des langen silbernen Gehänges Truds Stirn oder Schläfe schwer verletzt haben mußten, denn ein Blutstreifen rann über ihre linke Wange. Aber sie schrak vor diesem Anblick nicht zurück und hatte nichts als das doppelt selige Gefühl ihres befriedigten Hasses und ihrer errungenen Freiheit. Ja, Freiheit! Sie war dieses Haus nun los. Denn das stand fest in ihrer Seele, daß sie nicht länger bleiben könne. Fort. Gleich. Und sie flog die Treppe hinab und über Flur und Hof in den Garten.

Da wuchsen wieder die Himbeerbüsche wie damals, wo sie hier mit Valtin zwischen dem hohen Gezweig gestanden und über den Hänfling und sein Nest geplaudert hatte; aber ihre verwilderte Seele dachte jener Stunden stillen Glückes *nicht* mehr. Sie kletterte nur rasch hinauf und horchte gespannt, ob Valtin schon da sei. Er war es noch nicht. Und so sprang sie vom Zaun in den Zernitzschen Garten hinunter und versteckte sich in der Laube.

Denn daß er kommen würde, das wußte sie.

Eine Viertelstunde war vergangen, als Grete Schritte vom Hofe her hörte. Er war es, und sie lief ihm entgegen. „Valtin, mein einziger Valtin. Ach, daß du nun da bist! Es ist gekommen, wie's kommen mußte." Und nun erzählte sie, was geschehen. „Ich wußt es. Alles, alles. Und ich muß nun fort. Diese Nacht noch. Willst du, Valtin?"

Sie waren, während Grete diese Worte sprach, vorsichtshalber, um nicht gesehen zu werden, von dem Mittelsteige her auf die Schattenseite des Gartens getreten, und Valtin sagte nur: „Ja, Gret, ich will. Was es wird, ich weiß es nicht. Aber ich sehe nun, du mußt fort. Und das hab ich mir geschworen, so ich's nur einseh, daß du fort mußt, so will ich's auch und will mit dir. Und dann sieh, ich bin ja doch eigentlich schuld. Denn du wolltest nicht weg von dem Kind, und ich hab dich überredet und dich trotzig gemacht und dich gefragt, wer dir's denn verbieten wolle."

„Sage nicht nein", fuhr er fort, als er sah, daß sie den Kopf schüttelte. „Es ist so. Und am Ende, was tut's? Du oder ich, es ist all eins, wer die Schuld hat. Es mußte zuletzt doch so kommen, für dich und für mich. Auch für mich. Glaub es nur. Emrentz ist nicht wie Trud, und wir leben jetzt eigentlich gut miteinander. Aber auf wie lang? Es ist ein halber Frieden, und der Krieg steht immer vor der Tür. Eine Stief ist eine Stief, dabei bleibt's. Und soviel sie lacht, sie hat doch kein Herz für mich, und wo das Herz fehlt, da fehlt das Beste."

„So willst du?"

„Ja, Grete."

„So laß uns gehen. In einer Stunde schon. Um elf wart ich draußen... Und eile dich; denn mir brennt der Boden unter den Füßen."

Und damit trennten sie sich.

***

Als Grete gleich darauf wieder drüben in ihrem eigenen Garten war, huschte sie den Zaun entlang und an dem Weinspalier vorbei bis auf den Hof. Hier aber befiel es sie plötzlich, daß sie, beim Eintreten in das Haus, vielleicht ihrem Bruder Gerdt begegnen könne, der, wenn gereizt, nach Art schwacher und abgespannter Naturen, alle Müdigkeit abtun und in Wutausbrüche geraten konnte. Wenn er ihr jetzt in den Weg trat? wenn er sie mißhandelte? Sie zitterte bei dem Gedanken und schlich so geräuschlos wie möglich die Treppe hinauf Als sie bei der nur angelehnten Türe des Hinterzimmers vorüberkam, hörte sie, daß Trud und Gerdt miteinander sprachen.

„Sie muß aus dem Haus", sagte Trud, „ich mag die Hexe nicht länger um mich haben."

„Aber wohin mit ihr?" fragte Gerdt.

„Das findet sich; wo ein Will ist, ist auch ein Weg – sagt das Sprüchwort. Ich hab an die Nonnen von Arendsee gedacht, das ist nicht zu nah und nicht zu weit. Und da gehört sie hin. Denn sie hat ein katholisch Herz, trotz Gigas, und immer, wenn sie mit mir spricht, so sucht sie nach dem Kapselchen mit dem Splitter und hält es mit ihren beiden Händen fest. Und schweigt sie dann, so

bewegen sich ihre Lippen, und ich wollte schwören, daß sie zur Heiligen Jungfrau betet."

Mehr konnte sie nicht erlauschen, denn das Kind, das bis dahin ruhig gelegen,
begann wieder zu greinen, und Grete benutzte den Moment und fühlte sich
vorsichtig weiter bis an das zweite Treppengeländer und in ihre Giebelstube
hinauf.

Der Mond schien auf die Dächer gegenüber, und sein zurückfallender Schein
gab gerade Licht genug, um alles deutlich erkennen zu lassen. Die Tür zu der
Kammer nebenan stand offen, und Regine saß eingeschlafen am Fußende des
Bettes. „'s ist gut so", sagte Grete und öffnete Schrank und Truhe, nahm heraus, was ihr gut dünkte, band ein schwarzes Seidentuch um ihren Kopf und
verbarg unter ihrem Mieder ein kleines Perlenhalsband, das ihr, an ihrem Ein-
segnungstage, vom alten Jacob Minde geschenkt worden war. Anderes hatte
sie nicht. Und nun war sie fertig und hielt ihr Bündel in Händen. Aber sie
konnte noch nicht fort. Nicht so. Und an der Schwelle der Kammertür kniete
sie nieder und rief Gott um seinen Beistand an, auch um seine Verzeihung,
wenn es ein Unrecht sei, was sie vorhabe. Und heiße Tränen begleiteten ihr
Gebet. Dann erhob sie sich und küßte Reginen, die schlaftrunken auffuhr und
den Namen ihres Lieblings nannte; aber ehe sie den Schlaf völlig abschütteln
und sich wieder zurechtfinden konnte, war Grete fort und glitt, mit ihrer Rechten sich aufstützend, die steilen Stufen der Oberstiege hinunter. Und nun
horchte sie wieder. Das Kind wimmerte noch leis, und die Wiege ging in hefti-
ger Schaukelbewegung, während Trud, über das Kind gebeugt, rasch und
ungeduldig ihre Wiegenlieder summte; Gerdt schwieg. Vielleicht, daß er schon
schlief.

Und im nächsten Augenblicke war sie treppab, über Hof und Garten, und hielt
draußen an der Pforte. Valtin wartete schon. Er hatte sich zu dem Joppenrock,
den er gewöhnlich trug, auch noch in eine dicke Friesjacke gekleidet, und in
dem wuchernden Grase vor ihm lag eine schmale, hohe Leiter, wie man sie um
die Kirschenzeit von außen her an die Bäume zu legen pflegt. Grete trat auf ihn
zu und gab ihm die Hand. Der breite Schatten, der auf das Gras fiel, hinderte
sie, die Leiter zu sehen, desto deutlicher aber sah sie seine winterliche Einkleidung. Und sie lachte. Denn der Sinn für das Komische war ihr geblieben. Und
Valtin lachte gutmütig mit und sagte: „'s ist für *dich*, Grete, wenn du frierst.
Die Nacht ist kalt, auch eine Sommernacht." Und derweilen schlug es elf, und
die Glockenschläge mahnten sie wieder an das, was sie vorhatten. Valtin legte
die Leiter an die Mauer, und Grete stieg hinauf. Und im nächsten Augenblicke
war er selber oben und zog die Leiter nach und stellte sie nach außen. Und nun
waren sie frei. Sie sahen sich an und atmeten auf, und der Zauber des um sie

her liegenden Bildes ließ sie minutenlang ihres Leids und ihrer Gefahr vergessen. Die Nebel waren fortgezogen, silbergrüne Wiesen dehnten sich hüben und drüben, und dazwischen flimmerte der Strom, über den der Mond eben seine Lichtbrücke baute. Nichts hörbar als das Gemurmel des Wassers und die Glocken, die von einigen Stadtkirchen her verspätet nachschlugen.

Beide hatten sich angefaßt und eilten raschen Schrittes auf den Fluß zu.

„Willst du hinüber?" fragte Grete.

„Nein, ich will nur einen Kahn losmachen. Sie glauben dann, wir seien drüben."

Und als sie bald danach den losgebundenen Kahn inmitten des Stromes treiben sahen, hielten sie sich wieder seitwärts, über die tauglitzernden Tangerwiesen hin, bogen in weitem Zirkel um den Burghügel herum und mündeten endlich auf einen Feldweg ein, der, hart neben der großen Straße hin, auf den Lorenzwald zuführte.

Als sie seinen Rand beinah erreicht hatten, sagte Grete: „Ich fürchte mich."

„Vor dem Wald?"

„Nein. Vor dir."

Valtin lachte. „Ja, das ist nun zu spät, Grete. Du mußt es nun nehmen, wie's fällt. Und wenn ich dir deinen kleinen Finger abschneide oder dich totdrücke vor Haß oder Liebe, du mußt es nun leiden."

Er wollt ihr zärtlich das Haar streicheln, soweit es aus dem schwarzen Kopftuch hervorsah, aber sie machte sich los von ihm und sagte: „Laß. Ich weiß nicht, was es ist, aber solange wir in dem Wald sind, Valtin, darfst du mich nicht zärtlich ansehen und mich nicht küssen. Unter den Sternen hier, da sieht uns Gott, aber in dem Walde drin ist alles Nacht und Finsternis. Und die Finsternis ist das Böse. Ich weiß es wohl, daß es kindisch ist, denn wir gehören ja nun zusammen in Leben und in Sterben, aber ich fühl es so, wie ich dir's sag, und du mußt mir zu Willen sein. Versprich es."

„Ich versprech es. Alles, was du willst."

„Und hältst es auch?"

„Und halt es auch."

Und nun nahm sie wieder seine Hand, und sie schlugen den Weg ein, der sie bis an die große Waldwiese führte. Hier war es taghell fast, und sie zeigten einander die Stelle, wo der Maibaum damals gestanden und wo sie selber, am Schattenrande der Lichtung hin, auf den umgestülpten Körben gesessen und dem Taubenschießen und dem Tanz um die Linde her zugesehen hatten. Und dann gingen sie weiter waldeinwärts, immer einen breiten Fußpfad haltend, der sich nur mitunter im Gestrüpp zu verlieren schien.

Sie sprachen wenig. Endlich sagte Grete: „Wohin gehen wir?"

„Ins Lüneburgsche, denk ich. Und dann weiter auf Lübeck zu. Da hab ich Anhang."

„Und weißt du den Weg?"

„Nein, Grete, den Weg nicht, aber die Richtung. Immer stromabwärts. Es kann nicht weiter sein als fünf Stunden; dann haben wir die Grenze, die bei Neumühlen läuft. Und die tangermündschen Stadtreiter, auch wenn sie hinter uns her sind, haben das Nachsehen."

„Glaubst du, daß sie sich eilen werden, uns wieder zurückzuholen?"

„Vielleicht."

„Ja. Aber auch nichts weiter. Sie werden uns ziehen lassen und froh sein, daß wir fort sind. Und wenn dein Vater es anders will, so wird's ihm Emrentz ausreden. Und wenn nicht Emrentz, so doch Trud." Und nun erzählte sie das Gespräch zwischen Trud und Gerdt, das sie von der nur angelehnten Türe des Hinterzimmers aus belauscht hatte.

So mochten sie zwei Stunden gegangen sein, und der Mond war eben unter, als Grete leise vor sich hin sagte: „Laß uns niedersetzen, Valtin. Meine Füße tragen mich nicht mehr." Und es war alles wie damals, wo sie sich als Kinder im Walde verirrt hatten. Er aber bat sie, brav auszuhalten, bis sie wieder an eine hellere Stelle kämen. Und siehe, jetzt war es wirklich, als ob sich der Wald zu lichten begänne, die Stämme standen in größeren Zwischenräumen, und Valtin sagte: „Hier, Grete, hier wollen wir ruhn." Und todmüde, wie sie war, warf sie sich nieder und streckte sich ins Moos. Und schon im nächsten Augenblicke schlossen sich ihre Wimpern. Er schob ihr ihr Reisebündel als Kissen unter und deckte sie leise mit seiner Winterjacke zu, von der er sich selber nur ein Zipfelchen gönnte.

Und dann schlief er an ihrer Seite ein.

Vierzehntes Kapitel

Auf dem Floß

Als sie wieder erwachten, lag alles um sie her in hellem Sonnenschein. Sie hatten dicht am Rande des großen Lorenzwaldes geschlafen, der hier mit einer vorspringenden Ecke bis hart an den Strom trat, und der rote Fingerhut stand in hohen Stauden um sie her. Ein paar seiner Blüten hatte der Morgenwind auf Greten herabgeschüttelt, und diese nahm eine derselben und sagte: „Was bedeutet es mir? Es ist eine Märchenblume."

„Ja; das ist es. Und es bedeutet dir, daß du eine verwunschene Prinzessin oder eine Hexe bist."

„Das darfst du nicht sagen."

„Und warum nicht?"

„Weil es Trud immer gesagt hat... Aber weißt du, Valtin, daß ich Hunger habe?"

Und damit erhoben sie sich von ihrer Lagerstatt und gingen plaudernd immer am Wasser hin, bis sie weiter flußabwärts, wo der Waldvorsprung wieder einbog, an ein Fähr- oder Forsthaus kamen. Oder vielleicht auch war es beides. Anfangs wollten sie gemeinschaftlich eintreten, aber Valtin besann sich eines andern und sagte: „Nein, bleib; es ist besser, ich geh allein." Und eine kleine Weile, so kam er mit Brot und Milch zurück und hielt, als er Gretens ansichtig wurde, die Hände schon von weitem in die Höh, um zu zeigen, was er bringe, und sie setzten sich ins hohe Gras, den Fluß zu Füßen und den Morgenhimmel über sich. „Wenn es uns immer so schmeckt...", sagte Valtin. Und Grete sah ihn freundlich an und nickte.

Als sie so saßen und mehr träumten als sprachen, bemerkten sie, daß mitten auf dem Strom ein großes Floß geschwommen kam, lange zusammengebolzte Stämme, auf denen sich vier Personen deutlich erkennen ließen: drei Männer und eine Frau. Zwei von den Männern standen vorn an der Spitze des Floßes, während der dritte, der seinen raschen und kräftigen Bewegungen nach der jüngste zu sein schien, das ungefüge Steuer führte. „Was meinst du", sagte Valtin, „wenn wir mitführen? Du bist müde vom Gehen. Und mitten auf dem Strom, da sucht uns niemand."

Grete schien zu schwanken; Valtin aber setzte hinzu: „Laß es uns versuchen; ich ruf hinüber, und halten sie still und machen ein Boot los, nun, so nehmen wir's als ein Zeichen, daß es sein soll." Und er sprang auf und rief: „Hoiho", ein Mal über das andere.

Die Flößer verrieten anfänglich wenig Lust, auf diese Zurufe zu achten, als Valtin aber nicht abließ, machte der am Steuer Stehende den Kahn los, der hinter dem Floße herschwamm, und war im nächsten Augenblicke mit ein paar Ruderschlägen am diesseitigen Ufer.

„Hoiho! Was Hoiho?"

Valtin hörte nun wohl, daß es Wenden oder Böhmen waren, die bis Hamburg wollten, und trug sein Anliegen vor, so gut es ging. Der Böhmake verstand endlich und bedung sich einen Lohn aus, der so gering war, daß ihn Valtin gleich als Angeld zahlte.

Und nun fuhren sie nach dem Floß hinüber.

Als sie neben demselben anlegten, fanden sich auch die beiden andern Männer ein, zu denen nun der Jüngere sprach und ihnen das Geldstück überreichte. Sie schienen's zufrieden, und der älteste, schon ein Mann über fünfzig, und allem Anscheine nach der Führer, lüpfte seine viereckige, mit Pelz besetzte Mütze und bot Greten und gleich darauf auch Valtin seine Hand, um ihnen beim Hinaufsteigen auf das Floß behülflich zu sein. Es war ziemlich an der Hinterseite, nicht weit von dem großen Drehbalken, der als Steuer diente, und unsere beiden Flüchtlinge nahmen in Nähe desselben Platz. Alles gefiel ihnen, und Grete freute sich, daß Valtin den Mut gehabt und die Flößer angerufen hatte; am besten aber gefiel ihnen der Mann am Steuer, der lebhaft und lustig war und sich beflissen zeigte, sie zu zerstreuen und ihnen den Aufenthalt angenehm zu machen. Er plauderte mit ihnen, so gut es ein paar Wörter zuließen, und war erfinderisch in immer neuen Aufmerksamkeiten.

Als die Sonne schon ziemlich hoch stand, sah er, daß die vom Wasser zurückgeworfenen Strahlen die jungen Leute blendeten, und kaum daß er es wahrgenommen, als er auch schon das Steuer in Valtins Hand legte und sich daranmachte, mit Benutzung umherliegender Bretter, aus einem großen Stück Segelleinwand ein Zelt für seine Schutzbefohlenen aufzurichten. Sie setzten sich unter das Dach und genossen nun erst der eigentümlichen Schönheit ihrer Fahrt. Am Ufer hin stand das hohe Schilf, und wenn dann das Floß den grünen Schilfgürtel streifte, flogen die Wasservögel in ganzen Völkern auf und fielen plätschernd und schreiend an weiter flußabwärts gelegenen Stellen wieder ein. Der Himmel wölbte sich immer blauer, und ein Mittagswind, der sich aufgemacht hatte, strich frisch an ihnen vorüber und kühlte die Tageshitze. Vorne, durch die ganze Länge des Floßes von ihnen getrennt, standen nach wie vor die beiden älteren Männer und angelten, ihre Haltung aber zeigte nur zu deutlich, daß sie mit dem Ertrag ihres Fanges wenig zufrieden waren. Waren es doch immer nur kleine Fische, die, sooft sie die Schnur zogen, in der Sonne hell aufblitzten. Jetzt aber gab es einen Freudenschrei, und ein Breitfisch, so groß und schwer, daß die Schnur am Reißen war, flog mit einem Ruck an Bord. Das war es, worauf sie gewartet hatten, und sie schütteten nun die neben ihnen stehende Kufe mitsamt ihrem Inhalt wieder aus, füllten sie frisch mit Wasser und trugen ihren großen Fang wie im Triumph auf die Mitte des Floßes, wo schon seit einiger Zeit ein hell aufwirbelnder Küchenrauch die Vorbereitungen zu einer Mahlzeit anzudeuten schien. Und in der Tat hantierte hier emsig und lärmend ein junges Frauenzimmer umher, das mit seinen stechenden, kohlschwarzen Augen wohl dann und wann zu den neuen Ankömmlingen flüchtig herübergesehen, im übrigen aber durch seine ganze Haltung weder Freude noch Teilnahme bezeigt hatte.

Und immer weiter ging die Fahrt, und immer stiller wurde der Tag. Auch der Mann am Steuer schwieg jetzt, und Valtin und Grete hörten nichts mehr als das Gurgeln des Wassers und das Gezirp im Rohr und dazwischen den Küchenlärm, in dem sich das junge Frauenzimmer, je näher die Mahlzeit rückte, desto mehr zu gefallen schien. Und jetzt nahm sie einen blanken Teller, hielt ihn hoch und schlug mit einem Quirl an die Außenseite. Das war das Zeichen, und alle versammelten sich um die Feuerstelle her. Nur Valtin und Grete waren zurückgeblieben; aber der Alte kam alsbald auf sie zu, und nach kurzer Ansprache, von der sie nichts verstehen konnten, nahm er Greten an der Hand und führte sie, während er die gangbarsten und trockensten Stellen aussuchte, bis auf die Mitte des Floßes.

Und jetzt erst erkannten unsre Flüchtlinge, wie sonderbar, aber auch wie zweckentsprechend die hier befindliche Kochgelegenheit aufgebaut und eingerichtet war. Das ganze Floß, auf mehr als zehn Schritt im Quadrat, war wie mit einem dicken Rasen überdeckt, auf dem sich wiederum, ebenfalls aus Rasenstücken aufgeschichtet, ein wohl drei Fuß hoher und unverhältnismäßig breiter und geräumiger Herd erhob. In diesen waren Löcher eingeschnitten, und in den Löchern standen Töpfe, um die mehrere kleine Feuer lustig flackerten. Und nun setzten sich die Männer in Front des Herdes, so daß sie den Fluß hinuntersehen konnten, und nahmen ihr Mahl ein, das zunächst aus einer Brühe aus Huhn und Hirse, dann aber aus dem Breitfisch, dem letzten Ertrag ihres Fanges, bestand. Alle ließen sich's schmecken; und als Valtin, gegen den Schluß des Mahles, sich über ihr Wohlleben verwunderte, lachte der Alte und beschrieb einen Kreis mit seiner Rechten, als ob er andeuten wolle, daß ihm Ufer und Landschaft, mit allem, was darauf fleucht und kreucht, tributpflichtig seien.

Und nun war das Mahl beendet, und Valtin und Grete, nachdem sie gedankt, erhoben sich und suchten wieder ihr Zelt in Nähe des Steuers auf.

Sie mußten, an Neumühlen vorüber, schon meilenweit gefahren sein und hätten sich zu jeglichem um sie her beglückwünschen können, wenn nicht das junge Frauenzimmer mit den blanken Flechten und den schwarzen Stechaugen gewesen wäre. Valtin hatte nichts bemerkt, aber der schärfer sehenden Grete war es nicht entgangen, daß sie seit Mittag kein Auge von ihnen ließ und ersichtlich etwas gegen sie vorhatte. Ob aus Eifersucht oder Habsucht, ließ sich nicht erkennen, aber etwas Gutes konnt es nicht sein, und als der Tag sich neigte, rückte Grete näher und teilte Valtin ihre Besorgnisse mit. Dieser schüttelte den Kopf und wollte davon nichts wissen, und siehe da, auch Grete vergaß es wieder, als sich, gleich nach Sonnenuntergang, ein neues Leben auf dem Floße zu regen begann. Der Alte nahm eine Fiedel, und die Frauensperson, die sich mittlerweile geputzt und eine rote Schürze angelegt hatte, führte mit dem jungen Burschen einen böhmischen Tanz auf. Danach setzten sie sich an den Herd und sangen Lieder, die der Alte mit ein paar Strichen auf der Fiedel begleitete.

Und nun kam die Dämmerung, und die Sterne begannen matt zu flimmern. Das Floß selbst hatte sich hart ans Ufer gelegt, das hier, anfänglich flach, dreißig Schritte weiter landeinwärts eine hohe, steile Wandung zeigte. Es war noch hell genug, um die rotgelben Töne des fetten Lehmbodens erkennen zu können. Alles schwieg, und nur Grete, der ihr Verdacht wiedergekommen war, sagte leise: „Valtin, ich habe doch recht. Ich fürchte mich."

„Glaubst du wirklich, daß es böse Leute sind?"

„Nicht eigentlich böse Leute, aber sie werden der Versuchung nicht widerstehen können. Du hast ihnen Geld gezeigt, und die Frau hat gesehen, daß ich Schmuck trage. Sie werden uns berauben wollen. Und setzest du dich zur Wehr, so ist es unser letzter Tag."

Valtin überlegte hin und her und sagte dann: „Ich fürcht, es ist, wie du sagst. Und so müssen wir wieder fliehen. Ach, immer fliehen! Auch noch auf der Flucht eine Flucht." Und er seufzte leise.

Grete hörte die Klage wohl heraus, aber sie hörte zugleich auch, daß es kein Vorwurf war, und so nahm sie seine Hand und sah ihn bittend an. Kannte sie doch ihre Macht über ihn. Und diese Macht blieb ihr auch diesmal treu, und alles war wieder gut.

Es traf sich glücklich, daß das Floß mit eben dem Hintereck, auf dem ihr Zelt stand, auf den Ufersand gefahren war. Sie teilten sich's mit und kamen überein, auf das Segeltuch, das sie den Tag über zu Häupten gehabt hatten, eine Silbermünze zu legen und, sobald alles schliefe, mit einem einzigen Satz ans Ufer zu springen. Wären sie dann erst die steile Lehmwand hinauf, so würde sie niemand mehr verfolgen. Und wenn es geschäh, so wär es ohne Not und Gefahr, denn Schiffsleute hätten einen schweren Gang und wären langsam zu Fuß.

Und während sie so sprachen, war der Mond aufgegangen. Das erschreckte sie vorübergehend. Aber es standen auch Wolken am Himmel, und so warteten sie, daß diese heraufziehen und den Mond überdecken möchten.

Und nun war es geschehen. „Jetzt", sagte Valtin, und den Beistand des Himmels anrufend, sprangen sie vom Floß ans Ufer. Das seichte Wasser, das hier um ein paar Binsen her stand, klatschte hoch auf; aber sie hatten dessen nicht acht, und im nächsten Augenblicke die steile Lehmwand erkletternd, schritten sie rasch über das Feld hin und in die Nacht hinein.

Niemand folgte.

Fünfzehntes Kapitel

Drei Jahre später

Drei Jahre waren seitdem vergangen, und wieder färbte der Herbst die Blätter rot; allüberall in der Altmark, und nicht zum wenigsten in dem Städtchen Arendsee, dessen endlos lange Straße, zugleich seine einzige, nach links hin aus Häusern und Gärten, nach rechts hin aus Klostergebäuden und zwischenliegenden Heckenzäunen bestand. Hinter einem dieser Heckenzäune, der abwechselnd von Dorn und Liguster gebildet wurde, ließ sich ein auf Säulen ruhender Kreuzgang erkennen, in dessen quadratischer Mitte der Klosterkirchhof lag, wild und verwahrlost, aber in seiner Verwahrlosung nur um so schöner. Einige hoch aufgemauerte Grabsteine schimmerten aus allerlei Herbstesblumen und dichtem Grase hervor, die meisten aber versteckten sich im Schatten alter Birnbäume, deren ungestützte Zweige mit ihrer Last bis tief zu Boden hingen. Vorüberziehende Fremde würden sich des Bildes gefreut haben, das eben jetzt, bei niedergehender Sonne, von absonderer Schönheit war; ein paar Arendseesche Bürger aber, Handwerker und Ackersleute zugleich, die mit ihrem Gespann vom Felde hereinkamen, achteten des wohlbekannten Anblicks nicht und hielten erst, als sie schon dreißig Schritt über den Heckenzaun hinaus waren und an der andern Seite der Straße dreier hochbepackter Wagen ansichtig wurden, die hier, vor einer alten Ausspannung mit tiefer Einfahrt, den ohnehin schmalen Weg beinah versperrten.

„Süh, Kersten, doa sinn se all. Awers hüt wahrd et nix mihr."

„Nei, hüt nich. Un weet'st all, Hanne, se speelen joa nicht blot mihr mit Zocken un Puppen. Se kümmen joa nu sülwer 'rut."

„Joa; so hebb ick't ook hürt. Richt'ge Minschen... Jott, wat man nich allens erlewen deiht!"

Und damit gingen sie vorüber, weiter in die Stadt hinein.

Und es war so, wie die beiden Ackerbürger gesagt hatten. Puppenspieler, die, wie's dazumalen aufkam, ihre Puppen zeitweilig im Kasten ließen und an Stelle derselben in eigener Person auftraten, waren an eben jenem Nachmittag in das Städtchen gekommen und hatten sich's in der Ausspannung, vor der ihre Wagen hielten, bequem gemacht. Da saßen sie jetzt zu vier um den Tisch der großen Schenkstube herum, ihrem Aufputz und ihrer Redeweise nach oberdeutsches Volk, und vertaten das Geld, das ihnen der Salzwedelsche Michaelismarkt eingebracht hatte. Denn von daher kamen sie. Zwei derselben alte Bekannte von uns. Der Schwarzhaarige, mit einer Narbe quer über der Stirn, war derselbe, den wir an jenem hellen Julivormittag, an dem unsere Geschichte begann, an der Emrentz Fenster vorüber seinen Umritt hatten machen sehn, und der neben ihm, ja, das mußte, wenn nicht alles täuschte, der Hagre, Schlackerbeinige mit dem weißen Hemd und der hohen Filzmütze sein, der bei Tage die Pauke gerührt und am Abend, in seinem hölzernen Abbild wenigstens, den Polizeischergen des „Jüngsten Gerichtes" gemacht hatte. Ja, sie waren es wirklich, dieselben fahrenden Leute, denn eben erschien auch die große stattliche Frau, die damals, in halb spanisch, halb türkischem Aufzug, als dritte zwischen ihnen zu Pferde gesessen. Auch heute war sie verwunderlich genug gekleidet, trug aber, statt des langen schwarzen Schleiers mit den Goldsternchen, ein scharlachrotes Manteltuch, das sie, voll Majestät und nach Art eines Krönungsmantels, um ihre Schultern gelegt hatte. „Ach, Zenobia", riefen alle und rückten zusammen, um ihr am Tische Platz zu machen. Mit ihr zugleich war der Wirt eingetreten, ein paar Kannen im Arm, und überbot sich alsbald in Raschheit und Dienstbeflissenheit gegen seine Gäste. Wußt er doch, daß sie mit vollem Beutel kamen und außerdem Freibrief und gutes Zeugnis von aller Welt Obrigkeit aufzuweisen hatten. Und was wollt er mehr?

„Wirt", rief der Schwarzhaarige, der auch heute wieder die Herrenrolle spielte, „die Salzwedelschen haben mir gefallen. Die drehen den Schilling nicht erst ängstlich um. Zweimal gespielt jeden Tag, erst die Puppen und dann wir selber. Und immer voll, und kein Apfel zur Erde. Ein lustiges Volk; nicht wahr, Wirt? Und wie heißt doch der Spruch von den Salzwedelschen? Ihr kennt ihn?"

„Ei, freilich; welcher Altmärksche wird *den* nicht kennen. Ein guter Spruch, und er geht so:

> De *Stendalschen* drinken gerne Wien,
> De *Gardeleger* wülln Junker sien,
> De *Tangermündschen* hebben Mot,
> De *Soltwedler* awers, de hebben dat Got."

„Ja, das haben sie, das haben sie", schrien alle durcheinander, und der Wirt wiederholte seinerseits: „Ein guter Spruch, ihr Herren. Bloß daß die Arendseeschen drin vergessen sind."

„Ei, warum vergessen! Solch Sprüchel ist ja nicht wie 's Vaterunser, wo nichts zukann und nichts weg. Was ihm fehlt, das machen wir dazu. Könnt Ihr einen Reim machen, Wirt? Ein Wirt muß alles können, reimen und rechnen."

„Ja, rechnen!" fiel der Chorus ein.

„Ärgert ihn nicht, sonst bringt er's nicht zustand. Und ich seh's ihm an, daß er dran haspelt. Habt ihr's?"

„Ja... De Stendalschen drinken gerne Wien..."

„Nein, nein, das nicht. Das ist ja die alte Leier. Wir wollen den neuen Reim hören, den Arendseeschen."

Und so ging es unter Lärmen und Schreien weiter, bis der Wirt eine Pause wahrnahm und in schelmischem Ernst über den Tisch hin deklamierte:

> „Un di *Arendseeschen*, di hebben dat Stroh,
> Awers hebben fifteig'n Nonnen dato."

„Funfzehn Nonnen! Habt ihr gehört? Aber woher denn Nonnen? Es gibt ja keine Nonnen mehr. Ich meine hierzuland. Unten im Reich, da hat's ihrer noch genug. Nicht wahr, Zenobia? Aber hier! Alles aufgehoben, was sie 'säkularisieren' nennen. Habe mir's wohl gemerkt. Und das hat Euer vorvoriger Herr Kurfürst getan, der Herr Joachim, den ich noch habe begraben sehn. War das erste Mal, daß mein Vater selig bis hier hinauf ins Wittenbergsche kam. Anno 71, und ich war noch ein Kind."

„Ja, sie sind aufgehoben. Aber 's gibt ihrer doch noch, hier und überall im Land. Und obwohlen unser alter Roggenstroh alle Sonntage gegen sie predigt, es hilft ihm nichts, sie bleiben doch. Und warum bleiben sie? Weil sie den adligen Anhang haben. Und oben in Cölln an der Spree, na, das weiß man, da sitzen auch die Junkerchen zu Rat und drücken ein Auge zu."

„Gut, gut. Meinetwegen. Lassen wir die Junker und die Nonnen. Es muß auch Nonnen geben. Nicht wahr, Zenobia?"

Diese zog ihre rote Drapierung nur noch fester um ihre Schultern und schwieg in königlicher Würde weiter.

„Un hebben fifteig'n Nonnen dato! Wahrhaftig. Wirt, das habt Ihr gut gemacht, sehr gut. Ihr könnt't uns die Stücke schreiben. Was meinst, Nazerl, wir haben schon schlechtre gehabt! Aber singen wir; du singst vor, Matthes."

Und der Angeredete, der seinem starr und aufrecht stehenden roten Haare, vor allem aber seinen linsengroßen Sommersprossen nach der einzig Plattdeutsche von der Gesellschaft zu sein schien, intonierte mit heiserer Stimme: „Kaiser Karolus sien bestet Peerd."

„Nicht doch, nicht doch", fuhr der mit der Narbe dazwischen, „das kann Zenobia nicht hören; das singen ja die Knechte. Sing du, Hinterlachr. Aber was Feins und Zierlichs."

Und Hinterlachr sang:

> „Zu Bacharach am Rheine,
> Da hat mir's wohlgetan,
> Die Wirtin war so feine,
> So feine,
> Und als wir ganz alleine..."

„Ach, dummes Zeug. Immer Weiber und Weiber. Aber sie denken nicht dran; und am wenigsten, was eine richtige Wirtin ist. Sie lachen dich aus. Nazerl, mach du dein Sach. Aber nichts von den Weibern; hörst du. Halt dich an *das!*" Und dabei schob er ihm eine frische Kanne zu, die der Wirt eben hereingebracht hatte.

Und Nazerl hob an:

> „Der liebste Buhle, den ich hab,
> Der liegt beim Wirt im Keller,
> Er hat ein hölzins Röcklein an
> Und heißet Muskateller:
>
> Hab manche Nacht mit ihm verbracht,
> Er hat mich immer glücklich 'macht,
> glücklich 'macht,
> Und lehrt mich lustig singen."

„Das ist recht. Der liebste Buhle, den ich hab... *das* gefällt mir. Der Nazi hat's getroffen. Was meinst, Zenobia?"

Und alle wiederholten den Vers und stießen mit ihren Kannen und Bechern zusammen.

„Ihr müßt nicht so lärmen", sagte jetzt der, der mit „Bacharach am Rheine" so wenig durchgedrungen war. „Er liegt grad über uns, und ich glaub, er macht es nicht lange mehr."

Zenobia nickte.

***

So ging's unten her. Über ihnen aber, auf einer Schütte Stroh, drüber ein Laken gebreitet war, lag ein Kranker, ein Kissen unterm Kopf und mit ein paar Kleidungsstücken zugedeckt. Neben ihm, auf einem Fußschemel, saß eine junge Frau, blaß und fremd, und hielt mit ihrer Rechten den Henkel eines als Wiege dienenden Korbes, mit ihrer Linken die Hand des Kranken. Dieser schien einen Augenblick geschlafen zu haben, und als er jetzt die Augen wieder öffnete, beugte sie sich zu ihm nieder und fragte leise: „Wie ist dir?"

„Gut."

„Ach, sage nicht gut. Deine Stirn brennt, und ich seh, wie deine Brust fliegt. Mein einzig lieber Valtin, vergib mir, sage mir, daß du mir vergibst."

„Was, Grete? Was soll ich dir vergeben?"

„Was? was? Alles, alles! Ich bin schuld an deinem Elend, und nun bin ich schuld an deinem Tod. Aber ich wußt es nicht anders, und ich wollt es nicht. Ich war ein Kind noch, und sieh, ich liebte dich so sehr. Aber nicht genug, nicht genug, und es war nicht die rechte Liebe. Sonst wär es anders gekommen, alles anders."

„Laß es, Grete."

„Nein, ich laß es nicht. Ich will mein Herz ausschütten vor dir. Ach, sonst beichten die Sterbenden, ich aber will dir beichten, dir."

Er lächelte. „Du hast mir nichts zu beichten."

„Doch, doch. Viel, viel mehr, als du glaubst. Denn sieh, ich habe nur an *mich* gedacht; das war es; da liegt meine Schuld. Es kommt alles von Gott, auch das Unrecht, das man uns antut, und wir müssen es tragen lernen. Das hat mir Gigas oft gesagt, so oft; aber ich *wollt es* nicht tragen und hab aufgebäumt in Haß und in Ungeduld. Und in meinem Haß und meiner Ungeduld hab ich dich mit fortgezwungen und habe dich um Glück und Leben gebracht."

Er schüttelte den Kopf und wiederholte nur leise: „Laß es, Grete. Du hast mich nicht um das Glück gebracht. Es war nur anders als andrer Leute Glück. Weißt du noch, als wir auf dem Floß fuhren und das Schilf streiften und die Wasservögel aufflogen, ach, wie stand da der Himmel so blau und golden über uns, und wie hell schien uns die Sonne! Ja, da waren wir glücklich. Und als wir dann auf Lübeck zogen und das Holstentor vor uns hatten, das uns mit seinen grünen und roten Ziegeln ansah, und dann Musik und Fahnenschwenker auf uns zukamen, als ob man uns einen Einzug machen wolle, da lachten wir und waren froh in unserem Herzen, denn wir nahmen es als ein gutes Zeichen und wußten nun, daß wir gute Tage haben würden. Und wir *hatten* sie auch, und hätten sie noch, denn fleißige Tage sind gute Tage, wenn nicht der Streit gekommen wär, der Streit um viel und nichts... Er dacht eben, er dürf es dir ansinnen, weil wir arm waren und er reich und eines Ratsherrn Sohn. Und da war es denn freilich aus... Aber laß, Grete. Was wir gehabt haben, das haben wir gehabt. Und nun gib mir das Kind, daß ich mich seiner freue."

Grete war aufgestanden, um ihm das Kind zu geben; eh sie's jedoch aufnehmen konnte, befiel ihn ein Stickhusten, wohl von der Anstrengung des Sprechens, und als der Anfall endlich vorüber war, lag er schweißgebadet da, matt und halbgeschlossenen Auges, wie ein Sterbender.

So vergingen Minuten, bis er sich wieder erholt hatte und trinken zu wollen schien. Wenigstens sah er sich um, als such' er etwas. Und wirklich, neben seinem Lager stand ein Hafenglas, drin ihm aus Brotrinden und dünnem Essig ein Getränk gemacht worden war. Aber der Geschmack widerstand ihm, und er wies es zurück und sagte: „Wasser." Und Grete holte den Wasserkrug herbei, der groß und unhandlich und viel zu schwer war, um draus zu trinken, und als sie noch unschlüssig dastand und überlegte, wie sie den Trunk ihm reichen solle, hob er sich mühsam auf und sagte lächelnd: „Aus deiner Hand, Gret; ein paar Tropfen bloß. Ich brauche nicht viel." Und sie tat's und gab ihm. Als er aber getrunken, hielt sie sich nicht länger mehr und rief, während sie halb im Gebet und halb in Verzweiflung ihre Hände gen Himmel streckte: „Ach, daß ich leben muß! Valtin, mein einzig Geliebter, nimm mich mit dir, mich und unser Kind. Was hier noch war, warst du. Nun gehst du. Und wir sind unnütz auf dieser Welt."

„Nein, Grete, nicht unnütz. Und du mußt leben, leben um des Kindes willen. Auch wenn es dir schwer wird. Und du wirst es, denn du hattest immer einen tapfern und guten Mut. Ich weiß davon. Und nun hör mich und tu, wie ich dir sage. Aber bücke dich; bitt, denn es wird mir schwer."

Und sie rückte näher an sein Kissen.

„Es muß etwas geschehen", fuhr er fort, „und du kannst nicht mehr bleiben mit den fahrenden Leuten unten. Ich mag sie nicht schelten, denn sie waren gut mit uns, aber sie sind doch anders als wir. Und du mußt wieder eine Heimstätt haben und Herd und Haus und Sitt und Glauben. Und so versprich mir denn, mache dich los hier, in Frieden und guten Worten, und zieh wieder heim und sage... und sage... daß ich schuld gewesen."

Grete schüttelte heftig den Kopf. *Ihm* die Schuld zuzuschieben, das erschien ihr schwerer als alles. Er aber legte still seine Hand auf ihren Mund und wiederholte nur: „... daß ich schuld gewesen. Und wenn du das gesagt hast, Grete, dann sag auch, du kämest, um wiedergutzumachen, was du getan, und sie sollten dich halten als ihre Magd. Und du wolltest kein Glück mehr, nein, nur Ruh und Rast. Und dann mußt du niederknien, nicht vor *ihr*, aber vor deinem Bruder Gerdt. Und er wird dich aufrichten..."

„Ach, daß es käme, wie du sagst! Aber ich kenn ihn besser. Er wird mir drohn und mich von seiner Schwelle weisen, mich und das Kind, und wird uns böse Namen geben."

„Ich fürcht es nicht. Aber wenn er härter ist, als ich ihn schätze, dann geh ihn an um dein Erbe, das wird er dir nicht weigern können. Und dann suche dir einen stillen Platz und gründe dir ein neues Heim und einen eigenen Herd.

Tu's, Gret. Ich weiß, du hast ein trotzig Gemüt; aber bezwinge dich um des Kindes willen. Versprich mir's. Willst du?"

„Ich will."

Es schien, daß sie noch weitersprechen wollt, aber in diesem Augenblicke trat Zenobia ein und sagte: „Denk, Gret, 's gibt noch a Spiel heut. Den 'Sündfall' wollen s'. Das Leutvolk laßt uns ka Ruh nit. Aber a 'Sündfall' ohn a Engel? Das geht halt nit. Und drum komm i. Was meinst, Gret?"

Diese starrte vor sich hin.

„Geh", sagte Valtin. „Rücke den Korb dicht her zu mir und spiele den Engel. Und wenn die Stelle kommt, wo du die Palme hebst, dann denk an mich."

Und sie rückte den Korb näher an sein Lager und beugte sich über ihn. Er aber nahm noch einmal ihre Hand und sagte: „Und nun leb wohl, Gret, und vergiß es nicht. Ich höre jedes Wort. Geh. Ich wart auf dich."

Und Grete ging und barg ihr Gesicht in beide Hände.

Sechzehntes Kapitel

Die Nonnen von Arendsee

Am andern Morgen ging es in Arendsee von Mund zu Mund, daß einer von den Puppenspielern über Nacht gestorben sei. An allen Ecken sprach man davon, und alles war in Aufregung. Was mit ihm tun? Ein Sarg war beschafft worden, das war in der Ordnung; aber *wo* ihn begraben, das blieb die Frage. War ihr Kirchhof ein Begräbnisplatz für fahrende Leute, von denen keiner wußte, wes Glaubens sie seien, Christen oder Heiden! Oder vielleicht gar Türken. Und dabei dachte jeder an die Frau, die gestern, vor Beginn des Spiels, ein langes rotes Tuch um die Schulter, am Eingange gesessen hatte.

Es war klar, daß nur der alte Prediger Roggenstroh den Fall entscheiden konnte; und ehe Mittag heran war, wußte jeder, *daß* er ihn entschieden habe und *wie*. Grete selber hatte, neben einer eindringlichen Ermahnung, das Nein aus seinem Munde hören müssen.

Da war nun große Not und Trübsal, und es wurd erst wieder lichter um Gretens Herz, als sich die Wirtin ihrer erbarmte und ihr anriet, drüben ins Kloster zu den Nonnen zu gehen, die würden schon Rat schaffen und ihr zu helfen wissen, wär es auch nur, weil sie den alten Roggenstroh nicht leiden könnten. Sie solle nur Mut haben und nach der Domina fragen oder, wenn die Domina krank sei (denn sie sei sehr alt), nach der Ilse Schulenburg. *Die* habe das Herz auf dem rechten Fleck und sei der Domina rechte Hand. Und wenn diese stürbe, dann würde *sie's*.

Das waren rechte Trostesworte, und als Grete der Wirtin dafür gedankt, machte sie sich auf, um drüben im Kloster das ihr bezeichnete Haus aufzusuchen. Ein paar halbwachsene Kinder, die vor dem Tor der Ausspannung spielten, wollten ihr den Weg zeigen, aber sie zog es vor, allein zu sein, und ging auf die Stelle zu, wo der Heckenzaun und dahinter der Kreuzgang war. Als sie hier, trotz allem Suchen, keinen Eingang finden konnte, preßte sie sich durch die Hecke hindurch und stand nun unmittelbar vor einer langen offenen Rundbogenreihe, zu der ein paar flache Sandsteinstufen von der Seite her hinaufführten. Drinnen an den Gewölbekappen befanden sich halbverblaßte Bilder, von denen eines sie fesselte: Engelsgestalten, die schwebend einen Toten trugen. Und sie sah lange hinauf, und ihre Lippen bewegten sich. Dann aber stieg sie, nach der andern Seite hin, die gleiche Zahl von Stufen wieder hinab und sah sich alsbald inmitten des Klosterkirchhofes, der fast noch wirrer um

sie her lag, als sie beim ersten Anblick erwartet. Wo nicht die Birnbäume mit
ihren tief herabhängenden Zweigen alles überdeckten, standen Dill- und Fen-
cheldolden, hoch in Samen geschossen; dazwischen aber allerhand verspätete
Kräuter, Thymian und Rosmarin, und füllten die Luft mit ihrem würzigen
Duft. Und sie blieb stehen, duckte sich und hob sich wieder, und es war ihr, als
ob diese wuchernde Gräberwildnis, diese Pfadlosigkeit unter Blumen, sie mit
einem geheimnisvollen Zauber umspinne. Endlich hatte sie das Ende des
Kirchhofes erreicht, und sie sah zwischen den Bogen hindurch, die das Viereck
auch nach dieser Seite hin abschlossen, auf den in der Tiefe liegenden Kloster-
see, den nach links hin, ein paar hundert Schritt weiter abwärts, einige Häuser
umstanden. Eines davon, das vorderste, steckte ganz in Efeu und war bis in
Mittelhöhe des Daches von fleischblättrigem und rotblühendem Hauslaub
überdeckt. All das ließ sich deutlich erkennen, und als Grete bis dicht heran
war, sah sie, daß eine Magd auf dem Schwellsteine stand und den großen
Messingklopfer putzte.

„Wer wohnt hier?" fragte Grete.

„Das Fräulein von Jagow."

„Ist es eine von den Nonnen?"

Das Mädchen lachte. „Von den Nonnen? Wir haben keine Nonnen mehr. Es ist
die Domina."

„Das ist gut. Die such ich."

Und das Mädchen, ohne weiter eine Frage zu tun, trat in den Flur zurück, um
ihr den Weg frei zu machen, und wies auf eine Tür zur Linken. „Da."

Und Grete öffnete.

Es war ein hohes, gotisches, auf einem einzigen Mittelpfeiler ruhendes Zimmer, drin es schwerhielt, sich auf den ersten Blick zurechtzufinden, denn nur
wenig Sonne fiel ein, und alles Licht, das herrschte, schien von dem Feuer
herzukommen, das in dem tiefen und völlig schmucklosen Kamine brannte.
Neben diesem, einander gegenüber, saßen zwei Frauen, sehr verschieden an
Jahren und Erscheinung, zwischen ihnen aber lag ein großer, gelb und schwarz
gefleckter Wolfshund, mit spitzem Kopf und langer Rute, der der Jüngeren
nach den Augen sah und wedelnd auf die Bissen wartete, die diese ihm zuwarf.
Er ließ sich auch durch Gretens Eintreten nicht stören und gab seine Herrin erst
frei, als diese sich nach der Tür hinwandte und in halblautem Tone fragte:
„Wen suchst du, Kind?"

„Ich suche die Domina."

„Das ist sie." Und dabei zeigte sie nach dem Stuhl gegenüber.

Die Gestalt, die hier bis dahin zusammengekauert gesessen hatte, richtete sich jetzt auf, und Grete sah nun, daß es eine sehr alte Dame war, aber mit scharfen Augen, aus denen noch Geist und Leben blitzte. Zugleich erhob sich auch der Hund und legte seinen Kopf zutraulich an Gretens Hand, was ein gutes Vorurteil für diese weckte. Denn „er kennt die Menschen", sagte die Domina.

Diese hatte mittlerweile Greten an ihren Stuhl herangewinkt.

„Wie heißt du, Kind? Und was führt dich her? Aber stelle dich hier ins Licht, denn mein Ohr ist mir nicht mehr zu Willen, und ich muß dir's von den Lippen lesen."

Und nun erzählte Grete, daß sie zu den fahrenden Leuten gehöre, die gestern in die Stadt gekommen seien, und daß einer von ihnen, der ihr nahegestanden, in dieser Nacht gestorben sei. Und nun wüßten sie nicht, wohin ihn begraben. Einen Sarg hätten sie machen lassen, aber sie hätten kein Grab für ihn, kein Fleckchen Erde. Wohl sei sie bei dem alten Prediger gewesen und hab ihn gebeten, aber der habe sie hart angelassen und ihr den Kirchhof versagt. Den Kirchhof und ein christlich Begräbnis.

„Bist du christlich?"

„Ja."

„Aber du siehst so fremd."

„Das macht, weil meine Mutter eine Spansche war."

„Eine Spansche...? Und im alten Glauben?"

„Ja, Domina."

Die beiden Damen sahen einander an, und die Domina sagte: „Sieh, Ilse, das hat ihr der Roggenstroh von der Stirn gelesen. Er sieht doch schärfer, als wir denken. Aber es hilft ihm nichts, und wir wollen ihm einen Strich durch die Rechnung machen. Er hat *seinen* Kirchhof und wir haben den *unsren.* Und auf unsrem, denk ich, schläft sich's besser."

„Ja, Domina."

„Sieh, Kind, das sag ich auch. Und ich warte nun schon manches Jahr und manchen Tag darauf. Aber der Tag will nicht kommen. Denn du mußt wissen, ich werde fünfundneunzig und war schon geboren und getauft, als der Wittenbergsche Doktor gen Worms ging und vor Kaiser Carolus Quintus stand. Ja, Kind, ich habe viele Zeiten gesehen, und sie waren nicht schlechter, als unsre Zeiten sind. Und morgen um die neunte Stunde, da komm nur herauf mit dei-

nem Toten, und da soll er sein Grab haben. Ein Grab bei *uns*. Und nicht an
schlechter Stell und unter Unkraut; nein, wir wollen ihn unter einem Birnbaum
begraben oder, so du's lieber hast, unter einem Fliederbusch. Hörst du. Verlaß
dich auf mich und auf *diese* hier. Denn *die* hier und ich, wir verstehen einander, nicht wahr, Ilse? Und wir wollen die Klosterglocke läuten lassen, daß es
der Roggenstroh bis in seine Stube hört und nächsten Sonntag wieder gegen
uns predigt, gegen uns und gegen den Antichrist. Das tut er am liebsten, und
wir hören es am liebsten. Und nun geh, Kind. Ich hasse den Hochmut und weiß
nur das eine, daß unser All-Erbarmer für unsre Sünden gestorben ist und nicht
für unsre Gerechtigkeit."

Und danach ging Grete, und der Hund begleitete sie bis an die Tür.

Als die beiden Frauen wieder allein waren, sagte die Domina: „Unglücklich
Kind. Sie hat das Zeichen."

„Nicht doch; sie hat schwarze Augen. Und die hab ich auch."

„Ja, Ilse. Aber deine lachen und ihre brennen."

„Du siehst zuviel, Domina."

„Und du zuwenig. Alte Augen sehen am besten ins Dunkeln. Und das Dun-
kelste ist die Zukunft."

***

Und so kam der andre Morgen.

Die neunte Stunde war noch nicht heran, als ganz Arendsee die Klosterglocke
läuten hörte. Und auch Roggenstroh hörte sie; das verdroß ihn. Aber ob es ihn
verdroß oder nicht, von der tiefen Einfahrt des Gasthofes her setzte sich ein
seltsamer Zug in Bewegung, ein Begräbnis, wie die Stadt noch keines gesehen;
denn die vier Puppenspieler trugen den Sarg, der auf eine Leiter gestellt worden war, und hinter ihnen her ging Grete, nur auf Zenobia gestützt, die sich
heute von allem Rot entkleidet und statt dessen an ihren Spitzhut wieder ihren
langen schwarzen Schleier mit den Goldsternchen befestigt hatte. Und dann
kamen Kinder aus der Stadt, die vordersten ernst und traurig, die letzten spie-
lend und lachend, und so ging es die Straße hinunter, in weitem Bogen um den
Kirchhof herum, bis an die Seeseite, wo, von alter Zeit her, der Eingang war.

In Nähe dieses Einganges, unter einem hohen Fliederbusch, der mit seinen
Zweigen bis in den Kreuzgang hineinwuchs, hatte der Klostergärtner das Grab
gegraben. Und um das Grab her standen die Nonnen von Arendsee: Barbara
von Rundstedt, Adelheid von Rademin, Mette von Bülow und viele andere
noch, alle mit Spitzhauben und langen Chormänteln, und in ihrer Mitte die

Domina, klein und gebückt, und neben ihr Ilse von Schulenburg, groß und stattlich. Und als nun der Zug heran war, öffnete sich der Kreis, und mit Hülfe von Seilen und Bändern, die zur Hand waren, wurde der Sarg hinabgelassen. Und nun schwieg die Glocke, und die Domina sagte: „Sprich den Spruch, Ilse." Und Ilse trat bis dicht an das Grab und betete: „Unsre Schuld ist groß, unser Recht ist klein, die Gnade Gottes tut es allein." Und alle Nonnen wiederholten leise vor sich hin: „Und die Gnade Gottes tut es allein." Danach warfen die Zunächststehenden eine Handvoll Erde dem Toten nach, und als ihr Kreis sich gelichtet, drängten sich die Kinder von außen her bis an den Rand des Grabes und streuten Blumen über den untenstehenden Sarg: Astern aller Farben und Arten, die sie während der kurzen Zeremonie von den verwilderten Beeten gepflückt hatten.

Bald danach war nur noch Grete da und sah auf den Fliederbusch, der bestimmt schien, das Grab zu schützen. Ein Vogel flog auf und über sie hin und setzte sich dann auf eine Hanfstaude und wiegte sich. „Ein Hänfling!"sagte sie. Und die Bilder vergangener Tage stiegen vor ihr auf; ihr Schmerz löste sich, und sie warf sich nieder und weinte bitterlich.

Als sie sich erhob, sah sie, daß Ilse, die mit den andern gegangen war, zwischen den Rundbögen wieder herauf- und auf sie zukam, allem Anscheine nach, um ihr eine Botschaft zu bringen. Und so war es. „Komm, Grete", sagte sie, „die Domina will dich sprechen"; und beide gingen nun, außerhalb des Kreuzganges, zwischen diesem und dem Seeufer hin, und auf das efeuumsponnene Haus mit dem hohen Dach und den rotblühenden Laubstauden zu.

Es war schwül, trotzdem schon Oktobertage waren, und die Domina, die nach Art alter Leute die Sonnenwärme liebte, hatte Tisch und Stühle in Front ihres Hauses bringen lassen. Hier saß sie vor dem dichten, dunklen Gerank, durch das von innen her der Widerschein des Kaminfeuers blitzte, und auf das Tischchen neben ihr waren Obst und Lebkuchen gestellt, Ulmer und Basler, und eine zierliche Deckelphiole mit Syrakuser Wein.

Grete verneigte sich.

„Ich habe dich rufen lassen", sagte die Domina, „weil ich dir helfen möchte, so gut ich kann. Es soll keiner ungetröstet von unsrer Schwelle gehen. So haben es die Arendseeschen von Anfang an gehalten, und so halten sie's noch. Und auch Ilse wird es so halten. Nicht wahr, Ilse...? Und nun sage mir, Kind, woher du kommst und wohin du gehst? Ich frag es um *deinetwillen*. Sage mir, was du mir sagen kannst und sagen willst."

Und Grete sagte nun alles und sagte zuletzt auch, daß sie zurück zu den Ihren wolle, zu Bruder und Schwester, um an ihrer Schwelle Verzeihung und Versöhnung zu finden.

„Das ist ein schwerer Gang."

Grete schwieg und sah vor sich hin. Endlich sagte sie: „Das ist es. Aber ich hab es ihm versprochen. Und ich will es halten."

„Und wann willst du gehen?"

„Gleich."

„Das ist gut. Ein guter Wille kann schwach werden, und wir müssen das Gute tun, solange wir noch Kraft haben und die Lust dazu lebendig in uns ist. Sonst zwingen wir's nicht. Und nun gib ihr einen Imbiß, Ilse, und eine Zehrung für den Weg. Und noch eins, Grete: halt an dich, auch wenn es fehlschlägt, und wisse, daß du hier eine Freistatt hast. Und eine Freistatt ist fast so gut wie eine Heimstatt. Und nun knie nieder und höre mein Letztes und mein Bestes: 'Der Herr segne dich und behüte dich und gebe dir seinen Frieden.' Ja, seinen Frieden; den brauchen wir alle, aber du Arme, du brauchst ihn doppelt. Und nun geh und eile dich und laß von dir hören."

Grete küßte der Alten die Hand und ging. Ilse mit ihr. Als diese zurückkam und ihren vorigen Platz an der Efeuwand eingenommen hatte, sagte die Domina: „Wir sehen sie nicht wieder."

„Und hast ihr doch eine Freistatt geboten!"

„Weil wir das Unsre tun sollen... Und die Wege Gottes sind wunderbar... Aber ich sah den Tod auf ihrer Stirn. Und hab acht, Ilse, sie lebt keinen dritten Tag mehr!"

Siebzehntes Kapitel

Wieder gen Tangermünde

Grete war in weitem Umkreise bis an das Gasthaus zurückgegangen, um hier von den Leuten, die's gut mit ihr und ihrem Toten gemeint hatten, Abschied zu nehmen. Vor allem von Zenobia. Dann wickelte sie das Kind, das diese bis dahin gewartet hatte, in den Kragen ihres Mantels und schritt aus der Stadt hinaus, auf die große Straße zu, die von Arendsee nach Tangermünde führte. Hielt sie sich zu, das waren der Wirtin letzte Worte gewesen, so mußte sie gegen die vierte Stund an Ort und Stelle sein.

Der Weg ging anfänglich über Wiesen. Es war schon alles herbstlich; der rote Ampfer, der sonst in breiten Streifen an dieser Stelle blühte, stand längst in Samen, und die Vögel sangen nicht mehr; aber der Himmel wölbte sich blau, und die Sommerfäden zogen, und mitunter war es ihr, als vergäße sie alles Leids, das sie drückte. Ein tiefer Frieden lag über der Natur. „Ach, stille Tage!" sagte sie leise vor sich hin.

Nach den Wiesen kam Wald. Junge Tannen wechselten mit alten Eichen, und überall da, wo diese standen, war eine kräftigere Luft, die Grete begierig einsog. Denn es war immer schwüler geworden, und die Sonne brannte.

Mittag mochte heran sein, als sie Rast machte, weniger um ihret- als um des Kindes willen. Und sie gab ihm zu trinken. Das war dicht am Rande des Waldes, wo zwischen anderem Laubholz auch ein paar alte Kastanien ihre Zweige weit vorstreckten. Die Straße verbreiterte sich hier, auf eine kurze Strecke hin, und schuf einen sichelförmigen Platz, an dessen zurückgebogenster Stelle halbgeschälte Birkenstämme lagen, hinter denen wieder ein Quell aus Moos und Stein hervorplätscherte. Hier saß sie jetzt, und um sie her lagen abgefallene Kastanien, einzelne noch in ihren Stachelschalen, die meisten aber aus ihrer Hülle heraus und braun und glänzend. Und sie bückte sich, um einige von ihnen aufzuheben. Und als sie so tat und ihrer immer mehr in ihren Schoß sammelte, da sah sie sich wieder auf ihres Vaters Grab und Valtin neben sich, und sie hing ihm die Kette um den Hals und nannt ihn ihren Ritter. War es doch, als ob jede Stunde dieses Tages Erinnerungen in ihr wecken sollte, süß und schmerzlich zugleich. „Alles dahin", sagte sie. Und sie stand auf und schüttete die Kastanien wieder in das Gras zu ihren Füßen.

Sie hing ihren Erinnerungen noch nach, als sie das Klirren einer Kummetkette hörte und gleich darauf eines Gefährtes ansichtig wurde, das, von derselben

Seite her, von der auch sie gekommen, um die Waldecke bog. Es war eine Schleife mit zwei kleinen Pferden davor, und ein Bauer vorn auf dem Häcksel-sack. Auch hinter ihm lagen Säcke, mutmaßlich Korn, das er zu Markt oder in die Mühle fuhr. Grete trat an ihn heran und frug, ob er sie mitnehmen wolle. „Eine kleine Strecke nur!"

„Dat will ick jiern. Stejg man upp, Deern."

Und Grete tat's und setzte sich neben ihn, und sie fuhren still in den Wald hinein. Endlich sagte der Bauer: „Kümmst vun Arendsee?"

„Ja", sagte Grete.

„Denn wihrst ook in 't Kloster? Jott, de oll Domina! Fiefunneijentig. Na, lang kann't joa nich mihr woahren. Und denn kümmt uns' Ils ran. De wahrd et."

„Kennt Ihr sie?"

„I, wat wihr ick se nich kenn'? Ick bin joa vun Arnsdörp, wo se bührtig is. Un wat mien Voaders-Schwester is, de wihr joa ehr Amm. Un achters hett se se uppäppelt. Un de seggt ümmer: 'Ils is de best! Un so groot se is, so good is se. Un doaför wahrd se ook Domina.'"

Und danach schwiegen sie wieder, und nichts als ein paar blaue Fliegen summ-ten um sie her, und die Schleife malte weiter durch den Sand. Nur wenn dann und wann eine festere Stelle kam, wo Moos über den Weg gewachsen war oder wo viel Kiefernadeln lagen, über die die Fuhre glatter hingleiten konnte, gab der Bauer einen Schlag mit seiner Leine und ließ die mageren Braunen etwas schneller gehen. Und man hörte dann sein Hü und Hott und das Klappern der Kette.

„Wo wisten hen?" nahm er endlich das Gespräch wieder auf

„Nach Tangermünd."

„Na'h Tangermünd. Oh, doa wihr ick ook. Awers dat geiht nu all in 't dritt o'r vörte Joahr, as uns' Herr Kurförst doa wihr un dat grote Foahnenschwenken wihr, mit Äten un Jublieren. Un allens boaben up de Burg. Joa, doa wihr ick ook, un ümmer mit damang. Awers man buten."

Grete nickte, denn wie hätte sie *des* Tages vergessen können! Und so plauder-ten sie weiter und schwiegen noch öfter, bis eine Stelle kam, wo der Weg gabelte. „Hier möt ick rechts aff", sagte der Bauer.

Und Grete stieg ab und wollt ihm eine kleine Münze geben.

„Nei, nei, Deern, dat geiht nich. O'r bist 'ne Fru?"

Sie wurde rot, aber er hatt es nicht acht und bog nach rechts hin in den Feldweg ein.

Es war noch zwei Stunden Wegs, und Grete, die sich von der Anstrengung des Marsches erholt hatte, schritt wieder rüstiger vorwärts. Auch die Schwüle ließ nach; ein Wind ging und kühlte die Luft und ihr die Stirn. Und sie hatte wieder guten Mut und gefiel sich darin, sich ihr künftiges Leben auszumalen. Aber sonderbar, sie begann es immer vom andern Ende her, und je weiter es ab und in allerfernste Zukunft hineinlag, desto heller und lichter erschien es ihr. Als aber zuletzt ihre Gedanken und Vorstellungen auch auf das Nah- und Nächstliegende kamen und sie sich in Gerdts Haus eintreten und die Knie vor ihm beugen sah, da wurd ihr wieder so bang ums Herz, und sie hatte Mühe, sich zu halten. Und sie nahm das Kind und küßte es. „Es muß sein“, sagte sie, „und es *soll* sein. Ich hab es ihm versprochen, und ich will es halten und will Demut lernen. Ja, ich will um einen Platz an seinem Herde bitten und will seine Magd sein und will mich vor ihm niederwerfen. Aber“ – und ihre Stimme zitterte – „*wenn* ich mich niedergeworfen habe, so soll er mich auch wieder aufrichten. Weh ihm und mir, wenn er mich am Boden liegenläßt.“ Und bei der bloßen Vorstellung war es ihr, als drehe sich ihr alles im Kopf und als schwänden ihr die Sinne.

Endlich hatte sie sich wiedergefunden und ging rascheren Schrittes weiter, abwechselnd in Furcht und Hoffnung, bis sie plötzlich, aus dem Walde heraustretend, der Dächer und Türme Tangermündens ansichtig wurde. Da ging alles in ihr in alter Lieb und Sehnsucht unter, und sie grüßte mit der Hand hinüber. Das war Sankt Stephan, und die hohen Linden daneben, das waren die Kirchhofslinden. Lebte Gigas noch? Blühten noch die Rosen in seinem Garten? Und sie legte die Hand auf ihre Brust und schluchzte und ward erst wieder ruhiger, als sie die Goldkapsel fühlte, das einzige, was ihr aus alten Tagen her geblieben war. Und sie öffnete sie und schloß sie wieder und preßte sie voll Inbrunst an ihre Lippen.

Achtzehntes Kapitel

Grete bei Gerdt

Unwillkürlich beschleunigte sich ihr Schritt, und binnen kurzem hatte sie die nur aus wenig Häusern bestehende Vorstadt erreicht. Eins dieser Häuser, das sich nach seinem bemalten und vergoldeten Schilde leicht als ein Herbergshaus erkennen ließ, lag in Nähe des Tores, und sie trat hier ein, um eine Weile zu ruhen und ein paar Fragen zu stellen. Die Leute zeigten sich ihr in allem zu Willen, und eh eine Stunde vergangen war, war sie fertig und stand gerüstet da: die Kleider ausgestäubt und geglättet und das während des langen Marsches wirr gewordene Haar wieder geordnet.

Es schlug eben fünf, als sie, das Kind unterm Mantel, aus der Herbergstüre trat. Draußen im Sande scharrten die Hühner ruhig weiter, und nur der Hahn trat respektvoll beiseit und krähte dreimal, als sie vorüberging. Ihr Schritt war leicht, leichter als ihr Herz, und wer ihr ins Auge gesehen hätte, hätte sehen müssen, wie der Ausdruck darin beständig wechselte. So passierte sie das Tor, auch den Torplatz dahinter, und als sie jenseits desselben den inneren Bann der Stadt erreicht hatte, war es ihr, als wäre sie gefangen und könne nicht mehr heraus. Aber sie war nicht im Bann der Stadt, sondern nur im Bann ihrer selbst. Und nun ging sie die große Mittelstraße hinauf, an dem Rathause vorüber, hinter dessen durchbrochenen Giebelrosetten der Himmel wieder glühte, so rot und prächtig wie jenen Abend, wo Valtin sie die Treppe hinunter ins Freie getragen und von jähem Tod errettet hatte. Errettet? Ach, daß sie damals zerdrückt und zertreten worden wäre. Nun zertrat sie diese Stunde! Aber sie redete sich zu und schritt weiter in die Stadt hinein, bis sie dem Mindeschen Hause gegenüber hielt. Es war nichts da, was sie hätte stören oder überraschen können. In allem derselbe Anblick wie früher. Da waren noch die Nischen, auf deren Steinplatten sie, lang, lang eh Trud ins Haus kam, mit Valtin gesessen und geplaudert hatte, und dort oben die Giebelfenster, die jetzt aufstanden, um die Frische des Abends einzulassen, das waren *ihre* Fenster. Dahinter hatte sie geträumt, geträumt so vieles, so Wunderbares. Aber doch nicht *das!*

In diesem Augenblicke ging drüben die Tür, und ein Knabe, drei- oder vierjährig, lief auf die Stelle zu, wo Grete stand. Sie sah wohl, wer es war, und wollt ihn bei der Hand nehmen; aber er riß sich los und huschte bang und ängstlich in eines der Nachbarhäuser hinein. „So beginnt es“, sagte sie und schritt quer über den Damm und auf das Haus zu, dessen Tür offengeblieben war. In dem

Flure, trotzdem es schon dämmerte, ließ sich alles deutlich erkennen; an den Wänden hin standen die braunen Schränke, dahinter die weißen, und nur die Schwalbennester, die links und rechts an dem großen Querbalken geklebt hatten, waren abgestoßen. Man sah nur noch die Rundung, wo sie vordem gesessen. Das erschreckte sie mehr als alles andre. „Die Schwalben sind nicht mehr heimisch hier", sagte sie, „das Haus ist ungastlich geworden." Und nun klopfte sie und trat ein.

Ihr Auge glitt unwillkürlich über die Wände hin, an denen ein paar von den Familienbildern fehlten, die früher dagewesen waren, auch das ihrer Mutter; aber der große Nußbaumtisch stand noch am alten Platz, und an der einen Schmalseite des Tisches, den Kopf zurück, die Füße weit vor, saß Gerdt und las. Es schien ein Aktenstück, dessen Durchsicht ihm in seiner Ratsherreneigenschaft obliegen mochte. Denn einer von den Mindes saß immer im Rate der Stadt. Das war so seit hundert Jahren oder mehr.

Grete war an der Schwelle stehengeblieben, und erst als sie wahrnahm, daß Gerdt aufsah und die wenigen Bogen, die das Aktenstück bildeten, zur Seite legte, sagte sie: „Grüß dich Gott, Gerdt. Ich bin deine Schwester Grete."

„Ei, Grete", sagte der Angeredete, „bist du da! Wir haben uns lange nicht gesehen. Was machst du? Was führt dich her?"

„Valtin ist tot..."

„Ist er? So!"

„Valtin ist tot, und ich bin allein. Ich hab ihm auf seinem Sterbebette versprechen müssen, euch um Verzeihung zu bitten. Und da bin ich nun und tu's und bitte dich um eine Heimstatt und um einen Platz an deinem Herd. Ich bin müde des Umherfahrens und will still und ruhig werden. Ganz still. Und ich will euch dienen; das soll meine Buße sein." Und sie warf sich, als sie so gesprochen, mit einem heftigen Entschlusse vor ihm nieder, mehr rasch als reuig, und sah ihn fragend und mit sonderbarem Ausdruck an. Das Kind aber hielt sie mit der Linken unter ihrem Mantel.

Gerdt war in seiner bequemen Lage geblieben und sah an die Zimmerdecke hinauf. Endlich sagte er: „Buße! Nein, Grete, du bist *nicht* bußfertig geworden. Ich kenne dich besser, dich und deinen stolzen Sinn. Und in deiner Stimme klingt nichts von Demut. Aber auch wenn du Demut gelernt hättest, unsere Schwester kann nicht unsre Magd sein. Das verbietet uns das Herkommen und das Gerede der Leute."

Grete war in ihrer knienden Stellung verblieben und sagte:

„Ich dacht es wohl. Aber wenn *ich* es nicht sein kann, so sei es das Kind. Ich lieb es, und *weil* ich es so liebe, mehr als mein Leben, will ich mich von ihm trennen und will's in andere Hände geben. In eure Hände. Es wird nicht gut' und glückliche Tage haben, ich weiß ja welche, aber wenn es nicht in Glück aufwächst, so wird es doch in Sitt und Ehren aufwachsen. Und das soll es. Und so ihr euch seiner schämt, so tut es zu guten Leuten in Pfleg und Zucht, daß es *ihr* Kind wird und mich vergißt und nichts an ihm bleibt von Sünd und Makel und von dem Flecken seiner Geburt. Erhöre mich, Gerdt; sage ja, und ihr sollt mich nicht wiedersehen. Ich will fort, weit fort, und mir eine Stelle suchen, zum Leben und zum Sterben. Tu's! Ach, Lieb und Haß haben mir die Sinne verwirrt, und vieles ist geschehen, das besser nicht geschehen wäre. Aber es ist nichts Böses an dieser meiner Hand. Hier lieg ich; ich habe mich vor dir niedergeworfen, nimm mich wieder auf! Hilf mir, und wenn nicht mir, so hilf dem Kind."

Gerdt sah auf die kniende Frau, gleichgültig und mitleidslos, und sagte, während er den Kopf hin und her wiegte: „Ich mag ihm nicht Vater sein und nicht Vormund und Berater. Du hast es so gewollt, nun hab es. Es schickt sich gut, daß du's unterm Mantel trägst, denn ein Mantelkind ist es. Bei seinem *vollen* Namen will ich's nicht nennen."

Und er ließ sie liegen und griff nach dem Aktenbündel, als ob er der Störung müde sei und wieder lesen wolle.

Grete war jetzt aufgesprungen, und ein Blick unendlichen Hasses schoß aus ihren Augen. Aber sie bezwang sich noch und sagte mit einer Stimme, die plötzlich tonlos und heiser geworden war: „Es ist gut so, Gerdt. Aber noch ein Wort. Du hast mich nicht erhören wollen in meiner Not, so höre mich denn in meinem Recht. Ich bin als eine Bittende gekommen, nicht als eine Bettlerin. Denn ich *bin* keine Bettlerin. Ich bin des reichen Jacob Minde Tochter. Und so will ich denn mein *Erbe*. Hörst du, Gerdt, mein Erbe."

Gerdt faltete die Bogen des Aktenstücks zusammen, schlug damit in seine linke Hand und lachte: „Erbe! Woher Erbe, Grete? Was brachte deine Mutter ein? Kennst du das Lied vom Sperling und der Haselnuß? Erbe! Du hast keins. Du hast dein Kind, das ist alles. Versuch es bei den Zernitzens, sprich bei dem Alten vor. Der *Valtin* hat ein Erbe. Und Emrentz, denk ich, wird sich freuen, dich zu sehn."

„Ist das dein letztes Wort?"

„Ja, Grete."

„So gehab dich wohl, und dein Lohn sei wie dein Erbarmen." Und damit wandte sie sich und schritt auf die Tür und den Flur zu. Als sie draußen an dem Fenster vorüberkam, sah sie noch einmal hinein, aber Gerdt, der abgewandt und in Gedanken dasaß, bemerkte nichts.

Er sah auch noch starr vor sich hin, als Trud eintrat und einen Doppelleuchter vor ihn auf den Tisch stellte. Denn es dunkelte schon. Sie waren kein plaudrig Ehepaar, und die stummen Abende waren in ihrem Hause zu Hause; heut aber stellte Trud allerlei Fragen, und Gerdt, dem es unbehaglich war, erzählte schließlich von dem, was die letzte Stunde gebracht hatte. Über alles ging er rasch hinweg; nur als er an das Wort „Erbe" kam, konnt er davon nicht los und wiederholte sich's zweimal, dreimal und zwang sich zu lachen.

Trud aber, als er so sprach, war an das Fenster getreten und klopfte mit ihren Nägeln an die Scheiben, wie sie zu tun pflegte, wenn sie zornig war. Endlich wandte sie sich wieder und sagte: „Und was glaubst du, was nun geschieht?"

„Was geschieht? Ich weiß es nicht."

„Aber *ich* weiß es. Meinst du, daß diese Hexe sich an die Landstraße setzen und dir zuliebe sterben und verderben wird?! Oh, Gerdt, Gerdt, es kann nicht guttun. Ich hätt's gedurft, *vielleicht* gedurft, denn wir waren uns fremd und feind von Anfang an. Aber *du*! Du durftest es *nicht*. Ein Unheil gibt's! Und *du* selber hast es heraufbeschworen. Um guten Namens willen, sagst du? Geh; ich kenn dich besser. Aus Geiz und Habsucht und um Besitz und Goldes willen! Nichts weiter."

Er sprang auf und wollte heftig antworten, denn so stumpf und gefügig er war, so zornmütig war er, wenn an seinem Besitz gerüttelt wurde. Trud aber, uneingeschüchtert, schnitt ihm das Wort ab und sagte: „Sprich nicht, Gerdt; ich lese dir das schlechte Gewissen von der Stirn herunter. Deine Mutter hat's eingebracht, ich weiß es. Aber als die Spansche, Gott sei's geklagt, in unser Haus kam, da hatte sich's verdoppelt, und aus eins war zwei geworden. Und so du's anders sagst, so lügst du. Sie *hat* ein Erbe. Sieh nicht so täppisch drein. Ich weiß es, und so sie's nicht empfängt, so wollen wir sehen, was von deinem und ihrem übrigbleibt. Lehre mich sie kennen. Ich hab ihr in die schwarzen Augen gesehen, öfter als du. Gezähmt, sagst du? Nie, nie." Und sie zog ihren Knaben an sich, der, während sie sprach, ins Zimmer getreten war.

„Ihr sprecht von der Frau", sagte das Kind. „Ich weiß. Sie hat mich bei der Hand nehmen wollen. Drüben. Aber ich habe mich vor ihr gefürchtet und von ihr losgerissen."

Neunzehntes Kapitel

Grete vor Peter Guntz

Grete war allem Anscheine nach ruhig aus dem Hause getreten; aber in ihrem Herzen jagte sich's wie Sturm, und hundert Pläne schossen in ihr auf und schwanden wieder, alle von dem *einen* Verlangen eingegeben, ihrem Haß und ihrer Rache genugzutun. Und immer war es *Gerdt*, den sie vor Augen hatte, *nicht* Trud; und auf seinen Schultern stand ein rotes Männlein mit einem roten Hut und einer roten vielgezackten Fahne, das wollt er abschütteln; aber er konnt es nicht. Und sie lachte vor sich hin, ganz laut, und nur in ihrem Innern klang es leise: „Bin ich irr?"

Unter solchen Bildern und Vorstellungen war sie grad über den Rathausplatz hinaus, als sie plötzlich, wie von einem Lichtscheine geblendet, sich wieder umsah und der halben Mondesscheibe gewahr wurde, die still und friedlich, als regiere sie diese Stunde, über dem Giebelfelde des Rathauses stand. Und sie sah hinauf, und ihr war, als lege sich ihr eine Hand beruhigend auf das Herz. „Es soll mir ein Zeichen sein", sagte sie. „Vor den *Rat* will ich es bringen; der soll mich aufrichten... Nein, nicht aufrichten. Richten soll er. Ich will nicht Trost und Gnade von Menschenmund und Menschenhand, aber mein *Recht* will ich, mein Recht gegen *ihn*, der sich und seiner Seelen Seligkeit dem Teufel verschrieben hat. Denn der Geiz ist der Teufel." Und sie wiederholte sich's und grüßte mit ihrer Hand zu der Mondesscheibe hinauf.

Dann aber wandte sie sich wieder und ging auf das Tor und die Vorstadt zu.

Draußen angekommen, setzte sie sich zu den Gästen und sprach mit ihnen und bat um etwas Milch. Als ihr diese gebracht worden, verabschiedete sie sich rasch und stieg in die Bodenkammer hinauf, darin ihr die Wirtin ein Bett und eine Wiege gestellt hatte. Und todmüde von den Anstrengungen des Tags, warf sie sich nieder und schlief ein. Bis um Mitternacht, wo das Kind unruhig zu werden anfing. Sie hörte sein Wimmern und nahm es auf, und als sie's gestillt und wieder eingewiegt, öffnete sie das Fenster, das den Blick auf die Vorstadtsgärten und dahinter auf weite, weite Stoppelfelder hatte. Der Mond war unter, aber die Sterne glitzerten in beinah winterlicher Pracht, und sie sah hinauf in den goldenen Reigen und streckte beide Hände danach aus. „Gott, erbarme dich mein!" Und sie kniete nieder und küßte das Kind. Und ihren Kopf auf dem Kissen und ihre rechte Hand über die Wiege gelegt, so fand sie die Wirtin, als sie bei Tagesanbruch eintrat, um sie zu wecken.

Der Schlaf hatte sie gestärkt, und noch einmal fiel es wie Licht und Hoffnung in ihr umdunkeltes Gemüt, ja, ein frischer Mut kam ihr, an den sie selber nicht mehr geglaubt hatte. Jeder im Rate kannte sie ja, und der alte Peter Guntz war ihres Vaters Freund gewesen. Und Gerdt? der hatte keinen Anhang und keine Liebe. Das wußte sie von alten und neuen Zeiten her. Und sie nahm einen Imbiß und spielte mit dem Kind und plauderte mit der Wirtin, und auf Augenblicke war es, als vergäße sie, was sie hergeführt.

Aber nun schlug es elf von Sankt Stephan. Das war die Stunde, wo die Ratmannen zusammentrafen, und sie brach auf und schritt rasch auf das Tor zu und wie gestern die Lange Straße hinauf.

Um das Rathaus her war ein Gedränge. Marktfrauen boten feil, und sie sah dem Treiben zu. Ach, wie lange war es, daß sie solchen Anblick nicht gehabt und sich seiner gefreut hatte! Und sie ging von Stand zu Stand und von Kram zu Kram, um das halbe Rathaus herum, bis sie zuletzt an die Rückwand kam, wo nur noch ein paar einzelne Scharren standen. In Höhe dieser war eine Steintafel in die Wand eingelassen, die sie früher an dieser Stelle nie bemerkt hatte. Und doch mußte sie schon alt sein, das ließ sich an dem graugrünen Moos und den altmodischen Buchstaben erkennen. Aber sie waren noch deutlich zu lesen. Und sie las:

> Hastu Gewalt, so richte recht,
> Gott ist dein Herr und du sein Knecht;
> Verlaß dich nicht auf dein' Gewalt,
> Dein Leben ist hier bald gezahlt,
> Wie du zuvor hast 'richtet mich,
> Also wird Gott auch richten dich;
> Hier hastu gerichtet nur kleine Zeit,
> Dort wirstu gerichtet in Ewigkeit.

„Wie schön!" Und sie las es immer wieder, bis sie jedes Wort auswendig wußte. Dann aber ging sie rasch um die zweite Hälfte des Rathauses herum und stieg die Freitreppe hinauf, die, mit einer kleinen Biegung nach links, unmittelbar in den Sitzungssaal führte.

Es war derselbe Saal, in dem, zu Beginn unsrer Erzählung, die Puppenspieler gespielt und das verhängnisvolle Feuerwerk abgebrannt hatten. Aber statt der vielen Bänke stand jetzt nur ein einziger langer Tisch inmitten desselben, und um den Tisch her, über den eine herunterhängende grüne Decke gebreitet war, saßen Burgemeister und Rat. Zuoberst Peter Guntz, und zu beiden Seiten neben ihm: Caspar Helmreich, Joachim Lemm, Christoph Thone, Jürgen Lindstedt und drei, vier andre noch. Nur Ratsherr Zernitz hatte sich mit Krankheit entschuldigen lassen. An der andern Schmalseite des Tisches aber wiegte sich Gerdt auf seinem Stuhl, dasselbe Aktenbündel in Händen, in dem er gestern gelesen hatte.

Er verfärbte sich jetzt und senkte den Blick, als er seine Schwester eintreten sah, und aus allem war ersichtlich, daß er eine Begegnung an dieser Stelle nicht erwartet hatte. Grete sah es und trat an den Tisch und sagte: „Grüß Euch Gott, Peter Guntz. Ihr kennt mich nicht mehr; aber ich kenn Euch. Ich bin Grete Minde, Jacob Mindes einzige Tochter."

Alle sahen betroffen auf, erst auf Grete, dann auf Gerdt, und nur der alte Peter Guntz selbst, der so viel gesehen und erlebt hatte, daß ihn nichts mehr verwundersam bedünkte, zeigte keine Betroffenheit und sagte freundlich: „Ich kenn dich wohl. Armes Kind. Was bringst du, Grete? Was führt dich her?"

„Ich komm, um zu klagen wider meinen Bruder Gerdt, der mir mein Erbe weigert. Und dessen, denk ich, hat er kein Recht. Ich kam in diese Stadt, um wiedergutzumachen, was ich gefehlt, und wollte dienen und arbeiten und bitten und beten. Und das alles um dieses meines Kindes willen. Aber Gerdt Minde hat mich von seiner Schwelle gewiesen; er mißtraut mir; und vielleicht, daß er's darf. Denn ich weiß es wohl, was ich war und was ich bin. Aber wenn ich kein Recht hab an sein brüderlich Herz, so hab ich doch ein Recht an mein väterlich Gut. Und dazu, Peter Guntz und ihr andern Herren vom Rat, sollt ihr mir willfährig und behülflich sein."

Peter Guntz, als Grete geendet, wandte sich an Gerdt und sagte: „Ihr habt die Klage gehört, Ratsherr Minde. Ist es, wie sie sagt? Oder was habt Ihr dagegen vorzubringen?"

„Es ist *nicht*, wie sie sagt", erhob sich Gerdt von seinem Stuhl. „Ihre Mutter war einer armen Frauen Kind, ihr wisset all, wes Landes und Glaubens, und kam ohne Mitgift in unser Haus."

„Ich weiß."

„Ihr wißt es. Und doch soll ich sprechen, wo mir zu schweigen ziemlicher wär. Aber Euer Ansinnen lässet mir keine Wahl. Und so höret denn. Jacob Minde, mein Vater, so klug er war, so wenig umsichtig war er. Und so zeigte sich's von Jugend auf. Er hatte keine glückliche Hand in Geschäften und ging doch gern ins Große, wie die Lübischen tun und die Flandrischen. Aber das trug unser Haus nicht. Und als ihm zwei Schiffe scheiterten, da war er selbst am Scheitern. Und um diese Zeit war es, daß er meine Mutter heimführte, von Stendal her, Baldewin Rickharts einzige Tochter. Und mit *ihr* kam ein Vermögen in unser Haus..."

„Mit dem Euer Vater wirtschaftete."

„Aber nicht zu Segen und Vorteil. Und ich habe mich mühen müssen und muß es noch, um alte Mißwirtschaft in neue Gutewirtschaft zu verkehren, und alles, was ich mein nenne bis diese Stunde, reicht nicht heran an das Eingebrachte von den Stendalschen Rickharts her."

„Und dies sagt Ihr an Eides Statt, Ratsherr Minde!"

„Ja, Peter Guntz."

„Dann, so sich nicht Widerspruch erhebt, weis ich dich ab mit deiner Klage. Das ist tangermündisch Recht. Aber eh ich dich, *Grete* Minde, die du zu Spruch und Beistand uns angerufen hast, aus diesem unserem Gericht entlasse, frag ich *dich, Gerdt* Minde, ob du dein Recht brauchen und behaupten oder nicht aus christlicher Barmherzigkeit von ihm ablassen willst. Denn *sie*, die hier vor dir steht, ist deines Vaters Kind und deine Schwester."

„Meines Vaters Kind, Peter Guntz, aber *nicht* meine Schwester. Damit ist es nun vorbei. Sie fuhr hoch, als sie noch mit uns war; nun fährt sie niedrig und steht vor Euch und mir und birgt ihr Kind unterm Mantel. Fragt sie, wo sie's herhat. Am Wege hat sie's geboren. Und ich habe nichts gemein mit Weibern, die zwischen Heck und Graben ihr Feuer zünden und ihre Lagerstatt beziehn. Unglück? Wer's glaubt. Sie hat's *gewollt.* Kein falsch Erbarmen, liebe Herren. Wie wir uns betten, so liegen wir."

Grete, während ihr Bruder sprach, hatte das Kind aus ihrem Mantel genommen und es fest an sich gepreßt. Jetzt hob sie's in die Höh, wie zum Zeichen, daß sie's nicht verheimlichen wolle. Und nun erst schritt sie dem Ausgange zu. Hier wandte sie sich noch einmal um und sagte ruhig und mit tonloser Stimme:

> „Verlaß dich nicht auf dein Gewalt,
> Dein Leben ist hier bald gezahlt,
> Wie du zuvor hast 'richtet mich,
> Also wird Gott auch richten *dich* –"

und verneigte sich und ging.

Die Ratsherren, deren anfängliche Neugier und Teilnahme rasch hingeschwunden war, sahen ihr nach, einige hart und spöttisch, andere gleichgültig.

Nur Peter Guntz war in Sorg und Unruh über das Urtel, das er hatte sprechen müssen. „Ein unbillig Recht, ein totes Recht." Und er hob die Sitzung auf und ging ohne Gruß und Verneigung an Gerdt Minde vorüber.

Zwanzigstes Kapitel

Hier hastu gerichtet nur kleine Zeit,
Dort wirstu gerichtet in Ewigkeit

Grete war die Treppe langsam hinabgestiegen. Das Markttreiben unten dauerte noch fort, aber sie sah es nicht mehr; und als sie den Platz hinter sich hatte, richtete sie sich auf, wie von einem wirr-phantastischen Hoheitsgefühl ergriffen. Sie war keine Bettlerin mehr, auch keine Bittende; nein; ihr gehörte diese Stadt, *ihr*. Und so schritt sie die Straße hinunter auf das Tor zu.

Aber angesichts des Tores bog sie nach links hin in eine Scheunengasse und gleich dahinter in einen schmalen, grasüberwachsenen Weg ein, der, zwischen der Mauer und den Gärten hin, im Zirkel um die Stadt lief. Hier durfte sie sicher sein, niemandem zu begegnen, und als sie bei der Mindeschen Gartenpforte war, blieb sie stehen. Erinnerungen kamen ihr, Erinnerungen an *ihn*, der jetzt auf dem Klosterkirchhof schlief, und ihr schönes Menschenantlitz verklärte sich noch einmal unter flüchtiger Einkehr in alte Zeit und altes Glück. Aber dann schwand es wieder, und jener starr-unheimliche Zug war wieder da, der über die Trübungen ihrer Seele keinen Zweifel ließ. Es war ihr mehr auferlegt worden, als sie tragen konnte, und das Zeichen, von dem die Domina gesprochen, *heut* hätt es jeder gesehen. Und nun legte sie die Hand auf die rostige Klinke, drückte die Tür auf und zu und sah, ihren Vorstellungen nachhängend, auf die hohen Dächer und Giebel, die von drei Seiten her das gesamte Hof- und Gartenviereck dieses Stadtteils umstanden. Einer dieser Giebel war der Rathausgiebel, jetzt schwarz und glasig, und hinter dem Giebel stand ein dickes Gewölk. Zugleich fühlte sie, daß eine schwere, feuchte Luft zog; Windstöße fuhren dazwischen, und sie hörte, wie das Obst von den Bäumen fiel. Über die Stadt hin aber, von Sankt Stephan her, flogen die Dohlen, unruhig, als ob sie nach einem andren Platze suchten und ihn nicht finden könnten. Grete sah es alles. Und sie sog die feuchte Luft ein und ging weiter. Ihr war so frei.

Als sie das zweite Mal ihren Zirkelgang gemacht und wieder das Tor und seinen inneren Vorplatz erreicht hatte, verlangte sie's nach einer kurzen Rast. Eine von den Scheunen, die mit dem Vorplatz grenzte, dünkte ihr am bequemsten dazu. Das Dach war schadhaft und die Lehmfüllung an vielen Stellen aus dem Fachwerk herausgeschlagen. Und sie bückte sich und schlüpfte durch eines dieser Löcher in die Scheune hinein. Diese war nur halb angefüllt, zumeist mit Stroh und Werg, und wo der First eingedrückt war, hing die

Dachung in langen Wiepen herunter. Sie setzte sich in den Werg, als wolle sie schlafen. Aber sie schlief nicht, von Zeit zu Zeit vielmehr erhob sie sich, um unter das offene Dach zu treten, wo der Himmel finster-wolkig und dann wieder in heller Tagesbläue hereinsah. Endlich aber blieb die Helle fort, und sie wußte nun, daß es wirklich Abend geworden. Und darauf hatte sie gewartet. Sie bückte sich und tappte nach ihrem Bündel, das sie beiseite gelegt, und als sie's gefunden und sich wieder aufgerichtet hatte, gab es in dem Dunkel einen blassen, bläulichen Schein, wie wenn sie einen langen Feuerfaden in ihrer Hand halte. Und nun ließ sie den Faden fallen und kroch, ohne sich umzusehen, aus der Fachwerköffnung wieder ins Freie hinaus.

Wohin? In die Stadt? Dazu war es noch zu früh, und so suchte sie nach einem schon vorher von ihr bemerkten, aus Ziegel und Feldstein aufgemauerten Treppenstück, das, von der Innenseite der Stadtmauer her, in einen alten, längst abgetragenen Festungsturm hinaufführte. Und jetzt hatte sie das Treppenstück gefunden. Es war schmal und bröcklig, und einige Stufen fehlten ganz; aber Grete, wie nachtwandelnd, stieg die sonderbare Leiter mit Leichtigkeit hinauf, setzte sich auf die losen Steine und lehnte sich an einen Berberitzenstrauch, der hier oben auf der Mauer aufgewachsen war. So saß sie und wartete; lange; aber es kam keine Ungeduld über sie. Endlich drängte sich ein schwarzer Qualm aus der Dachöffnung, und im nächsten Augenblicke lief es in roten Funken über den First hin, und alles Holz- und Sparrenwerk knisterte auf, als ob Reisig von den Flammen gefaßt worden wäre. Dazu wuchs der Wind, und wie aus einem zugigen Schlot heraus fuhren jetzt die brennenden Wergflocken in die Luft. Einige fielen seitwärts auf die Nachbarscheunen nieder, andre aber trieb der Nordwester vorwärts auf die Stadt, und eh eine Viertelstunde um war, schlug an zwanzig Stellen das Feuer auf, und von allen Kirchen her begann das Stürmen der Glocken. „Das ist Sankt Stephan", jubelte Grete, und dazwischen, in wirrem Wechsel, summte sie Kinderlieder vor sich hin und rief in schrillem Ton und mit erhobener Hand in die Stadt hinein: „Verlaß dich nicht auf dein Gewalt." Und dann folgte sie wieder den Glocken, nah und fern, und mühte sich, den Ton jeder einzelnen herauszuhören. Und wenn ihr Zweifel kamen, so stritt sie mit sich selbst und sprach zugunsten dieser und jener und wurde wie heftig in ihrem Streit. Endlich aber schwiegen alle, auch Sankt Stephan schwieg, und Grete, das Kind aufnehmend, das sie neben sich in das Mauergras gelegt hatte, sagte: „Nun ist es Zeit." Und sicher, wie sie die Treppe hinaufgestiegen, stieg sie dieselbe wieder hinab und nahm ihren Weg, an den brennenden Scheunen entlang, auf die Hauptstraße zu.

Hunderte, von Furcht um Gut und Leben gequält, rannten an ihr vorüber, aber niemand achtete der Frau, und so kam sie bis an das Mindesche Haus und stellte sich demselben gegenüber, an eben die Stelle, wo sie gestern gestanden hatte.

Gerdt konnte nicht zu Hause sein, alles war dunkel; aber an einem der Fenster erkannte sie Trud und neben ihr den Knaben, der, auf einen Stuhl gestiegen, in gleicher Höhe mit seiner Mutter stand. Beide wie Schattenbilder und *allein*. Das war es, was sie wollte. Sie passierte ruhig den Damm, danach die Tür und den langen Flur und trat zuletzt in die Küche, darin sie jedes Winkelchen kannte. Hier nahm sie von dem Brett, auf dem wie früher die Zinn- und Messingleuchter standen, einen Blaker und fuhr damit in der Glutasche des Herdes umher. Und nun tropfte das Licht und brannte hell und groß, viel zu groß, als daß der Zugwind es wieder hätte löschen können. Und so ging sie den Flur zurück, bis vorn an die Tür, und öffnete rasch und wandte sich auf das Fenster zu, von dem aus Trud und ihr Kind nach wie vor auf die Straße hinausstarrten. Und jetzt stand sie zwischen beiden.

„Um Gottes Barmherzigkeit willen", schrie Trud und sank bei dem Anblick der in vollem Irrsinn vor ihr Stehenden ohnmächtig in den Stuhl. Und dabei ließ sie den Knaben los, den sie bis dahin angst- und ahnungsvoll an ihrer Hand gehalten hatte.

„Komm", sagte Grete, während sie das Licht auf die Fensterbrüstung stellte. Und sie riß den Knaben mit sich fort, über Flur und Hof hin und bis in den Garten hinein. Er schrie nicht mehr, er zitterte nur noch. Und nun warf sie die Gartentür wieder ins Schloß und eilte, den Knaben an ihrer Hand, ihr eigenes Kind unterm Mantel, an der Stadtmauer entlang auf Sankt Stephan zu. Hier, wie sie's erwartet, hatte das Stürmen längst aufgehört, Glöckner und Mesner waren fort, und unbehelligt und unaufgehalten stieg sie vom Unterbau des Turmes her in den Turm selbst hinauf: erst eine Wendeltreppe, danach ein Geflecht von Leitern, das hoch oben in den Glockenstuhl einmündete. Als die vordersten Sprossen kamen, wollte das Kind nicht weiter, aber sie zwang es und schob es vor sich her. Und nun war sie selber oben und zog die letzte Leiter nach. Um sie her hingen die großen Glocken und summten leise, wenn sie den Rand derselben berührte. Und nun trat sie rasch an die Schallöcher, die nach der Stadtseite hin lagen, und stieß die hölzernen Läden auf, die sofort vom Winde gefaßt und an die Wand gepreßt wurden. Ein Feuermeer unten die ganze Stadt; Vernichtung an allen Ecken und Enden, und dazwischen ein Rennen und Schreien, und dann wieder die Stille des Todes. Und jetzt fielen einige der vom Winde heraufgewirbelten Feuerflocken auf das Schindeldach ihr zu Häupten nieder, und sie sah, wie sich vom Platz aus aller Blicke nach der Höhe des Turmes und nach ihr selber richteten. Unter denen aber, die hinaufwiesen, war auch Gerdt. *Den* hatte sie mit ihrer ganzen Seele gesucht, und jetzt packte sie seinen Knaben und hob ihn auf das Lukengebälk, daß er frei dastand und im Widerscheine des Feuers von unten her in aller Deutlichkeit gesehen werden konnte. Und Gerdt sah ihn wirklich und brach in die Knie und schrie um Hülfe, und alles um ihn her vergaß der eigenen Not und drängte dem Portal der Kirche zu. Aber ehe noch die Vordersten es erreichen oder gar die Stufen der Wendeltreppe gewinnen konnten, stürzte die Schindeldecke prasselnd zusammen, und das Gebälk zerbrach, an dem die Glocken hingen, und alles ging niederwärts in die Tiefe.

***

Den Tag danach saßen Ilse Schulenburg und die Domina wieder an der Efeuwand ihres Hauses, und alles war wie sonst. Die Fenster standen auf, und das Feuer brannte drinnen im Kamin, und der Spitzkopf des großen Wolfshundes sah wieder wartend zu seiner Herrin auf. Von jenseits des Sees aber klang die Glocke, die zu Mittag läutete.

Um diese Stunde war es, daß ein Bote vom altmärkischen Landeshauptmann, Achaz von der Schulenburg, gemeldet wurde, der, ein Großoheim Ilsens, das Kloster zu schneller Hülfeleistung und zu Betätigung seiner frommen und freundnachbarlichen Gesinnungen auffordern ließ. Ilse ging dem Boten entgegen und gab ihm Antwort und Zusage. Dann kehrte sie zu der Domina zurück.

„Was war es?" fragte diese.

„Ein Bote vom Landeshauptmann."

„Gute Nachricht?"

„Nein, böse. Tangermünde liegt in Asche."

„Und Grete?"

„Mit unter den Trümmern."

„Armes Kind... Ist heute der dritte Tag... Ich wußt es..."

So ging ihr Gespräch.

***

Am Abend aber gaben die Puppenspieler den „Sündenfall". Der Saal war gefüllt und der Beifall groß. Niemand achtete des Wechsels, der in Besetzung der Rollen stattgefunden hatte.

Zenobia spielte den Engel.

KOMMENTARE

https://doi.org/10.1515/9783110618624-002

Anja Schiemann

Die Kunst der Abweichung – Fontanes Psychogramm einer Täterin ersetzt historischen Brandstiftungsprozess

I. Fontane als Rechercheur
oder die Suche nach historischer Authentizität

Den Entschluss, eine Novelle über Grete Minde zu schreiben, fasste Fontane belegbar Mitte April 1878,[1] als er bereits knapp zwei Jahre als freier Schriftsteller arbeitete.[2] Allerdings ist nicht ausgeschlossen, dass die Idee hierzu bereits sehr viel früher auf seinen „Wanderungen durch die Mark Brandenburg" in ihm reifte. 1844 sah Fontane bei einer Elbfahrt von Magdeburg nach Hamburg die Stadt Tangermünde zum ersten Mal.[3] Der Kunsthistoriker Wilhelm Lübke, der im Herbst 1859 Fontane bei einer Reise durch die Altmark begleitete, schrieb in seinen Lebenserinnerungen: „Während er (Fontane)[4] in den Kirchen den historischen Erinnerungen nachging, machte ich Jagd auf ihre kunstgeschichtlichen Denkmäler. Wir besuchten … endlich Tangermünde".[5] Gut möglich, dass Fontane bei seinen frühen Recherchen bereits auf die Brandkatastrophe von 1617 stieß.

Mitte April 1878 beschäftigten Fontane „Pläne für neue Arbeiten"[6] und er kündigte gegenüber Paul Lindau Anfang Mai an

> im Laufe des Sommers eine altmärkische Novelle zu schreiben. Ort: Salzwedel; Zeit 1660; Heldin: Grete Minde, Patrizierkind, das durch Habsucht, Vorurteil und Unbeugsamkeit von seiten ihrer Familie, mehr noch durch Trotz des eigenen Herzens, in einigermaßen großem Stil, sich und die halbe Stadt vernichtend, zugrunde geht. Ein Sitten- und Charakterbild aus der Zeit nach dem Dreißigjährigen Kriege.[7]

---

1   Vgl. den Ablauf der Entstehung bei *Schmitz*, S. 135.

2   Zur Entscheidung zum freien Schriftstellertum ausf. *Ziegler/Erler*, S. 162 ff. Vgl. auch *Grätz*, S. 43 ff.

3   S. *Schmitz*, S. 135.

4   Anm. d. Verf.

5   *Lübke*, S. 326.

6   Vgl. das Zitat Fontanes bei *Schmitz*, S. 136.

7   Brief von Fontane an Paul Lindau, 6. Mai 1878, zitiert nach *Betz*, S. 33.

Dazu reiste er vermutlich bereits Ende April 1878 nach Tangermünde, um Ortsstudien zu betreiben.[8] Darüber hinaus ließ Fontane sich vom Generalsekretär des Vereins für die Geschichte der Mark Brandenburg die „Städtebeschreibungen von Tangermünde und Salzwedel" sowie die „Geschichte der Altmark" von Wohlbrück schicken.[9] Ein Tagebucheintrag belegt eine Fahrt Fontanes nach Tangermünde für Juli 1878, „um Lokalstudien für ´Grete Minde` zu machen".[10] Seinem Sohn Theodor schrieb er, dass er von Wernigerode aus nach Tangermünde für „anderthalb Tage" reiste, um „Kirche, Burg und Rathaus anzusehen".[11] Eine Vielzahl an Notizen und Entwürfen im Theodor-Fontane-Archiv in Potsdam gewähren Einblicke in die umfangreichen Lokalstudien, die Fontane betrieb, Skizzen, die er von Tangermünde, dem Kirchplatz, Rathaus und Hof und Garten der Mindes anfertigte.[12] Vermutlich reifte hier auch der Entschluss in ihm, nicht – wie ursprünglich geplant – Salzwedel, sondern den tatsächlichen Ort des Geschehens, Tangermünde, zum Schauplatz seiner Novelle zu machen. Die Notizen und Skizzen machen deutlich, wie genau es Fontane mit dem historischen und kulturhistorischen Hintergrund nahm und wie gründlich er sich vorbereitete.[13] Neben den Recherchen vor Ort dienten die Bücher von Caspar Helmreich „Annales Tangermundenses" von 1636,[14] von Andreas Ritner „Alt-Märckisches Geschichtsbuch" von 1651 und von August Wilhelm Pohlmann „Margareta Minde oder die Feuerbrunst zu Tangermünde am 13. September 1617" aus dem Jahr 1843 als Grundlage der

---

8   So *Fricke*, S. 58. Dies ist zwar nicht eindeutig belegt, vgl. *Schmitz*, S. 136, jedoch ist fraglich, wie Fontane – außer in der Erinnerung seiner Reise in den 50er Jahren – sonst schon so detailliert über die Patriziertochter Grete Minde schreiben konnte, zumal in einem Brief Fontanes an Maximilian Ludwig vom 3. Mai 1878 von einer „kl. Reise" die Rede war, von der Fontane am 2. Mai 1878 zurückkehrte und auf der er erste Studien in Tangermünde unternommen haben könnte. Des Weiteren gibt er in einem Brief an Paul Lindau vom 23.10.1878 an, sich „die Szenerie (Tangermünde etc.) der Lokaltöne halber, die so wichtig sind, zweimal angesehen (zu) habe(n)", zitiert nach *Betz*, S. 35.

9   Dies ergibt sich aus einem Dankesschreiben an Holtze, vgl. *Schmitz*, S. 137.

10   Zitiert nach *Schmitz*, S. 138.

11   Brief vom 11. Juli 1878 an Theodor Fontane, zitiert nach *Schmitz*, S. 138.

12   Ein Teilabdruck einiger Entwürfe und Notizen findet sich bei *Schmitz*, S. 151 ff.

13   So auch *Betz*, S. 30 f.

14   Helmreich war als Ratsherr und Bürgermeister Zeitzeuge des Stadtbrandes von 1617 und unmittelbar am Prozess gegen Grete Minde beteiligt, vgl. *Krause*, S. 109.

Novelle.[15] Ob Fontane darüber hinaus auch die bis heute erhaltenen Strafakten einsah, ist nicht belegt.[16]

Auch wenn Fontane durch den Titel „Grete Minde. Nach einer altmärkischen Chronik" auf die wahre Begebenheit hinwies, so sind es doch nur einige Grundmotive des historischen Falls, die er für seine Novelle verwendete. Seine Recherchen flossen viel mehr in die Beschreibung der Örtlichkeiten, die Inneneinrichtung der Häuser, die Kleidung, Frisuren etc. mit ein. Während die historische Inquisitionsakte „contra Margaretha Mündten und Consorten in ptco incendii"[17] erst mit dem Brand beginnt, endet die Novelle hier. Fontane zeichnet vielmehr die Jugend seiner Hauptfigur nach, die Determinanten, die schließlich zur Tat der literarischen Grete Minde führen.

II. Grete Minde und der Brandstiftungsprozess

Dagegen ist über die Jugend der historischen Grete Minde nur wenig bekannt. Das Wenige erfährt man durch die in Reimen verfasste Chronik von Helmreich[18] sowie die Prozessakten, die an einigen Stellen Auskunft über die Person geben.[19] Während Fontanes Grete Minde definitiv Tochter des Patriziers und Ratsherrn Jakob Minde ist und in seinem Haus großgezogen wird, ist die Herkunft der historischen Grete Minde nicht gesichert. Historisch belegt ist, dass die Mutter von Grete Minde mit ihrer Tochter 1593 in Tangermünde erschien und behauptete, der Vater des Kindes sei Peter Minde, Sprössling eines reichen, märkischen Patriziergeschlechts. Dessen Vater Heinrich war Ratsmitglied der Stadt, ebenso wie später sein Bruder, der ebenfalls Heinrich hieß. Peter dagegen musste wegen eines begangenen Totschlags oder Mordes aus der Stadt fliehen, trat in ausländische Kriegsdienste und verstarb in der Fremde. Die Mutter von Grete Minde machte nun gegenüber dem Vater von Peter ihren Erbteil geltend, konnte aber mangels Trauschein nicht belegen, tatsächlich die Ehefrau von Peter gewesen zu sein. Dennoch hinterlegte Heinrich von Minden gegen den Willen des zweiten Sohnes 100 Taler beim

---

15 Vgl. *Pniower*, S. 98 f.; *Lindstedt*, S. 11.

16 So aber *Lück*, in: Kilian (Hrsg.), S. 281 (282); dagegen *Wein*, in: Ralmbach/Fettback (Hrsg.), S. 87 (101 f.).

17 Die Akte ist im Stadtarchiv Tangermünde noch heute zugänglich unter der Signatur Kom.-Reg. XXVII/1 und umfasst mehr als 150 Blatt.

18 *Helmreich*, S. 52 ff.

19 Eine Zusammenfassung findet sich bei *Parisius*, S. 29 ff.; *Wein*, S. 89 f.; *Lindstedt*, S. 18 ff.; *Reimann*, S. 7 ff. Zur Familie Minden ausf. *Däther*, S. 9 ff.

Tangermünder Rat für seine Enkelin Grete.[20] Doch nach dem Tod des Großvaters stellte Grete weitere Erbansprüche an den Onkel, der das Erbe besaß und
forderte unter anderem „300 Taler vom Hause, eine Hufe Land, Betten, Hausgeräte und Zinngeschirr".[21] In den Inquisitionsakten findet sich ein Hinweis
auf einen Vergleich zwischen Grete und ihrem Onkel. Unklar ist, wie hoch die
Vergleichssumme letztlich war und ob der Onkel der Nichte tatsächlich den
vereinbarten Betrag zahlte und die Gegenstände übergab. Allerdings warf
Grete dem Onkel mehrfach vor, sich nicht an die verbrieften Abmachungen zu
halten.

Im Jahr 1616 heiratete Grete den Gelegenheitsarbeiter Antonius Meilahn,
genannt Tonnies, und bekam ein Jahr später mit ihm einen Sohn. Tonnies ging
keiner regelmäßigen Arbeit nach und verschwand immer mal wieder für einige
Zeit von zu Hause. Grete und seinen Sohn versorgte er nicht, so dass Grete
darauf angewiesen war, sich mit dem Verkauf selbst hergestellter Heilmittel
aus Kräutern, Weissagungen und Bettelei am Leben zu halten. Dies missfiel
dem Rat der Stadt, so dass Grete aus Tangermünde ausgewiesen wurde und
ihrem Mann hinterherreiste. Dieser zog mit einigen Kumpanen über das Land
und war für Plündereien, Zerstörung und Diebstahl verantwortlich. Grete
schloss sich der Gruppe phasenweise an, trennte sich aber auch immer wieder
von der Bande und verdiente ihren Lebensunterhalt dann wiederum mit dem
Heilkräuterverkauf, Weissagungen, Verkauf von Glückbringern und der Kran-
kenpflege. Sesshaft war Grete Minde also nicht, kehrte aber immer wieder
nach Tangermünde zurück, wo sie als „schwarze Hure" bezeichnet wurde.
1618, also ein Jahr nach dem Brand, versuchte Grete, ihrem Ehemann Tonnies
auf einen frei gewordenen Posten des Stadtknechts zu verhelfen. Als dieser
sich für diesen Posten bei der Stadt vorstellen wollte und nach Tangermünde
reiste, wurde er von einem Opfer seiner Raubüberfälle erkannt und daraufhin
verhaftet. Tonnies wurde anlässlich des Raubvorwurfs gefoltert und gab nicht
nur die Raubüberfälle zu, sondern darüber hinaus – ohne explizit hierzu befragt worden zu sein – für den Stadtbrand 1617 verantwortlich zu sein. Zudem
benannte er weitere Mittäter, u.a. seine Ehefrau Grete. Diese und der ebenfalls
von Tonnies beschuldigte Merten Emmert, wurden daraufhin verhaftet.

Der Stadtbrand in Tangermünde ereignete sich am 13. September 1617. Das
Feuer soll an drei verschiedenen Orten der Stadt entstanden sein und drei Tage
gedauert haben. Bei dem Großbrand wurden 486 Wohnhäuser und 52 Scheunen vernichtet, ¾ des gesamten Gebäudebestands der Stadt. Dem Brand vo-

---

20   Nachweislich sind von dem Geld 1611 an Grete 50 Taler übergeben worden, vgl. *Lück*,
      in: Kilian (Hrsg.), S. 181 (297).

21   *Däther*, S. 15.

rausgegangen waren mehrere „Brandzettel", in denen die Vernichtung der Stadt Tangermünde angedroht wurde, sofern nicht bestimmte Forderungen erfüllt würden. Nach dem Brand bat der Rat die Bürger der Stadt Tangermünde um Schriftproben, die auch in den Inquisitionsakten zu finden sind, um so den Täter ermitteln zu können. Allerdings blieb die Suche erfolglos, da die Schriftproben nicht übereinstimmten und man auch sonst keinerlei Anhaltspunkte darüber hatte, wer den Stadtbrand gelegt haben könnte. Der große Durchbruch gelang erst durch die Aussage von Tonnies. Dieses unter der Tortur abgelegte Geständnis, das am nächsten Tag außerhalb der Folter von Tonnies wiederholt wurde, bot die Grundlage, auf der sich die ganze Prozessführung aufbaute.[22]

Es ist in den folgenden Jahrhunderten viel über Schuld und Unschuld der historischen Grete Minde diskutiert worden.[23] Zu bedenken ist allerdings, dass Tonnies bei seiner Verhaftung und der anschließenden Tortur in keiner Weise der Stadtbrand zum Vorwurf gemacht wurde und er seine Beteiligung und die der anderen vollkommen losgelöst von der Raubanklage gestand und sich somit selbst viel schwerer belastete, als dies erforderlich war. Andererseits musste er auch wegen der Raubanklage mit dem Todesurteil rechnen und es ist nicht ausgeschlossen, dass er sich an Grete und den anderen Kumpanen rächen wollte. Wie dem auch sei, im Zuge der Anschuldigungen wurden Grete Minde und der Mitbeschuldigte Merten Emmert vom Stadtknecht aufgespürt und am 29. Januar 1619 nach Tangermünde überstellt und mit der Aussage von Tonnies konfrontiert. Beide bestritten die Vorwürfe, Grete benannte sogar ein Alibi, indem sie angab, sich von Anfang September bis Anfang November 1617, also während der Tatzeit, schwer krank bei einem Kuhhirten in Apenburg aufgehalten zu haben.

Der Tangermünder Rat protokollierte die Aussagen und beantragte beim Brandenburger Schöppenstuhl zum ersten Mal die Verhängung der Folter. Während der Rat der Stadt Tangermünde als zuständiges Gericht fungierte, war der Brandenburger Schöppenstuhl das zuständige Spruchkollegium. Der Brandenburger Schöppenstuhl war ein Kollegium von rechtskundigen Personen, bei dem die Räte im Wege des Aktenversendungsverfahrens die Sprüche einholten,[24] also im vorliegenden Fall zunächst um Zulassung der Tortur baten. Im

---

22 *Däther*, S. 42.

23 Von *Pohlmanns* Verantwortlichmachung im „Denkmal menschlicher Verworfenheit" (Untertitel), über *Parisius* „Ehrenrettung" bis zu neuesten Spekulationen, vgl. *Lindstedt*, S. 35. Ich schließe mich dem in der Tat unbefriedigendem Votum eines „non liquet" von *Krause*, S. 116, an.

24 Ausf. zu Gerichtsfunktion des Rates und Tätigkeit des Schöppenstuhls *Lück*, in: Kilian (Hrsg.), S. 281 (294 ff.).

Folterinterlokut vom 1. Februar 1619 wurde die Zulassung der Tortur jedoch abgelehnt und wegen der widersprüchlichen Aussagen zunächst eine umfangreiche Beweiserhebung verlangt. Der Beweiserhebung ist der größte Teil des Brandprozessfolianten gewidmet.[25] Während Gretes Alibi mehr oder weniger bestätigt wurde,[26] wurde Tonnies Aussage durch die Eheleute Linow widerlegt. Schließlich brachte die späte Aussage des Patriziers und Ratsmitglieds Peter Asseburg die entscheidende Wende, der behauptete, Grete am Tag nach dem Brand in Tangermünde gesehen zu haben.[27]

Daraufhin wurde das Material über die Beweisaufnahme wiederum an den Brandenburger Schöppenstuhl übersandt, der am 4. März 1619 das Folterinterlokut erteilte. Um die Foltererlaubnis zu erhalten, mussten nach der Constitutio Criminalis Carolina verschiedene Kriterien erfüllt sein,[28] gem. Art. 219 CCC durfte die Folter nicht wahllos, sondern nur aufgrund konkreter Verdachtsmomente nach Einholung einer entsprechenden Rechtsweisung ergehen. Diese Rechtsweisung wurde vom Brandenburger Schöppenstuhl erteilt. Art. 31 CCC benannte als Verdachtsmoment den Fall, dass „eyn überwundner mißthetter, der inn seiner missethat helffer gehabt, jemant inn der gefengknuß besagt, der jm zu seinen geübten erfunden mißthatten geholffen haben". Das Geständnis von Tonnies und seine Anschuldigung gegenüber den Mittätern stellten also einen legitimen Anknüpfungspunkt für die Folter dar, wobei dieses Geständnis auch schon beim ersten Folterinterlokut vorlag und dennoch wegen der widersprüchlichen Aussagen eine Zustimmung zur Folter vom Brandenburger Schöppenstuhl nicht erteilt wurde. Allerdings untermauerte im zweiten Fall die Aussage des ehrbaren Patriziers und Ratsmitglieds die Aussage Tonnies. Festzuhalten ist jedoch, dass ein schriftlich fixiertes und nach der Tortur mündlich wiederholtes Geständnis damals als Königin der Beweismittel – confessio est regina probationum – galt.[29]

Grete Minde und Merten Emmert wurden bereits einen Tag nach erteiltem Folterinterlokut peinlich befragt und beide gestanden unter der Tortur die ihnen zur Last gelegte Brandstiftung und wiederholten die Geständnisse dann auch außerhalb der Tortur. Grete Minde gab als Grund für ihr Brandkomplott zu Protokoll, dass sie sich „also an die Mindische, weil sie ihr patrimonium

---

25 Zu den vergleichsweise geringen Kosten vgl. *Riedel*, in: Claveé (Hrsg.), S. 55 (59 f.).
26 Es gab nur unterschiedliche Aussagen zur genauen Dauer.
27 Zu den einzelnen Aussagen, Widersprüchen und Ungereimtheiten vgl. ausf. *Däther*, S. 58 ff., wesentlich kürzer die Zusammenfassung bei *Lindstedt*, S. 26 ff.
28 Vgl. hierzu mit einer tabellarischen Aufstellung zum Fall *Wein*, in: Ralmbach/Fettback, S. 87 (92 f.).
29 S. *Krause*, S. 291.

von derselben nicht bekommen kunte, rechen wolte".[30] Bereits am 13. März 1619 sprach der Brandenburger Schöppenstuhl das Todesurteil gegen beide[31] aus. Es fiel sehr hart aus:

> … so mag sie seßwegen vor endlicher tödtung einen wagen biß auf die richttstad vmbgefuhret, ihre funff finger an der rechten hand einer nach dem andern mit gluenden Zangen abgezwackett, Nachmaln ihr leib mitt vier gluenden Zangen, nemlich in iede brust und arm gegriffen, Folgig mitt eisern ketten vff einen Pfahll angeschmidet, lebendig geschmochett vnd allso vom leben zum tode verrichtett werden.[32]

Nach Art. 125 CCC war der Feuertod bei Brandstiftung vorgesehen, das Strafmaß konnte entsprechend anderer Artikel wegen der Schwere der Tat verschärft werden, u.a. nach Art. 137 S. 3 CCC die Strafschärfungsmöglichkeit des „zangen reissenn" oder sonstige „leibstraff". Daher wurde das Foltern mit Zangen verhängt, auch wenn die Härte der Strafe durchaus kontrovers diskutiert wurde.[33] Das „Schmäuchen" als Sonderform der Feuerstrafe bedeutete, dass der Verurteilte an einen Pfahl gebunden und über seinen Kopf eine Tonne gestülpt wurde. Dann zündete man nasses Stroh an, so dass sich der aufsteigende Rauch in der Tonne sammeln konnte und erst nach drei bis vier Stunden zum Erstickungstod führte.[34] Zwar wollte der Rat die Strafvollstreckung bis zur Ergreifung der ebenfalls mitbeschuldigten Brüder Hans und Paul Horneburg aussetzen, allerdings wurde die an den Kurfürsten von Brandenburg gerichtete Bitte um Aufschub von diesem abgelehnt. Am 22. März 1619 fand die Hinrichtung statt.[35]

Doch auch nach dem Tod der drei Verurteilten, tauchten weitere „Brandbriefe" in Tangermünde auf. Zudem kam es in der Folgezeit, wenn auch weit weniger verheerend als 1617, zu Brandanschlägen in der Stadt, so dass sich Zweifel an der Schuld Gretes und ihrer Gefährten bei der Bevölkerung geregt haben könnten.[36]

---

30 Zitiert nach *Däther*, S. 76.

31 Zuvor schon wurde gegen Tonnies das Todesurteil verhängt, er wurde aber mit den beiden anderen zusammen hingerichtet.

32 S. Akten, Kom.-Reg XXXVII/1, fol. 217, rechte Seite.

33 Vgl. insoweit die Schöppenunterlagen im Brandenburgischen Landesarchiv, Rep. 4D, Nr. 67, S. 125 ff.

34 S. *Schild*, S. 172.

35 Ausf. hierzu *Lück*, in: Kilian (Hrsg.), S. 281 (289 f.); *Däther*, S. 98 ff.

36 Zu diesem und weiteren entlastenden Umständen vgl. *Lück*, in: Kilian (Hrsg.), S. 281 (291 f.).

III. Fiktion und Wirklichkeit

Als Fontane seine Novelle schrieb, war die Folter überwunden. Nach Ände-
rungen des Beweisrechts kam es nicht mehr auf ein durch die Tortur zu erlan-
gendes Geständnis an, sondern auf die freie richterliche Würdigung von Indizien.[37] Gut möglich, dass sich Fontane deswegen dagegen entschied, den Prozess an sich in die Novelle mit einfließen zu lassen. Doch auch sonst haben die
historische und die literarische Grete Minde nicht viele Gemeinsamkeiten.
Dies hielt schon ein zeitgenössischer Rezensent fest:

> Die Novelle „Grete Minde" führt hinter dem Titel den Zusatz „Nach einer altmär-
> kischen Chronik". Ich irre wohl nicht, wenn ich annehme, dass nur der Brand von
> Tangermünde auf Rechnung der Chronik zu setzen, alles übrige aber der freischaf-
> fenden Phantasie Fontanes entsprungen.[38]

Andererseits sind die historischen Schauplätze dank der Recherche Fontanes
ebenso in die Novelle eingeflossen, wie die damalige Lebensart:

> Der Leser wird nach Tangermünde und Arendsee, im Anfang des 17. Jahrhunderts
> geführt. Mit großer Anschaulichkeit ist Schloß und Haus, Kloster und Garten, das
> Leben auf dem Flusse und in der Schenke beschrieben.[39]

Die „Wahrheit der Localtöne"[40] und die „culturhistorisch-interessanten Schil-
derungen"[41] sind es, die den Leser ungeachtet der historischen Vorfälle seiner
Zeit in das 17. Jahrhundert zurückversetzen. Doch auch einige Grundmotive
sind dem historischen Geschehen entnommen. So setzt sich der Streit um das
vorenthaltene Erbe fort, wenn es auch in der Novelle der Halbbruder und nicht
der Onkel ist, wie im historischen Fall. Auch das Motiv der Mutter, die nicht
aus Tangermünde kommt und nicht den damaligen Normen entsprach, wird
übernommen. Allerdings ist die Mutter der literarischen Grete nachweislich
mit dem Vater verheiratet gewesen, der zudem ehrbarer Patrizier und nicht,
wie im historischen Fall, geflohener Totschläger war. Der Umstand, dass Grete
Halbwaise war, wird ebenso übernommen, wie das Fremde an ihr und ihr
Status als Außenseiterin. Auch wenn die literarische Grete zunächst im Haus
des ehrbaren Vaters wohnt, so verlässt sie dieses doch später und zieht – ebenso wie ihr historisches Vorbild – durch das Land, in der Novelle als Puppen-

---

37 Vgl. *Rüping/Jerouschek*, Rn. 176.

38 *Engel*, in: Das Magazin für die Literatur des In- und Auslandes. Kritisches Organ der
    Weltliteratur 50 (12. Februar 1881) Nr. 7, S. 97 f., zitiert nach *Betz*, S. 50 f.

39 National-Zeitung (Berlin, Nr. 559 v. 28. November 1880, 1. Beiblatt, zitiert nach *Betz*,
    S. 45.

40 Kölnische Zeitung, Nr. 327 v. 24. November 1880, zitiert nach *Betz*, S. 45.

41 Hamburgischer Correspondent, Nr. 290 v. 5. Dezember 1880, Sonntagsbeilage, zitiert
    nach Betz, S. 46.

spielerin, in Wirklichkeit als Kräuterfrau und Weissagerin. Abweichend von der Historie wird ihr Freund und späterer Mann Valtin aber als ehrbarer Mann geschildert.

Fontane nimmt ein ebenfalls geschichtlich verbürgtes Ereignis zum Anlass, bereits gleich zu Beginn der Novelle quasi prophetengleich den Stadtbrand vorweg zu nehmen. Dazu datiert er einen Brand im Tangermünder Rathaus aus dem Jahr 1646 zurück. Bei einem Puppenspiel über das Jüngste Gericht hatten Funken einer Rakete, die der Puppenspieler gezündet hatte, ein im angrenzenden Raum stehendes Pulverfass zur Explosion gebracht, so dass zahlreiche Zuschauer getötet oder verletzt wurden.[42]

Während der Schwerpunkt der Inquisitionsakte naturgemäß auf der Tat, den Ermittlungen und dem Urteilsspruch liegt, setzt die Novelle weit vor der Brandstiftung an. Fontanes Blick galt weniger der Tat, als der Täterin. Der familiäre Konflikt wurde von Fontane aufgegriffen, modifiziert und allmählich entwickelt, indem die Novelle weit vor der Brandstiftung ansetzt. Bereits als er die Novelle zu schreiben anfing, war es ihm ein Anliegen „eine ‚psychologische Aufgabe' (zu) lösen und ohne Retardierung (zu) erzählen".[43] So verfügte Fontane „souverän über die historischen Fakten und verlieh ihnen ... eine eigene Bedeutung".[44] Im Rückblick schrieb er drei Jahre vor seinem Tod in einem Brief an Friedrich Wilhelm Holtze: „Das bloß Aktenmäßige ist immer langweilig".[45] Durch die Modifizierung erschafft Fontane das Psychogramm einer Täterin, eine andere, eine neue Geschichte. Nicht die Suche nach dem Täter und die Verurteilung, sondern der Weg des Täters bzw. der Täterin zu der Tat wird gezeichnet. Dabei hat die literarische Grete Minde nichts von der historischen „schwarzen Hure" an sich, Grete wird als unschuldiges Kind beschrieben, dem Ungerechtigkeit wiederfährt und die widrige Umstände und schließlich der Wahnsinn zur Tat treiben. So tritt die literarische Grete Minde dem Leser viel sympathischer gegenüber, als die historische Grete Minde, die in ihrer Lebensart und -weise doch zumindest dubios wirkt. Zwar reist auch die literarische Grete Minde als Puppenspielerin durch das Land, allerdings wurde sie mehr oder weniger von zu Hause vertrieben. Als legitimer Sprössling des alten Patriziergeschlechts scheint zudem die rigorose Verweigerung des Erbteils durch den Bruder Gerdt als noch größeres Unrecht als die historische

---

42 S. *Schmitz*, S. 124.

43 Brief an seine Frau Emilie Fontane vom 11.8.1878, zitiert nach *Betz*, S. 34.

44 So *Schmitz*, S. 125.

45 Brief vom 22. März 1895, zitiert nach *Schmitz*, S. 125.

Streitigkeit, zumal die historische Grete Minde belegbar zumindest anteilig ihr Erbe erhalten hat.

Auch wenn die Zweifel an der Urheberschaft des Stadtbrandes durch die historische Grete Minde bis in die jüngste Zeit fortbestehen, so ist doch Fontane anlässlich seiner Recherchen und dem damaligen Forschungsstand davon ausgegangen, dass Grete Minde die Täterin war. In der Novelle wird jedenfalls kein Zweifel daran gelassen, dass die Protagonistin den Brand gelegt hat. Als Fontane die Novelle beendet hatte, schrieb er an Clara Stockhausen:

> Seit gestern Abend aber hat nun „Grete Minde", meine neue Heldin, Ruhe, ruht, selber Asche, unter der Asche der von ihr aus Haß und Liebe zerstörten Stadt.[46]

Die Novelle erschien zunächst als Vorabdruck im Mai- und Juni-Heft 1879 der Monatszeitschrift „Nord und Süd",[47] ein Jahr später dann in Buchform. Bereits kurz nach dem Zeitschriftendruck hatte Fontane von Ludolf Parisius „einen sehr interessanten Brief"[48] erhalten. Gut möglich, dass Parisius Fontane über seine eigene Forschungsarbeit zum historischen Fall informierte, die er dann später im Band „Bilder aus der Altmark" veröffentlichte. Parisius kam, anders als Pohlmann, zur Überzeugung, dass die historische Grete Minde unschuldig war.[49] So wollte Fontane vor Erscheinen der zweiten Auflage 1888 seiner Novelle ein Vorwort verfassen. Dies scheiterte aber daran, dass Fontane weder seine eigenen Notizen zu dem Thema noch den „berühmten kleinen Grete Minde-Artikel in der Vossischen"[50] von Parisius wiederfinden konnte. Daher schrieb er im August 1887 an Wilhelm Hertz, dass „die gute ʹGrete Mindeʹ nun doch *ohne* Vorwort erscheinen" müsse. „Alle Bemühungen sind gescheitert und sie durch weitere Wochen hin fortzusetzen, so viel ist die Geschichte nicht wert".[51] Auch nach Erscheinen der zweiten Auflage bedauerte Fontane das fehlende Vorwort:

> Daß das beabsichtigte Vorwort fehlt, ist mir immer wieder leid, aber es ließ sich nicht thun, da der betr: kl. Artikel nicht zu finden und der Ver: L. Parisius krank im Harz war.[52]

---

46   Brief vom 10. September 1878, zitiert nach *Schmitz*, S. 139.
47   Eine literarische Zeitschrift mit einer Auflage von ungefähr 10.000 Exemplaren, s. *Betz*, S. 31.
48   So *Fontane* an seine Frau im Brief vom 15. Juni 1879.
49   *Parisius*, S. 49.
50   So Fontane an Wilhelm Hertz am 9. August 1887, zitiert nach *Schmitz*, S. 143.
51   Brief an Wilhelm Hertz vom 9. August 1887, zitiert nach *Schmitz* aaO.
52   Brief an Wilhelm Hertz vom 15. Oktober 1887, zitiert nach *Betz*, S. 43.

Heute möchte man meinen, dass dieses Vorwort, so sehr sich Fontane darum bemühte, gänzlich entbehrlich ist. Fontane erzählt eine neue Geschichte, bei der auch nicht entscheidend ist, ob die historische Grete Minde den Brand gelegt hat oder nicht. Die literarische Grete Minde ist ganz offensichtlich die Täterin; warum sie zur Täterin wurde, diese Frage interessierte Fontane, so dass er kriminologische Überlegungen in den Vordergrund stellte und die ihn das reflektieren lassen, was der Diskussion seiner Zeit entsprach, ja vielleicht sogar noch ein Stück weit vorwegnehmen, was erst Anfang des 20. Jahrhunderts durch Franz von Liszt und seine Synthese von Anlage und Umwelt formuliert wurde. Als Fontane die Novelle schrieb, steckte die moderne Kriminologie nämlich noch in den Kinderschuhen.

IV. Wie wird man zum Verbrecher?

1. Eine (sehr) kurze Geschichte der Anfänge der Kriminologie

Die moderne Kriminologie als wissenschaftliche Disziplin entwickelte sich erst im zweiten Drittel des 19. Jahrhunderts, also kurz vor Novellenentstehung, als das wissenschaftliche Interesse an einer Erklärung der Ursachen von Kriminalität mit den spezifischen administrativen Bedürfnissen des Kriminaljustizsystems zusammentraf.[53] Anfänge kriminologischen Denkens gab es aber bereits zu Aristoteles' Zeiten, als man Überlegungen zu den Gründen des Straffälligwerdens und zur Funktion des Strafens anstellte. Auch die beim Inquisitionsprozess gegen Grete Minde geltende Constitutio Criminalis Carolina schrieb bei Tötungen und Kindstötung den Beweis durch Sachverständige zur empirischen Abklärung der Verbrechensursache vor. Die Säkularisierung erfasste auch das Strafrecht, das nach weltlicher Begründung für das Strafrecht suchte und sich von religiösen Bezügen löste.[54] Bereits 1516 stellte der Humanist Thomas Morus die Frage nach der „Herkunft der Diebe" und schlug eine vorbeugende Kriminalitätsbekämpfung durch Verminderung der Armut und des Elends in der Bevölkerung vor.[55] Eine systematische Befassung mit Kriminalität setzte allerdings erst im 18. Jahrhundert ein, als Cesare Beccaria 1764 ein Buch mit dem Titel „Dei delitti e delle pene" verfasste, das in kurzer Zeit in alle Kultursprachen übersetzt wurde und unter dem Titel „Über Verbre-

---

[53] S. *Kunz*, § 6 Rn. 4. Ebenfalls mit Fontane aus kriminologischer Perspektive befasst sich der Kommentar von *Lüderssen*, Der Text ist klüger als der Autor, in: Fontane, Unterm Birnbaum, S. 129 ff.

[54] Vgl. *Kunz*, § 4 Rn. 1.

[55] Vgl. *Morus*, in: Heinisch (Hrsg.), S. 9 ff.

chen und Strafen" auch in Deutschland erschien.[56] Beccaria verortete die Ursachen der Kriminalität primär im Kriminaljustizsystem selbst und forderte daher
einen grundlegenden Wandel des Strafrechts, letztlich aber auch einen Wandel
der gesellschaftlichen und politischen Verhältnisse.[57] Während Beccaria mit
seinen kriminalpolitischen Forderungen Impulse für eine Strafrechtsreform
gab, war sein Landsmann Cesare Lombroso ein Jahrhundert später für seine
empirischen Forschungsarbeiten bekannt. Auch wenn sich seine kühnen Ideen
vom geborenen Verbrecher,[58] der schon anhand äußerer Merkmale erkennbar
sei,[59] nicht verifizieren ließen, jedoch später vom Nationalsozialismus wieder-
entdeckt und zur Legitimation von eugenischen Maßnahmen missbraucht
wurden, so gilt Lombroso doch aufgrund seiner empirischen Arbeiten nicht nur
als Wegbereiter der Kriminalanthropologie,[60] sondern auch als „Vater" der
wissenschaftlichen Kriminologie. Durch ihn wurde die klassische tatbezogene
Ausrichtung der Kriminologie auf eine täterbezogene Betrachtung umgepolt.[61]
Auch die Psychologen brachten in jener Zeit Erkenntnisse in die Beurteilung
der Verbrechen mit ein und untersuchten die Erziehung, das Temperament des
Delinquenten und die Reize vor, bei und nach der Tat und noch einiges mehr.[62]

Nach diesen Wegbereitern hin zu einer modernen Kriminologie stand im 19.
Jahrhundert – also zur Schaffenszeit Fontanes – der sog. Schulenstreit im
Mittelpunkt der kriminologischen Auseinandersetzung. Gegenüber standen
sich die Französische und die Italienische Schule. Letztere orientierte sich an
Lombrosos Lehre und stellte kriminal-anthropologische Aspekte in den Vordergrund, d.h. ihre Vertreter nahmen eine somatische Anomalie als Ursache
des Verbrechens an. Dagegen vertrat die Französische Schule einen kriminal-
sozialistischen Standpunkt und ging davon aus, dass die soziale Entwicklung
des Menschen von seiner Erziehung abhängt. Erweitert wurden diese Ansätze
um den Gedanken, dass die äußere Umwelt den entscheidenden Einfluss auf
den Menschen ausübt, so dass dieser nur Spielball der Milieueinwirkungen

---

56 Ausf. zu Beccaria und seinen Vorschlägen *Schwind*, § 4 Rn. 3 ff.; *Vormbaum*, Einfüh-
    rung, § 2 I 4, S. 32.

57 S. *Kunz*, § 5 Rn. 4.

58 Wobei sich diese schlagwortartige Verkürzung erst bei Lombrosos Schüler Enrico Ferri
    nachlesen lässt.

59 Hierzu mit Beispielen *Schwind*, § 4 Rn. 14 ff.

60 Vgl. hierzu *Strasser*, S. 41 ff.

61 So *Kunz*, § 4 Rn. 21a.

62 Vgl. z.B. *v. Eckartshausen*, der letztlich eine psychologische Methode der Verbre-
    chenserforschung vertrat, vgl. *Greve*, S. 122, zuvor auf S. 121 zu den Faktoren, die
    Eckertshausen untersuchte.

sei.[63] Genau diese beiden Pole sind es, die zusammentrafen, als Fontane seine Novelle schrieb. Franz von Liszt versuchte später die beiden Gegensätze des Schulenstreits durch eine Synthese von Anlage und Umwelt zu überwinden,[64] sprach sich jedoch entschieden gegen Lombrosos Lehre vom homo[65] delinquens aus. Allerdings lag der Einfluss des sog. Marburger Programms[65] weit hinter dem Entstehungsjahr der Novelle. Von Liszt verstand das Verbrechen als Produkt der Eigenart des Täters im Augenblick der Tat und aus den ihn in diesem Augenblick umgebenden äußeren Verhältnissen.[66] Fontane war insoweit durchaus modern, indem er eine „psychologische Aufgabe" lösen,[67] der Täterin Grete Minde und den Ursachen für ihr Verbrechen nachspüren wollte.

2. Determinanten der äußeren Verhältnisse und der Person

Dabei zeichnete Fontane keinen Verbrechermenschen im Sinne Lombrosos, sondern orientierte sich an Erziehung und äußeren Umständen. Doch auch das Temperament als biologische Determinante spielte bei der Charakterisierung Grete Mindes eine Rolle. Schon im ersten Konflikt zwischen ihrer Schwägerin Trud, als sich Grete mit Valtin im Wald verirrt hat und verspätet nach Hause kommt, wird das Temperament Gretes sichtbar. Im Wortwechsel mit der Schwägerin „blitzten" Gretes Augen „in einem unheimlichen Feuer auf" und „sie ballte ihre kleinen Hände". Hier spürt man die Leidenschaft Gretes, die kaum zu kontrollierenden Gefühle, die sich (noch) im Ballen der Fäuste entladen können. Bei dem letzten und gewaltvollsten Konflikt zwischen Trud und Grete wird die zuvor nur implizite Gewalt, die sich verbal äußert, zur expliziten physischen Gewalt,[68] die Grete einen „befriedigten Hass" empfinden lässt. Nachdem Trud Grete geschlagen hatte, greift Grete im Affekt – „ohne zu wissen, was sie tat" – nach einem „hängenden Gürtel und schleuderte ihn der verhaßten Schwieger ins Gesicht".[69] Diese letzte und schlimmste Auseinandersetzung der beiden hat zur Folge, dass Grete, wenn auch in Gegenwehr, „die Grenze des Erlaubten überschritten"[70] hat. So kommt es zu dem, was Grete

---

63 Knapp zu den beiden Schulen und deren Entwicklung *Schwind*, § 4 Rn. 34 ff.

64 Es wäre allerdings zu kurz gegriffen, das Mehrfaktorenmodell von v. Liszt nur als Kompromissvorschlag zu verstehen, vielmehr wurde es auch durch die Nähe zur Praxis bestimmt, vgl. *Kaiser*, § 15 Rn. 2.

65 Zum Marburger Programm ausf. *Vormbaum*, Einführung, § 4 III 1.

66 *v. Liszt*, S. 234.

67 Vgl. Fußn. 43.

68 Ausführlich zu impliziter und expliziter Gewalt unter den beiden Protagonistinnen Trud und Grete vgl. *Sammel*, S. 81 ff.

69 *Fontane*, S. 58.

70 So *Losch*, S. 65.

bereits vorausgesehen und gegenüber ihrem Freund Valtin auch mehrfach angesprochen hat, nämlich, dass sie Tangermünde verlassen müssen. Allerdings will Grete auch die Trennung, sie hat „das doppelt selige Gefühl" nicht nur ihres befriedigten Hasses, sondern auch „ihrer errungenen Freiheit"[71].

Denn selbst wenn sie – anders als die historische Grete – im Hause ihres reichen, angesehenen Vaters aufwächst, so bleibt sie doch durch die Präsenz ihres wesentlich älteren Halbbruders und der missgünstigen Schwägerin eine Außenseiterin. Dadurch, dass ihre Mutter aus der Fremde stammte und einem fremden Glauben angehörte, überträgt sich dieser Aspekt des Fremdseins und des Nicht-Dazugehörens auf die Tochter. Da die Mutter früh verstorben ist, kann Grete einen Rückhalt nur durch ihren Vater erfahren. Dieser ist aber schon alt und hat nicht mehr die Kraft, die Intrigen der Schwägerin gegen seine Tochter zu unterbinden. So lässt Trud Grete immer wieder deutlich spüren, dass sie sie ablehnt, sie degradiert sie zum Kindermädchen und hält ihr vor, dass sie durch ihr fremdes Blut und ihren fremden Glauben nicht in das Haus einflussreicher Patrizier gehört. Als der Vater tot ist, ist Grete gänzlich verloren, sie ist „ganz allein"[72] und im Haus ihres Vaters „ohne Heimat"[73]. Schon auf der Beerdigung des Vaters deutet sich in düsterer Vorahnung der Brand Tangermündes an, Grete war, „als stünde die Kirche rings in Flamen, und von rasender Angst erfaßt, verließ sie den Platz…".[74]

Durch die Lieblosigkeit im Haus der Mindes wächst in Grete ein „immer bitterer und leidenschaftlicher aufgärende(r) Groll"[75]. Ganz klar tritt hier die Determinante der ungenügenden Erziehung und der Abweisung und Abneigung durch Trud und Gerdt zu Tage. Schon bei d'Holbach hieß es: „Unsere Eltern und unsere Lehrer machen uns gut oder schlecht…".[76] Grete wird durch das zunächst psychische Verstoßen ihrer Schwägerin und die Gleichgültigkeit Gerdts zur Vertriebenen im eigenen Haus. Obwohl sie gleichberechtigte Erbin ist, wird sie wie eine Angestellte und ein Kindermädchen behandelt. Diese ungerechte Behandlung kann Grete nicht ertragen und auch nicht entschuldigen. Vielmehr keimt in ihr ein Hass gegen die Familie auf, den sie dann zum finalen Ende nicht mehr kontrollieren kann. Schon früh zeichnet sich ab, dass sie nicht im Sinne eines christlichen Glaubens verzeihen und ihre Verwandten so annehmen kann, wie sie sind. Als Valtin um des Glaubens willen daran

---

71   *Fontane*, S. 58.
72   *Fontane*, S. 37.
73   *Fontane*, S. 45.
74   *Fontane*, S. 37.
75   *Fontane*, S. 47.
76   So 1770, zitiert nach *Hering*, S. 94.

erinnert, dass man „Geduld üben" und seine „Feinde lieben" solle, erwidert Grete, dass sie dies nicht könne. Valtin aber bringt es auf den Punkt: „Weil du nicht willst" und Grete bestätigt, dass sie es nicht wolle. Grete weist in diesem Zusammenhang zuvor darauf hin, dass es auch um das Leben und das Recht und nicht nur um den Glauben geht.[77] Das Leben aber, so wie sie es führen könnte, wird ihr vorenthalten, ebenso wie das Recht auf ein Erbe. So wird an dieser Stelle bereits die kommende Flucht angedeutet, aus der Nicht-Angenommenen wird eine Verstoßene.

Nach der Eskalation des Streits mit Trud wird die Widerstandsleistung Gretes eingeleitet und zunächst gewaltlos durch die Flucht fortgesetzt.[78] Der Wendepunkt der Novelle ist erreicht. Durch die konsequente Flucht bleibt die Klärung des Erbanspruchs jedoch offen. In den folgenden Jahren leben Grete und Valtin mit herumreisenden Puppenspielern zusammen und verdienen durch Puppen- und Schauspiel ihr Geld, bis Valtin todkrank wird. Dieses Leben lässt leichte Parallelen zum historischen Geschehen erkennen, da auch Grete und Tonnies phasenweise zusammen durch das Land reisen. Im Gegensatz zu den historischen Vorbildern werden Grete und Valtin aber nicht straffällig. Man hat nicht den Eindruck, dass sie durch das Milieu, in dem sie sich bewegen, zu der Begehung von Straftaten verleitet werden. Auf der Floßfahrt jedoch ganz zu Beginn ihrer Flucht, hatten sie selber Sorge, Opfer einer Straftat, nämlich ausgeraubt, zu werden. Grete fürchtet sich und als Valtin sie fragt, ob sie glaube, dass es böse Leute seien, erwidert sie: „Nicht eigentlich böse Leute, aber sie werden der Versuchung nicht widerstehen können.… Sie werden uns berauben wollen."[79] Interessant ist an dieser Stelle, dass die Straftat die Täter in den Augen Gretes nicht böse macht, es ist die Versuchung, die Gelegenheit, die Umstände, die zur Tat führen und nicht der Charakter der Täter. Auch das ist wieder eine moderne Sicht, angelehnt an der französischen Schule des „sozialen Milieus".[80] Dass Grete und Valtin sich in der Folgezeit nicht durch das soziale Milieu in die Strafbarkeit „herunterziehen" lassen, lässt sie umso klarer als rechtschaffene Bürger hervortreten. Aber das Recht ist es dann, dass Grete verwehrt wird, so dass das Unheil seinen Lauf nehmen muss.

---

77 *Fontane*, S. 55.
78 S. *Losch/Kranen*, NJW 1999, 1913 (1915).
79 *Fontane*, S. 66.
80 Vgl. *Hering*, S. 93.

3. Wer Ungerechtigkeit erfährt und Gerechtigkeit im Verbrechen sucht

Eingeleitet wird die Rückkehr Gretes nach Tangermünde durch das Versprechen, dass Valtin sie an seinem Sterbebett ablegen lässt. Sie soll mit ihrem gemeinsamen Baby zum Bruder zurückkehren und als seine Magd dienen. Und weiter spricht er: „... Aber wenn er härter ist, als ich ihn schätze, dann geh´ ihn an um Dein Erbe, das wird er Dir nicht weigern können".[81] Dass dieses Vorhaben zum Scheitern verurteilt ist, wird schon von der Domina der Nonnen vorweggenommen. Grete hatte dort vorgesprochen, um für ein Begräbnis ihres Mannes zu sorgen. Die Domina nimmt „das Zeichen" bei Grete wahr und spricht von der dunkelsten Zukunft.[82] Wenig später sieht sie „den Tod auf ihrer Stirn".[83]

Und so ahnt der Leser bereits von dem nahenden Unheil, als Grete die nur aus „wenig Häusern bestehende Vorstadt erreicht". Dass Grete „nicht im Bann der Stadt, sondern nur im Bann ihrer selbst" war,[84] deutet bereits an, dass sie dabei ist, den Blick für die Realität zu verlieren. Als Grete ihren Bruder um Vergebung bittet, spürt man ihren heftigen inneren Widerstand gegen die bevorstehende Erniedrigung.[85] Und so wirft sie sich auch „mehr rasch als reuig" vor dem Bruder auf die Knie, der insoweit erkennt, dass sie „*nicht* bußfertig geworden" ist.[86] Gerdt ist „gleichgültig und mitleidslos" und verweigert ihr die Wiederheimkehr ins Haus. Hier wird die Ungerechtigkeit von Fontane auf die Spitze getrieben. Während im historischen Fall Grete die Mindes immer wieder um ihren Erbteil angeht und auch hin und wieder Geld erhält, bittet die literarische Grete lediglich um eine Unterkunft. Selbst diese wird ihr jedoch verwehrt. Auch an dieser Stelle zeigt sich, dass der Kontrast des lieblosen, geizigen und missgünstigen Gerdt zu der doch – wenn auch nicht ganz so reumütig wie vorgegebenen – bittenden Grete nicht größer sein könnte. Grete kommt ihrem Halbbruder sogar so weit entgegen, dass sie nur für eine Unterkunft für ihr Kind bittet. Doch auch dies wird ihr verwehrt. Insofern ist der zwangsläufige Folgeschritt der, nun kompromisslos einzufordern, was der literarischen Grete ohnehin und fraglos zusteht, nämlich ihr Erbe:

> Du hast mich nicht erhören wollen in meiner Noth, so höre mich denn in meinem Recht. Ich bin als eine Bittende gekommen, nicht als eine Bettlerin. Denn ich bin

---

81 *Fontane*, S. 74.
82 *Fontane*, S. 80.
83 *Fontane*, S. 82.
84 *Fontane*, S. 87.
85 So auch *Sammel*, S. 89.
86 *Fontane*, S. 88.

keine Bettlerin. Ich bin des reichen Jacob Minde Tochter. Und so will ich denn mein *Erbe*.[87]

Doch auch das Erbe verweigert ihr der Bruder. Erstaunlicher Weise ist es dann Trud, die an Grete nie ein gutes Wort verloren hat, die ihrem Mann im Anschluss daran Vorwürfe macht und in dunkler Voraussicht spürt, dass Grete diese Abweisung nicht auf sich beruhen lassen wird:

> Du durftest es *nicht*. Ein Unheil giebt´s! Und *Du* selber hast es heraufbeschworen … Aus Geiz und Habsucht.[88]

Trud wirft ihrem Mann vor, zu lügen, denn Grete „*hat* ein Erbe.“[89] Da Grete ihr Recht gegen den Bruder persönlich nicht durchsetzen konnte, wendet sie sich an die nächsthöhere Instanz, den Stadtrat. Sie hofft, dass der Rat nicht nur sie aufrichten, sondern „richten“ solle, indem er ihr das Recht gegen Gerdt zuspricht.[90] Dieses Anliegen muss aber schon deshalb auf Schwierigkeiten stoßen, weil Gerdt selbst Mitglied des Stadtrats ist. Während einer Sitzung im Rathaus tritt Grete vor den Bürgermeister Peter Guntz und die Ratsmitglieder, u.a. wird von Fontane Caspar Helmreich genannt, der tatsächlich zu jener Zeit Ratsmitglied in Tangermünde[91] war:

> Ich komm´, um zu klagen wider meinen Bruder Gerdt, der mir mein Erbe verweigert. Und dessen, denk´ ich, hat er kein Recht … wenn ich kein Recht hab an sein brüderlich Herz, so hab ich doch ein Recht an mein väterlich Gut.[92]

Gerdt aber sagt „an Eides Statt“ aus, dass die Mutter Gretes nichts zum Einkommen beigetragen habe und ebenfalls der gemeinsame Vater nicht, sondern dieser vielmehr das Vermögen seiner Mutter durch Misswirtschaft geschmälert habe.[93] Diese Eidesstattlichkeit lässt die Aussage Gerdts als besonderes Unrecht hervortreten[94] und erleichtert gleichzeitig den – formal korrekten – Spruch durch den Vorsitzenden. Denn erhebt sich kein Widerspruch, so ist es das „Tangermündisch Recht“, die Klage abzuweisen.[95] Der Stadt wurde nämlich im Jahre 1555 vom Landesherr die hohe Gerichtsbarkeit überlassen, so

---

87 *Fontane*, S. 89.

88 *Fontane*, S. 90.

89 A.a.O.

90 *Fontane*, S. 91.

91 Er war nicht nur am Strafprozess beteiligt, sondern wirkte auch beim Erbschaftsprozess als rechtsgelehrtes Mitglied des Tangermünder Rates mit, vgl. *Parisius*, S. 29; *Lindstedt*, S. 32.

92 *Fontane*, S. 93.

93 *Fontane*, S. 93 f.

94 Vgl. auch *Losch/Kranen*, NJW 1999, 1913 (1914).

95 *Fontane*, S. 94.

dass der Rat als eingesetztes Stadtgericht die Gerichtsbarkeit ausübte.[96] Vordergründig kann also der Bürgermeister sich bei der Klageabweisung darauf berufen, dass sich kein Widerspruch erhebt. Dadurch kann er die moralische Verantwortung auf den beklagten Gerdt schieben,[97] indem er ihm anheimstellt, von seinem Recht Gebrauch zu machen und es zu behaupten „oder nicht aus christlicher Barmherzigkeit von ihm ab(zu)lassen".[98] Fontane differenziert also zwischen Moral und Recht, die moralische Verantwortlichkeit liegt jenseits des Richterspruchs. Dadurch, dass der Richterspruch auf einer Falschaussage Gerdts beruht, die der Rat nicht näher in Frage stellt, kommt der moralischen Verantwortlichkeit höheres Gewicht zu. Dennoch ist klar, dass der meineidige Gerdt die moralische Verantwortung nicht übernehmen wird. Grete fordert daher höhere Gerechtigkeit ein, indem sie aus dem volkstümlichen Spruch zum Richtertum zitiert:

> Verlass Dich nicht auf Dein Gewalt,
> Dein Leben ist hier bald gezahlt,
> Wie Du zuvor hast ´richtet mich,
> Also wird Gott auch richten *Dich*.[99]

Fontane lässt die Gerechtigkeitsidee deutlich hervortreten. Während das Recht durch Machtinteressen und die „nackte" Gesetzeslage manipulierbar wird[100] und dem Einzelnen nicht Gerechtigkeit verschaffen kann, wird dieser auf Gott und eine höhere Gerechtigkeit vertröstet. Das Regelwerk des Gesetzes kann dem Einzelfall nicht gerecht werden. Insofern wird nach der Aussage des Bürgermeisters Guntz das Urteil zum „unbillig´ Recht", zum „todte(n) Recht".[101] Der unauflösbare Widerspruch des unbilligen, ungerechten Rechts, der Hinweis auf das tote Recht macht deutlich, dass dieses tote Recht dem Leben und den Lebensumständen nicht gerecht wird.

Dadurch aber, dass Grete sich nicht in das Schicksalhafte dieser Paradoxie fügt, sondern ihr Recht selbst in die Hand nimmt, wird sie selbst angreifbar und setzt sich ins Unrecht. Gerechtigkeit, so macht Fontane klar, lässt sich nicht durch andere und größere Ungerechtigkeit erreichen. So folgt auf den

---

96 S. *Lück*, in: Kilian (Hrsg.), S. 281 (295).
97 Zu dieser Unterscheidung s. *Losch/Kranen*, NJW 1999, 1913 (1914).
98 *Fontane*, S. 94.
99 *Fontane*, S. 94.
100 Zur Manipulierbarkeit durch Machtinteressen s. *Losch/Kranen*, S. 1913 (1915).
101 *Fontane*, S. 94.

Höhepunkt der sozialen Diskriminierung durch die abgewiesene Klage die Rache Gretes.[102]

4. Das Wahnhafte der Tat

Auslösendes Moment für die Rache Gretes an Gerdts Sohn und den Tangermünder Bürgern durch die Brandstiftung ist zwar die Ungerechtigkeit, die ihr im Hinblick auf das Erbe geschieht. Doch fügt Fontane dieser Determinante noch eine weitere wichtige hinzu, die sich schon im Vorfeld andeutet. So ist Grete nicht nur ganz in ihrem eigenen Bann gefangen, sondern schon vor der Geltendmachung ihrer Ansprüche beim Rat fragt sie sich leise: „Bin ich irr´?".[103] Gretes „umdunkeltes Gemüth"[104] lässt ebenfalls schon vorausblickend auf die Wahnsinnstat schließen. Sie wird von einem „wirrphantastischen Hoheitsgefühl ergriffen", ein „starr-unheimliche(r) Zug" ließ „über die Trübungen ihrer Seele keinen Zweifel".[105] Schließlich steht Grete „in vollem Irrsinn" vor Trud und entreißt ihr den Knaben. Beide sterben, als der Kirchturm, auf den sie gestiegen sind, unter den Flammen zusammenbricht.

Fontane lässt angesichts der sich häufenden Hinweise auf die Geistesverfassung Gretes keinen Zweifel daran, dass Grete schuldunfähig ist, da sie dem Wahnsinn verfallen ist. Wie in Trance begeht sie die Tat, sie zeigt schizophrene Züge, die sie im „wirren Wechsel"[106] jubeln, singen und Rache schwören lassen. Die Trübungen von Geist und Seele erweisen sich als letzte, gewichtige Determinante. Dadurch entschuldigt Fontane nicht die Tat, aber die Täterin. Während die Tat unfassbar und grausam dazu führt, ein unschuldiges Kind mit in den Tod zu reißen, bleibt Grete, verwirrt, umnebelt, ebenfalls sterbend, als „Armes Kind"[107] ihrer Geisteskrankheit verfallen. Die Brandstifterin als „armes Kind", gefangen in ihrer Erkrankung, ist eine Komponente, bei der Fontane ebenfalls auf eine damalige Diskussion, nämlich die Debatte zur Unzurechnungsfähigkeit, zurückgreift. Die Fortschritte auf medizinischem und psychologischem Gebiet führten im 19. Jahrhundert zur Ausfüllung des Begriffs der Unzurechnungsfähigkeit mit neuen Krankheitsbildern, so dass die Fälle anerkannter Unzurechnungsfähigkeit enorm ausgeweitet wurden.[108] Fontane geht

---

102 Vgl. *Losch*, S. 59 (66); *Sammel*, S. 91.
103 *Fontane*, S. 91.
104 *Fontane*, S. 92.
105 *Fontane*, S. 95.
106 *Fontane*, S. 96.
107 So abschließend die Domina, *Fontane*, S. 98.
108 Vgl. ausf. *Greve*, in: Niehaus/Schmitt-Hannisa, S. 107 (116 f.).

es aber nicht darum, hier in irgendeiner Form Stellung zu beziehen und sich zwischen Psychiatern und Juristen jener Zeit zu positionieren. Vielmehr greift er die kriminalpsychologische Perspektive auf, um auch hier den Täter und die Verbrechensursache in den Blick zu nehmen, also weg von der Tat nicht nur auf die Determinante äußerer Lebensumstände, sondern ebenso auf die Determinante der psychischen Verfasstheit des Täters aufmerksam zu machen.

V. Fazit

Fontanes Novelle ist daher nicht nur in zeitgeschichtlicher Perspektive interessant, da sie – auf der Schwelle zu moderner Kriminologie und Kriminalpsychiatrie/-psychologie – richtungsweisend den Blick auf das soziale Umfeld sowie die innere – psychische – Determiniertheit der Täterin lenken. Sie übt auch Gesellschaftskritik insoweit, als die „soziale Verformung von Recht und Gerechtigkeit"[109] zur Ungerechtigkeit führt, Grete wird um ihr Erbe gebracht und verfällt dem Wahnsinn. Dadurch, dass die literarische Grete zwar als Außenseiterin, aber doch in einem viel ehrbareren Kontext dargestellt wird, als ihr historisches Vorbild, wird die Ungerechtigkeit umso deutlicher herausgearbeitet. Durch die Geistesverfasstheit Gretes wird das Wahnhafte der Tat in den Vordergrund gestellt. So führt die familiäre, gesellschaftliche und letztlich auch die unbefriedigende juristische Situation zur Tat, ruft Aggression, Wahnsinn und am Ende auch das Delikt hervor.[110] Diese Konstellationen sind zeitlos, so dass Fontane über seine Zeit hinaus ein Werk von Gültigkeit geschaffen hat.

Da Fontane den Blick auf das Leben Grete Mindes lenkt und sie sich in der Novelle selbst richtet, wird das Strafverfahren unwichtig. Dieses ist im historischen Fall als Inquisitionsprozess und unter Berücksichtigung der damaligen Beweismethoden doch sehr dem mittelalterlichen Denken verhaftet. Schon zu Fontanes Zeit war ein solches Strafverfahren überwunden. Fontane ging es gerade nicht darum, alte Prozesse nachzuzeichnen, sondern eine „psychologische Aufgabe" zu lösen.[111] Der Mensch hinter der Tat ist es, der Fontane interessiert. Die Determinanten, die den Menschen zum Täter werden lassen, haben sich dabei in den Jahrhunderten nicht geändert, sind allerdings gegebenenfalls zu modifizieren, auf der einen Seite zurückzunehmen und auf der anderen Seite zu erweitern. Denn der historische Kontext schreibt auch immer ganz eigene Determinanten und jeder Fall bedingt sich aus eigenen Kompo-

---

109 So *Losch*, S. 59 (62).
110 So auch *Sammel*, S. 93.
111 Fontane an seine Frau am 11. August 1878, zitiert nach *Betz*, S. 34.

nenten. Die literarische Verarbeitung historischer Stoffe macht insofern deutlich, wie unterschiedlich nicht nur die Weichen hin zur Tat gestellt werden können, sondern wie differenziert der Fokus ausgerichtet sein kann. So kann jede Geschichte anders erzählt werden, ohne etwas an Wahrheit einzubüßen.

Walter Zimorski

„Es war ihr mehr auferlegt worden, als sie tragen konnte".
Fontanes Debüt-Novelle *Grete Minde – Nach einer altmärkischen Chronik* (1879). Ein dramatisches „Sitten- und Charakterbild"

Zu freundlichem Erinnern an Professor Dr. phil. Helmuth Nürnberger

„In einigermaßen großem Stil, sich und die halbe Stadt vernichtend" – Fontanes realistisches Konzept der historischen Novelle „Grete Minde". Einblick in die Entstehungs- und Editionsgeschichte

Das Leben ist doch immer nur der Marmorsteinbruch, der den Stoff zu unendlichen Bildwerken in sich trägt; sie schlummern darin, aber nur dem Auge des Geweihten sichtbar und nur durch seine Hand zu erwecken. Der Block an sich, nur herausgerissen aus einem größeren Ganzen, ist noch kein Kunstwerk, und dennoch haben wir die Erkenntnis als einen unbedingten Fortschritt zu begrüßen, daß es zunächst des Stoffes, oder sagen wir lieber des Wirklichen, zu allem künstlerischen Schaffen bedarf. Diese Erkenntnis [...] ist in einem Jahrzehnt zu fast universeller Herrschaft in den Anschauungen und Produktionen unserer Dichter gelangt und bezeichnet einen abermaligen Wendepunkt in unserer Literatur[1].

Nicht nur mit Bezug auf den Schreibprozess und die Entstehungsgeschichte seines Romans *Schach von Wuthenow* (1882) hat Theodor Fontane in einem Brief vom 3. Juni 1879 an seine langjährige Korrespondenzpartnerin Mathilde von Rohr, die seine literarischen Recherchen als „wahres Anekdotenbuch" oft hilfreich unterstützte, zum besseren Verständnis seiner schriftstellerischen Arbeits- und Schreibweise erklärt: „Der Anfang ist immer das entscheidende" und optimistisch hinzugefügt, „hat mans darin gut getroffen so muß der Rest mit einer Art innerer Nothwendigkeit gelingen, wie ein richtig behandeltes Tannenreis von selbst zu einer graden und untadeligen Tanne aufwächst"[2] Aufgrund seiner Lektüre von Turgenjews Prosa-Schriften hat Fontane programmatische Grundsätze seines *Realismus*-Konzepts und zugleich seiner Literaturkritik am *Naturalismus* etwa Zolas oder Ibsens in einem Brief vom 10. Oktober 1889 an Friedrich Stephany formuliert – Poesie *versus* Prosa

---

1 *Theodor Fontane,* Unsere lyrische und epische Poesie seit 1848.
2 Briefe, Bd. III, S. 23.

lautete die Fontane leitende literarische Opposition, wenn er die Kunstauffassung des konsequenten *Naturalismus* (der europäischen Literaturepoche von ca. 1880 bis ca. 1900) als *zu* prosaisch kritisierte:

> Der Realismus wird ganz falsch aufgefaßt, wenn man von ihm annimmt, er sei mit der Häßlichkeit ein für allemal vermählt; er wird erst ganz echt sein, wenn er sich umgekehrt mit der Schönheit vermählt und das nebenherlaufende Häßliche, das nun mal zum Leben gehört, verklärt hat. Wie und wodurch? Das ist seine Sache zu finden[3].

Fontanes „Realismus"-Konzept (1853)

> „Der Realismus in der Kunst ist so alt als die Kunst selbst, ja, noch mehr: *er ist die Kunst.* [...] Er ist die Widerspiegelung alles wirklichen Lebens, aller wahren Kräfte und Interessen im Elemente der Kunst"[4].

Vor dem angedeuteten literaturtheoretischen Disput – Zola: „Die Kunst ist ein Stück Natur, gesehen durch ein Temperament" – erscheint Fontanes kunstkritische Zeitdiagnose von 1853 relevant:

> Was unsere Zeit nach allen Seiten hin charakterisiert, das ist ihr *Realismus*". [...] Dieser Realismus unserer Zeit findet in der *Kunst* nicht nur sein entschiedenstes Echo, sondern äußert sich vielleicht auf keinem Gebiete unsers Lebens so augenscheinlich wie gerade in ihr.

Daher erscheint Fontanes *Realismus*–Konzept, insbesondere sein Bekenntnis zum Prinzip der „poetischen Verklärung", programmatisch bedeutsam, das er auch im Brief vom 24. Juni 1881 an seine Ehefrau Emilie nach seiner Lektüre von Turgenjews Prosa dezidiert formulierte:

> Ich bewundere die scharfe Beobachtung und das hohe Maß phrasenloser, alle Kinkerlitzchen verschmähender Kunst, aber eigentlich langweilt es mich, weil es [...] so grenzenlos prosaisch, so ganz *unverklärt* die Dinge wiedergibt. Ohne die Verklärung giebt es aber keine eigentliche Kunst, auch dann, wenn der Bildner in seinem bildnerischen Geschick ein wirklicher Künstler ist[5].

Im Kontext des zeitgenössischen Diskurses über den literarischen *Realismus* als gesamteuropäische Epoche definierte Fontane 1853 den *Realismus* als „die Widerspiegelung alles wirklichen Lebens, aller wahren Kräfte und Interessen im Elemente der Kunst." und distanzierte sich daher vom konsequenten *Naturalismus* als „das nackte Wiedergeben alltäglichen Lebens, am wenigsten seines Elends und seiner Schattenseiten[6]". In diesem Zusammenhang steht

---

3   Briefe, Bd. III, S. 729.

4   *Theodor Fontane*, Unsere lyrische und epische Poesie seit 1848.

5   Briefe, Bd. III, S. 148.

6   *Theodor Fontane*, Literarische Essays. Erster Teil. Herausgegeben von Kurt Schreinert. München 1963, S. 13.

Fontanes Briefbericht vom 9. Juli 1881 an seine Frau Emilie über seine kritische Turgenjew–Lektüre, die zugleich sein literarisches Werturteil gegen
dessen Kulturpessimismus als gesellschaftliches Phänomen provozierte:

> Gestern und heut hab ich wieder eine kleine Turgenjewsche Geschichte gelesen.
> Immer dieselbe Couleur in Grün [...] Der Künstler in mir bewundert alle diese Sa-
> chen, ich lerne draus, befestige mich in meinen Grundsätzen und studiere russi-
> sches Leben. Aber der Poet und Mensch in mir wendet sich mit Achselzucken da-
> von ab. Es ist die Muse in Sack und Asche, Apollo mit Zahnweh. Das Leben hat
> einen Grinsezug. Er ist der richtige Schriftsteller des Pessimismus, und man kann
> an diesem ausgezeichneten Talente wahrnehmen, welch häßliches Ding diese pes-
> simistische Weltanschauung ist. Er hat Esprit und Geist, aber durchaus keinen er-
> quicklichen Humor, überhaupt keinen Tropfen Erquicklichkeit. Das Tragische ist
> schön, und selbst das bloß Traurige will ich mir unter Umständen gefallen lassen;
> er gibt uns aber das Trostlose.

Als oppositionelle Reaktion auf den *Poetischen Realismus* forderte der literarische *Naturalismus* (ca. 1880 bis 1900) eine möglichst objektive Registrierung
der sichtbaren sozialen Wirklichkeit und die unbestechliche Darstellung des
Menschen in seinen gesellschaftlichen und sozialen Lebensverhältnissen. Der
Naturalismus vertraut positivistisch–konstatierenden Wissenschaften, verstand
die Natur als Welt sinnlicher Erscheinungen, als eine immanente, säkulare und
tendenziell metaphysikfreie Wirklichkeit, deutete die Natur des Menschen aus
seiner Erbmasse, dem sozialen Milieu, den sozialen Lebensverhältnissen. Der
Naturalismus als Reaktion auf die bürgerliche Literatur des 19. Jahrhunderts
favorisierte die sozialkritische Funktion und das politisch-soziale Engagement
der Literatur, besonders für das deklassierte proletarische Milieu, auf der
Grundlage positivistisch-konstatierender und deskriptiver Darstellung der
sozialen Wirklichkeit ohne ästhetische Beschönigung sowie der Kritik am
lebensfeindlichen Rationalismus. Das problematische Verhältnis von Wahnsinn und Verbrechen thematisieren naturalistische Romane und Erzählungen
wie Zolas *Thérèrse Raquin* und Hauptmanns *Bahnwärter Thiel*. Im Kontext
des zeitgenössischen *Realismus*–Diskurses hat Fontane auf die überhistorische
Dimension des „Realismus in der Kunst" schon 1853 hingewiesen:

> Der Realismus in der Kunst ist so alt als die Kunst selbst, ja, noch mehr: *Er ist die
> Kunst.* Unsere moderne Richtung ist nichts als eine Rückkehr auf den einzig richti-
> gen Weg, die Wiedergenesung eines Kranken, die nicht ausbleiben konnte, solange
> sein Organismus noch überhaupt ein lebensfähiger war[7].

Fontanes *Realismus*-Konzept forderte eine unparteiische künstlerische Schilderung unverfälschter Wirklichkeit, „alles wirklichen Lebens, aller wahren
Kräfte und Interessen im Element der Kunst", wie sie sich durch die zeittypi-

---

7 *Theodor Fontane* Unsere lyrische und epische Poesie seit 1848.

sche Technisierung und Industrialisierung, durch die Etablierung der Natur-
wissenschaften, durch die zunehmende Relevanz des politisch–sozialen Eman-
zipationsprozesses im Zusammenhang mit der Auflösung von Religion in
Anthropologie dem Schriftsteller zeigt. Die intendierte Illusionslosigkeit des
Realismus führt tendenziell zur Heranbildung einer weltimmanenten Ethik und
zur konsequenten Forderung nach Verwirklichung des Humanen in gesellschaftlichen und sozialen Spannungsverhältnissen, wobei dem „Humor" eine
Korrektivfunktion als sublime Waffe zukommt.

Fontanes Schriftstellerleben kennzeichnet fast die gesamte Zeitgeschichte des
19. Jahrhunderts, das in Deutschland literaturgeschichtlich die vergleichsweise
spätere Entstehung einer spezifisch *realistischen* Literatur prägte, vor allem die
epochal bedeutsame Problemkonstanz der Gesellschaftskritik in Romanen und
Novellen. Fontanes realistischer *Stil*, seine wirklichkeitsnahe literarische Darstellung gesellschaftlicher Verhältnisse, besonders im Dialog und im Sprach-
verhalten, gilt durch ihre literarischen Perspektiven auf die Literatur der *Moderne* als vorausweisendes Strukturmerkmal seiner gesellschaftskritischen
Romane und Novellen. Fontanes Schriftstellerleben begann im Jahr 1876 mit
der literarischen Darstellung historischer Stoffe in *realistischen* Zeitromanen
und Chronik-Novellen; schon 1851 hatte er sich zu seinem eigentlichen Beruf
als 'Dichter' in einem vertrauensvollen Briefgespräch mit Ignaz Hub bekannt:

> [...] im *Vertrauen* gesagt (da ich *stets* der Meinung war, man könne vom *Dichten*
> nicht leben, und Pillendrehen sei nicht um ein Haar prosaischer als Artikelschrei-
> berei fürs Geld), würd ich bis an mein sanftseliges Ende Apotheker geblieben und
> innerhalb der Literatur immer nur als Dilettant aufgetreten sein, wenn ich Vermö-
> gen genug gehabt hätte, mir ein Apothekengeschäft zu kaufen. Daran war indes
> (alle anderen Bedingungen wie Examina usw. waren längst erfüllt) gar nicht zu
> denken, und so ward ich eines schönen Tages *nolens volens* 'Dichter' von Fach[8].

„Ich bin völlig freier Schriftsteller; was gleich nach reisender Schauspieler kommt"[9].

> Hab' ich das Glück, eine mir passende Redaktion zu finden; stürmen mir die
> Buchhändler das Haus, um nach dem Erscheinen meines ersten Romans sich eines
> zweiten *à tout prix* zu versichern, so wird alles gut gehen. Kommen umgekehrt
> Angst und Sorge; fällt mein Roman ins Wasser, so geh' ich, von der Sorge ganz
> abgesehen, einer streit- und kämpferischen Zukunft entgegen. Meine Frau, die
> große Meriten hat und in vielen Stücken vorzüglich zu mir paßt, hat nicht die Gabe
> des stillen Tragens, des Trostes, der Hoffnung. In dem Moment, wo ich ertrinkend
> nach Hilfe schrei' und ein freundlich ausgestreckter Finger mich über Wasser hal-

---

8   *Theodor Fontane* brieflich am 31. Dezember 1851 an Ignaz Hub.
9   *Theodor Fontane* brieflich am 28. November 1859 an Paul Heyse.

ten würde, hat sie eine Neigung, ihre Hand nicht rettend unterzuschieben, sondern sie wie ein Stein auf meine Schulter zu legen. Bescheiden in ihren Ansprüchen, ist sie in ruhigen Tagen eine angenehme, geist- und verständnisvolle Gefährtin, aber ebensowenig wie sie die Stürme in der Luft vertragen kann, ebensowenig verträgt sie die Stürme des Lebens. Sie wäre eine vorzügliche Prediger- oder Beamtenfrau in einer gut und sicher dotierten Stelle geworden. Auf eine Schriftstellerexistenz, die, wie ich einräume, sich immer am Abgrund hin bewegt, ist sie nicht eingerichtet. Und doch kann ich ihr nicht helfen. Sie hat mich als Schriftsteller geheiratet und muß sich schließlich darin finden, daß ich, trotz Abgrund und Gefahren, diese Art des freien Daseins den Alltagskarrieren mit ihrem Zwang, ihrer Enge und ihrer wichtigtuerischen Langenweile vorziehe. Jetzt, wo ich diese Karrieren allerpersönlichst kennengelernt habe, mehr denn je[10].

In der zweiten Hälfte des April 1878 begann Fontane, nach Abschluss seines Romans *Vor dem Sturm*, sich mit der Lebensgeschichte der Brandstifterin von Tangermünde für ein novellistisches Buchprojekt konzentriert zu beschäftigen. Nach seinem, eine turbulente Krise des Ehe- und Familienlebens mit vier Kindern verursachenden Rücktritt als „Erster Sekretär" der *Königlich Preußischen Akademie der Künste* in Berlin im Mai 1876, hat sich der 56-jährige Fontane endgültig für den Schriftstellerberuf entschieden, seinen riskanten Abschied aus der materiell und sozial gesicherten, von seinem Freundeskreis geachteten Stelle – mit plausiblen Argumenten – begründet und gerechtfertigt:

Ich bin jetzt 3 Monat im Dienst; in dieser ganzen Zeit hab ich auch nicht eine Freude erlebt, nicht einen angenehmen Eindruck empfangen. Die Stelle ist mir, nach der persönlichen wie nach der sachlichen Seite hin, gleich sehr zuwider; alles verdrießt mich, alles verdummt mich, alles ekelt mich an. Ich fühlte deutlich, daß ich immer unglücklich sein, daß ich gemütskrank, schwermütig werden würde[11].

In dieser „trostlosen Zeit" verfügte Fontane über genügend Courage und Selbstbewusstsein, seine Entscheidung plausibel zu begründen, „*nur* Schriftsteller" sein zu wollen und „nur in diesem schönen Beruf" sein „Glück finden" zu können, worüber er sich vorzugsweise Mathilde von Rohr in den Briefen vom 1. Juli 1876 und vom 1. November 1876 anvertraute: „Ja, es ist so; man kann nicht gegen seine innere Natur, und in jedes Menschen Herz gibt es etwas, das sich, wo es mal Abneigung empfindet, weder beschwichtigen noch überwinden läßt". Der Beruf des freien Schriftstellers bedeutete ihm sein „einziges Glück", ermöglichte therapeutische Wirkungen, denn während des kreativen Schreibprozesses „vergesse ich, was mich drückt"[12]. In einem Brief vom 11. Juni 1878 an seine Frau Emilie berichtete er von seinem Interesse an viel-

---

10   *Theodor Fontane* brieflich am 22. August 1876 an Mathilde von Rohr.

11   *Theodor Fontane* brieflich am 17. Juni 1876 an Mathilde von Rohr, in: Theodor Fontane, Briefe. Herausgegeben von Otto Drude. München 1979, Bd. 2, S. 527.

12   HF IV/2, S. 547.

fältigen, anspruchsvollen literarischen Themen und Problemen. Seiner einzigen Schwester Elise hat Fontane in einem Brief 22. April 1878 über die immer noch prekäre Ehekrise anvertraut, denn mit *Lise* unterhielt der Bruder herzliche Kontakte:

> Über unser Ergehn wird Dir Emilie geschrieben haben; es hat sich vieles gebessert, und ich würde für meine Person – denn ich will nicht mehr viel vom Leben – zufrieden sein, wenn ich mit meiner großen, nun endlich abgeschlossenen Arbeit wenigstens ein 'Etablirtsein' auf diesem Gebiet erreichte. Die Tagesruhmfrage ist mir gleichgültig, aber auch die Tägliche–Brotfrage, die mich mitunter ängstigt, hängt daran.

Mit der Chronik-Novelle *Grete Minde* bewerkstelligte Fontane die erste historische Erzählung in seiner von materiellen Sorgen belasteten, unsicheren Berufssituation als freischaffender Schriftsteller: „Ich habe vor, im Laufe des Sommers eine altmärkische Novelle zu schreiben.", hat er am 6. Mai 1878 dem Herausgeber der Monatsschrift „Nord und Süd" Paul Lindau mit einer Themenskizze und der Anfrage angekündigt: „Würden Sie geneigt sein, diese Novelle zu bringen?" Paul Lindaus interessierte und prompte Zusage beeinflusste sowohl den Entstehungsprozess der Novelle als auch ihre Form- und Inhaltsstruktur: „Mit Rücksicht auf Lindau, der ein geschworener Feind von dem 'Fortsetzung folgt' ist, hab ich mich, gegen Gefühl und bessere Einsicht, zu Komprimierung entschlossen", gestand der Novellist am 10. Mai 1878 seinem Verleger Wilhelm Hertz in der Absicht, seine Novelle mit dem „brillanten historischen Stoff" in der „ursprünglich von mir gewollten Gestalt" zunächst in einer Zeitschriften-Publikation und später in Buchform zu publizieren. Doch dieser Projektplan konnte das Interesse des renommierten Buchverlegers nicht gewinnen, so dass sich Fontane auf die damaligen Bedingungen des von Ökonomie und Effizienz, von Konkurrenz und Rivalität bestimmten Zeitschriften-Marktes *nolens volens* eingelassen hat.

Wenn die Literaturkritik Fontanes erste Novelle kontrovers beurteilt und bewertet hat, so betreffen die unterschiedlichen literarischen Werturteile kaum seine werkbegleitenden Kommentare und intendierte Rezeptionssteuerung. Fontanes Brief vom 11. Juni 1879, „Was 'Grete Minde' angeht, so verlangst Du zuviel; ich kann nicht täglich ein Bewunderungstelegramm empfangen. Im ganzen muß ich mit diesem Novellen-Debüt sehr zufrieden sein.", erhoffte nicht nur ein besseres Verständnis seiner Frau für seinen Beruf als ein „in Kunst und Leben herangereifter", freischaffender Schriftsteller zu erreichen, sondern zugleich ihre Wertschätzung seiner Novelle als „Kunstwerk"; auch später hat er seine erste historische Novelle uneingeschränkt geschätzt. Jedenfalls hat Fontane dem Historiker Johann David Erdmann Preuß im Brief vom 8. Februar 1862 mitgeteilt, seine novellistische Erzählkunst im Verhältnis zu historischen Daten und Fakten zu favorisieren: „Die novellistischen Interessen waren stärker in mir als die historischen."

Erste Eindrücke von der altmärkischen Hansestadt Tangermünde erhielt Fontane im Mai 1844, als er mit seinem Jugendfreund Hermann Scherz von Magdeburg mit dem Dampfschiff über die Elbe nach Hamburg fuhr, um nach London zu reisen; auf dieser „Elbfahrt" gefielen ihm vor allem die an der Mündung des Tangers in die Elbe steil aufragenden „Reste einer aus den Tagen Karls IV. herstammenden Burg". Die Kultur- und Studienreise durch die Altmark, die Fontane gemeinsam mit dem Kunsthistoriker Wilhelm von Lübke vom 22. bis zum 27. September 1859 von Havelberg nach Tangermünde unternahm, vermittelten dem reisenden Schriftsteller beeindruckende landschaftliche Impressionen, anregende Motive, die ihn aus der Erinnerungsperspektive zu seinem späteren Novellenplan motivierten. Fontanes Gefährte Wilhelm von Lübke, ein Freund aus dem Berliner Literaturklub *Tunnel über der Spree*, erinnerte sich in einem späteren Reisebericht an interessante Stationen ihrer Streifzüge durch die Altmark:

> Im Herbst 1859 durfte ich meinen lieben Freund Theodor Fontane auf einer seiner „Wanderungen durch die Mark Brandenburg" begleiten. Es wanderte sich mit ihm ganz prächtig. Wir waren beide gut zu Fuß, beide mitteilsam, und so wurde unsre Reise durch die Altmark mir höchst genußreich. Während er in den Kirchen den historischen Erinnerungen nachging, machte ich Jagd auf die kunstgeschichtlichen Denkmäler. Wir besuchten Havelberg, Werben, Arendsee, das an kirchlichen Monumenten reiche Salzwedel, Seehausen und das hoch bedeutende Stendal, endlich Tangermünde und die herrliche, in edlem romanischen Stil erbaute Klosterkirche zu Jerichow. Auch die kleinen romanischen Kirchen ebendort und in Redekin wurden nicht übersehen[13].

Eine (in seinem von 1866 bis 1882 geführten Tagebuch nicht erwähnte) Reise nach Tangermünde unternahm Fontane vermutlich Ende April 1878, um Ortsstudien für seine Novelle und deren Schauplätze zu betreiben: Lokale und regionale Schauplätze stiften realistische Sinnbilder. Seine strapaziöse „Parforcetour" nach Tangermünde mitten im Sommer 1878 schilderte Fontane im Brief vom 11. Juli 1878 an den Sohn Theodor, indem er humorig bemerkt, die Elbestadt Tangermünde erst nach längerer Zeit wieder zu besuchen. Mit den interessanten, novellistisch relevanten Schauplätzen von Tangermünde vertraut, hat Fontane in einem Brief vom 23. Oktober 1878 Paul Lindau mitgeteilt, er habe sich „die Scenerie (Tangermünde etc.) der Lokaltöne halber, die so wichtig sind, zweimal angesehen". Für den „brillanten historischen Stoff" der Novelle nutze Fontane nicht nur seine Lokalstudien in Tangermünde im

---

13 *Wilhelm Lübke*: Lebenserinnerungen. Berlin 1891, S. 326.

April und Juli 1878; darüber hinaus hat er folgende historischen Quellen herangezogen, um charakteristische Elemente der Titelfigur zu konzipieren: Die Geschichtsbücher von Caspar Helmreich „Annales Tangermundenses" (1636), von Andreas Ritner „Alt-Märkisches Geschichtsbuch" (1651) und von August Wilhelm Pohlmann „Margaretha Minde oder die Feruerbrunst zu Tangemünde am 13. September 1617" (1843). Außerdem bestellte Fontane beim „Verein für die Geschichte der Mark Brandenburg" die „Städtebeschreibungen von Tangermünde und Salzwedel" sowie die „Geschichte der Altmark" (1855) von Sigmund Wilhelm Wohlbrück. Caspar Helmreich, Bürgermeister der Stadt Tangermünde, hat sein Sprachbild der Margarete Minde im vierhebigen Jambus gereimt, das sie als Weibsbild schildert,

> An welchem nicht ein gutes Haar
> Von Jugend auf zu finden war[14].

A. W. Pohlmann verurteilte Margaretha Minde als „Denkmal menschlicher Verworfenheit", indem er sie als „ein von Grund auf boshaftes, heilloses Weib" verachtete, „in welchem alle Laster vereinigt waren"[15].

Seinem ältesten Sohn Theodor hat der Novellist in einem Brief vom 11. Juli 1878 aus Wernigerode mitgeteilt, dass er für „anderthalb Tage" Tangermünde besuchte, um „Kirche, Burg und Rathaus anzusehn" und Lageskizzen von den realen Schauplätzen in seinem Notizbuch aufzuzeichnen – realistische Schauplätze stiften novellistische Sinnbilder. Überlieferte Skizzen und Notizen im Theodor-Fontane-Archiv in Potsdam dokumentieren, wie detailrealistisch Fontane den historischen und kulturhistorischen Hintergrund des Novellensujets geplant und entworfen hat, um realistische Schauplätze und ein authentisches Zeitbild darstellen zu können, beispielsweise das Mobiliar altmärkischer Wohnhäuser oder die Kleidung zentraler Novellenfiguren nach verschiedenen Mustern der weitverbreiteten „Münchener Bilderbogen": Die vornehme, stolze Ehefrau des Patriziers Gerdt Minde wird elegant kostümiert, Grete Minde als Kontrastfigur wird hübsch gekleidet erscheinen[16]

---

14 *Caspar Helmreich*, Annales Tangermundenses, ziitiert nach *Georg Gottfried Küster,* Antiquitates Tangermundenses. Berlin 1729, S. 53.

15 Zitiert nach *Wilhelm Däther*, Der Prozess gegen Margarete Minde und Genossen. Ein dunkles Kapitel Tangermünder Stadtgeschichte. Tangermünde 1931, S. 6.

16 Theodor Fontanes Notizbuch, Blätter 45 und 46 – Theodor–Fontane–Archiv in Potsdam, Signatur: E 5, zitiert nach der kommentierten Novellenausgabe: *Theodor Fontane*: Grete Minde. Mit einem Nachwort herausgegeben von Helmuth Nürnberger. München (Deutscher Taschenbuch Verlag) 1996. – Neuausgabe: München (Deutscher Taschenbuch Verlag) 2012, S. 107.

Der Schreibprozess dauerte von August bis zum 9. September 1878. Als seine leitende Intention bezeichnete der Novellist im Brief vom 11. August 1878 an seine Frau, „den Leuten zu zeigen, daß ich auch, wenn der Stoff es mit sich bringt, eine 'psychologische Aufgabe' lösen und ohne Retardierung erzählen kann." Schon einen Monat später berichtete Fontane in einem Brief vom 10. September 1878 an Klara Stockhausen: „Seit gestern abend hat nun 'Grete Minde', meine neue Heldin, Ruhe, ruht, selber Asche, unter der Asche der von ihr aus Haß und Liebe zerstörten Stadt." Allerdings hat Fontane im Blick auf sein Novellendebüt dem Herausgeber der Zeitschrift *Nord und Süd* am 23. Oktober 1878 über den problematischen Entstehungsprozess brieflich mitgeteilt, er möchte das teilweise „*sehr* unfertige" Manuskript optimieren, so dass seine Frau erst Ende Januar 1879 eine Abschrift anfertigte, die der ambitionierte Stilist „noch wieder überarbeiten und allem den letzten Schliff geben" möchte, worüber er Paul Lindau am 26. Januar 1879 berichtete. Gleichwohl gelang auch diese Textkorrektur nur äußerst arbeitsintensiv und zeitaufwändig: „Auch die Korrektur der Abschrift, bei der ich jetzt bin, ist noch wieder eine wochenlange Arbeit. Ich bin nun mal ein Bastler und Pußler und kann es nicht mehr los werden", so kennzeichnete der Novellist den komplizierten Schreibprozess in einer aufschlussreichen Kommentierung, die Gustav Karpeles am 5. Februar 1879 über seine akkurate Arbeitsweise und seinen realistischen Schreibstil informierte. Sogar in den Korrekturdruck, den Fontane im März 1879 an die Redaktion der Zeitschrift *Nord und Süd* schickte, hat er noch „ziemlich viel hineinkorrigiert".

Die realen Orte in Tangermünde, die Fontane als novellistische Schauplätze darstellt, das Rathaus, die Burg, die Stephanskirche, Grete Mindes Vaterhaus und das sinnbildlich direkt benachbarte, aber durch eine dichte, undurchsichtige Himbeerhecke getrennte Wohnhaus von Cyriakus Zernitz in der Langen Straße, hat Wolfgang Rost realistisch vergegenwärtigt[17]:

> An der einen Seite der Langen Straße, die innerhalb der mit Türmen bewehrten, oblongartig angelegten Stadtmauer Tangermündes von Stadttor zu Stadttor führt, lokalisierte Fontane das Mindesche und Zernitzsche Doppelhaus. Das Vaterhaus der Grete Mind lag tatsächlich in der Langen Straße, ebenso das Haus des Cyriakus Zernitz, aber dreißig Häuser bzw. Feuerstellen davon entfernt; der Totalbrand der alten Kaiserstadt im Jahre 1617 ließ auch das Haus der Minden ein Opfer der Flammen werden. Aus einem in Fontanes Nachlaß vorgefundenen Notizbuch ist ersichtlich, wie der Dichter für die Szenerie des Mindeschen Hauses einzelne lokale Beobachtungen verwendete, die nur zum Teil in die Buchausgabe übergegangen sind. Als Vorarbeit zur Schilderung entwarf er u.a. Grundrisse vom Doppelhaus

---

17 *Wolfgang E. Rost,* Örtlichkeit und Schauplatz in Fontanes Werken (Studien zur Sprache und Kultur, H. 6). Berlin, Leipzig 1931, bes. S. 10 ff.

und vom Zimmer des alten Minde; die hierfür aus mannigfachen Vorstudien und auch auf literarischem Wege gewonnenen Details ließ er aber, sofern sie in der nur wenig von der ursprünglichen Anlage abweichenden Ausarbeitung noch unbenutzt geblieben waren, nicht verloren gehen und entnahm dem Material, das zu dem Grundriß vom Zimmer des alten Minde zusammengetragen war, sowohl den „langen eichenen Arbeitstisch mit Stuhl" nebst niedrigen etagèrenhaften Akten–Repositorien, Karten, Büchern etc. in der Studienstube von Bigas als auch „ein breites, dreigetheiltes Fenster mit kleinen Stäben" in die Szenerie der im ersten Stock untergebrachten, großen Hinterstube des Zernitzschen Hauses. Das Doppelhaus wird in einem Stadtteil geschildert, dessen Kernstück ein von drei Seiten her mit Giebelhäusern umstelltes Hof– und Gartenviereck bildet. So ließ sich vom Mindeschen Garten aus über den zwischen der Mauer und den Gärten um die Stadt herumführenden Weg hin, vor allem die Darstellung der Flucht geben, bei der Grete und Valtin zunächst eine Leiter an die Stadtmauer rasch und unauffällig anlegen können.

Auch im übrigen ist die Darstellung des Schauplatzes entsprechend der balladesken Behandlungsart des Stoffes nach Möglichkeit vereinfacht worden; z.B. skizzierte Fontane im Taschenbuch zunächst die Burganlage von Tangermünde im Grundriß mit genauer Zeichenerklärung, wobei er eine im rechten Winkel nach der Elbseite auslaufende Mauerwand der Burg, 'die scharfe Ecke', erwähnt. Dort hatte er das Landschaftsbild, das ihm das Flußbett der Elbe, der von der rechten Seite her einmündende Tanger, Wiesen, Wald und die Ortschaften Buch, Jerichow, Fischbeck, Kabelitz und Schönhausen boten, auf sich wirken lassen. In einem Selbstgespräch, das im Notizbuch enthalten ist, ermahnte Fontane sich dann: „Ich darf von der Vor–Burg so gut wie gar nicht sprechen. Es muß alles auf der *eigentlichen* Burg spielen. Die Kinder sitzen an der scharfen Ecke, die den Blick auf das Gegenüber und dann rechts hin auf die *Stadt* hat. Dann gehen sie von der Rechtsseite der Burg nach der Linksseite". Im Anschluß an eine von ihm neu entworfene Skizze dieses Schauplatzes heißt es: „Wenn sie vom Stadtwald sprechen, müssen sie nach links hinüber gehen". Dorthin verlegte Fontane aber den Lorenzwald, um dadurch die Topographie des Schauplatzes nur nach einer Seite zu erweitern und zwar durch die große Straße zwischen Tangermünde und Arendsee, dessen Beschreibung gleichsam an dieser Richtung orientiert ist. Denn auf einer jetzt den Rückseiten des Manuskripts *L'Adultera* angehörenden Zeichnung, die ganz ersichtlich nicht den Zweck verfolgt, die geographische Lage wiederzugeben, schilderte Fontane die in Wirklichkeit beinahe „endlos lang" erscheinende Straße von Arendsee „nach links hin" mit Häusern und Gärten, „nach rechts hin" mit Klostergebäuden und zwischenliegenden Heckenzäunen. Erschien dem Dichter die Lokalität, wie beispielsweise der Kirchplatz von St. Stephan in Tangermünde, „nüchtern, leer, langweilig", so versuchte er einer trockenen Tatsächlichkeit abzuhelfen; er vermerkte in seinem Taschenbuch: „die Phantasie hat hier alles zu thun". Und über dem Hauptschauplatz der Novelle liegt jener romantische Zauber, den Fontane an den alten Backsteinbauten der Stadt wahrgenommen hatte, sei es, daß solche Eindrücke vom Rathaus, dessen Giebelrosetten er auf rotem Abendhimmel oder schwarz und glasig vor einem wolkengeballten Hintergrund schilderte, auf ihn übergegangen waren, sei es vor dem im Abendrot glühenden Burgtürmen oder von St. Stephan, dessen großen, durch rotes Sonnenlicht erfüllten Innenraum er vor der

Phantasie der dort um die Abendstunde weilenden Grete gleichsam in ein Flammenmeer getaucht erscheinen läßt.

Paul Lindau, dem Herausgeber der literarischen Monatsschrift *Nord und Süd* hat Fontane im Brief vom 6. Mai 1878 seine Chronik-Novelle als „Sitten- und Charakterbild" angekündigt, womit er nicht nur das realistische Konzept, sondern vor allem die psychologische und gesellschaftskritische Dimension des Themenspektrums andeutete:

> Grete Minde. Patrizierkind, das durch Habsucht, Vorurteil und Unbeugsamkeit vonseiten ihrer Familie, mehr noch durch Trotz des eigenen Herzens, in einigermaßen großem Stil, sich und die halbe Stadt [Tangermünde an der Elbe] vernichtend, zugrunde geht. Ein Sitten- und Charakterbild[18].

Fontanes Debüt-Novelle *Grete Minde* wurde 1879 im 9. Band, im Mai- und Juni-Heft der von Paul Lindau herausgegebenen Zeitschrift *Nord und Süd* im Verlag von S. Schottländer in Breslau publiziert. Die Zeitschriftenredaktion informierte Fontane am 5. März 1879, die beiden Hälften des Novellentextes durch eine „Trennungslinie" zwischen den zwei Textteilen deutlich zu markieren: durch einen „mitten durch das 13. Kapitel 'Flucht' gezogenen Strich". Um das Lesepublikum für die Fortsetzung der Novellenlektüre zu interessieren, hat der Novellist eine spannende Textpassage der nächtlichen „Flucht" der Jugendlichen ausgewählt, die anregend zum zweiten Teil überleitet: „Denn daß er kommen würde, das wußte sie." Als Grete Minde am Erzählanfang der Novelle erstmals auftritt, erscheint sie dem angeblich typisch märkisch figurierten Nachbarsjungen Valtin als hübsches, zartes, gelenkiges Mädchen von fast vierzehn Jahren – erst neunzehn Jahre alt, stürzt sie vom brennenden Turm der Stephanskirche in das „Flammenmeer" von Tangermünde, das sie als Brandstifterin ihres ehemaligen Vaterhauses verursacht hat.

Die erste Buchausgabe der „Grete Minde"-Novelle im Verlag von Wilhelm Hertz (Berlin 1880)

> Hertz ist gescheit, espritvoll, bürgerlich–respektabel und nach *seiner Art* sogar gütig gegen mich; er hält mich für einen sogenannten guten Kerl, preist meinen Charakter als ein Unicum und behandelt mich auch danach; freundlich, schmeichlerisch; er kajoliert mich. Er kajoliert mich, aber mit *zugemachter* Hand und in allen Geld– und Honorarfragen nimmt er einen kümmerlich–altmodischen Standpunkt ein"[19].

---

18   HF IV/2, S. 568.

19   *Theodor Fontane* brieflich am 17. März 1872 an seine Freundin Mathilde von Rohr, seit 1869 Stiftsdame im Kloster Dobbertin in Mecklenburg.

Theodor Fontanes Beziehungen zu seinem Berliner Buchverleger Wilhelm Hertz, einem der nicht wenigen langjährigen Korrespondenzpartner, war von Anfang an zumindest ambivalent, wie er seinem Freund Paul Heyse im Brief vom 7. November 1860 gestand: „Unser Hertz – diese wunderbare Mischung von Lauge und Sentimentalität, von Schnurrigkeit und Geschäftlichkeit, von unglaublichster Offenheit und zugeknöpftester Reserviertheit". Gleichwohl druckte der Verleger schon 1861 Fontanes *Balladen*, doch bereits 1859 hat Paul Heyse während der Münchener Symposien König Maximilians II. in der Bayerischen Residenz Fontane'sche Balladen vorgetragen. Vom mitunter strapaziösen Spannungsverhältnis zwischen Wilhelm Hertz, dem raffiniert verhandelnden, ökonomisch kalkulierenden, aber knauserigen Verlagschef und dem längst namhaften Schriftsteller zeugt Fontanes diplomatischer Brief vom 18. Oktober 1879 an den renommierten Berliner Verleger:

> Was den halbverjährten Zwischenfall angeht, den ich wieder hervorgeholt habe, so bitt' ich sagen zu dürfen, daß ich ja nun durch zwanzig Jahre hin weiß, was ich an Ihnen habe. In mitunter sehr pressanten Lagen haben Sie mir immer nicht blos treu, sondern auch mit einer unendlich wohlthuenden Leichtigkeit (nichts schmerzlicher als in solchen Momenten eine „schwere Hand") zur Seite gestanden. Ich vergesse so was nie. Aber, Pardon, Sie haben mich mitunter auch leiden lassen, wenn auch sicherlich ohne Absicht. Ein, zwei Fälle abgerechnet. Aber da mocht' ich schuld sein.

Mit Wilhelm Hertz konnte Fontane die Buchausgabe seiner ersten historischen Novelle, bereits ein Jahr nach der Zeitschriften-Publikation, am 28. Juli 1880 vertraglich vereinbaren – „Es ist mit dem Verleger, den man hat, wie mit der Frau, die man hat, – man muß sich eben mit ihnen einzurichten suchen. Ich kann wegen eines bloßen 'es wäre mir lieb, wir warteten bis nächstes Jahr' nicht gleich die Zelte abbrechen", gestand der zu Beginn seiner „Novellencarrère" nach einen Buchverleger suchende freie Schriftsteller dem Berliner Journalisten, Maler und Zeichner Ludwig Pietsch, der 1857 Theodor Storms lyrische Erinnerungsnovelle *Immensee* – im Auftrag des Berliner Verlegers Alexander Duncker – mit seinen Zeichnungen illustrierte, die zu Lebzeiten des Lyrikers und Novellisten 30 Auflagen erreichte. Schon im November 1880 erschien in Berlin die erste Buchausgabe der *Grete Minde*-Novelle im Verlag von Wilhelm Hertz (1822–1901), die zuerst in der 1847 von ihm erworbenen Besserschen Buchhandlung zum Verkauf angeboten wurde, deren Teilhaber sein Sohn Hans Adolf Hertz seit 1875 war.

Der Verlagswerbung zufolge erschien die „hübsch gebundene" erste Buchausgabe im Kleinoktavformat (8° = 15 cm bis 18,5 cm) mit einem Umfang von 156 Seiten, die von einem Zierrahmen eingefasst wurden. Der zwischen zwei Zierelementen gesetzte Titel auf dem braun marmorierten Buchdeckel mit roten Lederstoßecken lautete: „Th. Fontane. Grete Minde". Außer den bunt marmorierten Vorsatzblättern ist die erste Buchausgabe mit einem grünen Lesebändchen ausgestattet. Für die Erstauflage von 1100 Exemplaren betrug das vertraglich vereinbarte Honorar: „Fünfhundert Mark in Bausch und Bogen, sowie 10 Freiexemplare" (Zitiert nach dem Novellen–Kommentar: Theodor Fontane: Romane und Erzählungen in acht Bänden. Herausgegeben von P. Goldammer, G. Erler [u. a.]. Band 3, bearbeitet von Anita Golz. Berlin/Weimar: Aufbau-Verlag 1969, S. 527; vgl. S. 528).

Im selben Verlag erschien im Jahr 1888 die zweite Buchauflage und schon im Jahr 1900 erfolgte die dritte Auflage. Neben erzählerischen Werken von Theodor Fontane verlegte Wilhelm Hertz auch Werke von Emanuel Geibel, Gottfried Keller, Paul Heyse, Julian Schmidt, Hermann Grimm, Ricarda Huch. Die zweite Buchauflage erschien allerdings ohne das angeblich geplante Vorwort Fontanes, in dem er über die aktuellen historischen Forschungsresultate des Juristen und Historikers Ludolf Parisius berichten wollte, der ihm aufgrund seiner Einsicht in die Prozessakten des Tangermünder Magistrats informiert hatte, dass Margarethe von Minden fälschlich der Brandstiftung angeklagt und ihr Schuldgeständnis unter der Folter erzwungen wurde. Fontane aber verzichtete auf ein werkbegleitendes Vorwort zur zweiten Buchauflage, indem er Dichtkunst von historischer Wirklichkeit und juristischer Zeitgeschichte unterschied und abgrenzte: „*das* aber, um was es sich handelt, hat mit meiner Novelle nur mittelbar zu tun", behauptete er in einem Brief vom 15. Juni 1879 an seine Frau.

Im Jahr 1905 hat der am 1. Oktober 1888 in Berlin gegründete Verlag Friedrich Fontane & Co. die *Grete Minde*-Novelle in den zweiten Band der ersten Serie der „Gesammelten Werke von Theodor Fontane" aufgenommen. Theodor Fontanes jüngster Sohn Friedrich Fontane (5. Februar 1864 bis 2. September 1941), der seine Ausbildung zum Buchhändler von 1881 bis 1884 bei Langenscheidt absolvierte, wurde Herausgeber und Nachlassverwalter von Theodor Fontanes „Gesammelten Werken", die in 21 Bänden in den Jahren von 1904 bis 1926 erschienen. Im selben Buchverlag erschienen auch die Werke von Hoffmann von Fallersleben, Rudolf Lindau, Guy de Maupassant. Von weiteren zahlreichen Schriftstellern und Autoren der Verlagsfirma sind vor allem so bekannte Naturalisten wie Johannes Schlaf und Arno Holz zu nennen. Seit Oktober 1898 erschien bei F. Fontane die Halbmonatsschrift „Das litterarische Echo", die sich weit über die Kulturmetropole Berlin hinaus zu einer der verbreitetsten Literaturzeitschriften entwickelte[20].

---

20 Quellen–Information: *Rudolf Schmidt,* Deutsche Buchhändler – Deutsche Buchdrucker. Berlin, Eberswalde 1903, Bd. 2, S. 260; *Joachim Kleine,* Friedrich Fontane. Verleger und Nachlaßverwalter seines Vaters, in: Berliner LeseZeichen, Juni/Juli 2000. Analysen, Berichte, Gespräche, Essays. Berlin (Edition Luisenstadt) 2000. – Vgl. *Theodor*

„Grete Minde" im Neuen Deutschen Novellenschatz (1884)
– Problematisierte Publizität. Fontanes revidiertes Veto, „als deut-
scher Novellist proklamiert zu werden"

„Um so rückhaltloser können wir unsere Freude aussprechen, daß es uns vergönnt
ist, in *Grete Minde* eine Dichtung von erschütternder Kraft und hoher poetischer
Schönheit unserer Sammlung einzureihen"[21].

Mit einer biographisch–literarischen Fontane-Skizze hat Paul Heyse schon
1884 Fontanes Novelle *Grete Minde* in den von ihm gemeinsam mit Ludwig
Laistner herausgegebenen *Neuen Deutschen Novellenschatz* aufgenommen.
Die weitergeführte repräsentative Novellen-Sammlung der deutschsprachigen
Nationalliteratur erschien in den Jahren von 1884 bis 1887 in 24 Bänden im
Münchener Oldenbourg-Verlag. Im Brief vom 20. August 1883 bat Heyse
seinen Freund Fontane um sein Einverständnis, die historische Novelle *Grete
Minde* im Einvernehmen mit dem Verleger Wilhelm Hertz in den *Neuen Deut-
schen Novellenschatz* aufnehmen zu dürfen:

> Es wird Ernst mit unserm Neuen Deutschen Novellenschatz. Wie sieht's mit der
> trefflichen Grete Minde aus? Sie ist als einzelnes Büchlein bei Hertz erschienen.
> Wird unser Freund geneigt sein, sie in unsern Schatz einzureihen, zumal es mit ei-
> ner Entschädigung windig aussieht? Wir geben den gebundenen Band zu 1.–
> M'ark'. Du begreifst, daß da von Honorar für den Autor und älteren Verleger
> nichts herausschaut. Möchtest Du es wohl mit einer bescheidenen Anfrage wagen?

Heyses Angebot wollte Fontane zuerst nicht akzeptieren. In der Sommerfri-
sche des mondänen ostfriesischen Nordseebades Norderney „wie ein Pferd"
arbeitend, mit der Korrektur des Manuskripts seines Romans *Graf Petöfy*
beschäftigt, reagierte er im Brief vom 24. August 1883 an seine Frau Emilie
auf Heyses Angebot und Anfrage geradezu abweisend:

> Die Sache mit Paul Heyse hab ich mir inzwischen anders überlegt. Es liegt mir of-
> fen gestanden an der Ehre da auch mit eingepackt und als deutscher Novellist pro-
> klamiert zu werden, nicht das Geringste. Es ist mir zu wenig. Und um etwas zu er-
> zielen, das mir absolut gleichgültig ist, soll ich an Hertz schreiben und ihn bitten,
> *mir zu Gefallen* die Erlaubnis zu geben, *mir* zu Gefallen[,] dem gar kein Gefallen

---

Fontanes Brief vom 2. November 1882 an Eduard Engel über seinen Abschied vom
Verlag von Wilhelm Hertz.

21   Paul Heyses biographisch–literarische Fontane–Skizze: In: *Neuer Deutscher Novellen-
      schatz.* 5. Band. 1884. Herausgeben von Paul Heyse und Ludwig Laistner. München
      und Leipzig (R. Oldenburg Verlag) 1884, S. 111. – Theodor–Fontane–Archiv, Univer-
      sität Potsdam. – Signatur: Hf 58/7246)

damit geschieht. Ich werde dies, wenn ich erst wieder in Berlin bin auch ganz offen
an Paul [Heyse] schreiben und er wird nicht unglücklich darüber sein[22].

Fontane verstimmte anscheinend nicht nur Heyses ehrgeizige Ungeduld, mit
der ihn sein aufgebrachter Brief vom 23. September 1883 konfrontierte:

> Wegen Deiner eignen Sachen soll ich mich wirklich zur Geduld bequemen? Ich
> hätte so gern Dein Dichterprofil skizziert! Aber vielleicht hast Du recht; die Herren
> Verleger müssen sich erst an den Gedanken gewöhnen, daß erst die Aufnahme in
> den Novellenschatz die Unsterblichkeit verbürgt.

Bei weitem wagemutiger teilte Heyse seinem skeptischen Kollegen bereits am
21. Oktober 1883 ermunternd mit:

> Ehrlich währt am längsten und führt am weitesten. Ich habe bei Freund Hertz we-
> gen Grete Minde angefragt und sende Dir seine liebenswürdige Antwort. Sage nun
> auch Du, ob Du einverstanden bist. Einen Geleitbrief Deinem Kinde zu schreiben,
> dessen es sich erfreuen kann, wird mir eine Herzensangelegenheit sein.

Im Blick auf den Publikationsplan versicherte der Herausgeber und Redakti-
onsleiter der Novellen-Sammlung seinem Freund erst am 22. März 1884:

> Grete Minde kommt bald an die Reihe. Ich bitte Dich, ein kurzgefaßtes *curriculum
> vitae* aufzusetzen, dazu den vollständigen Katalog Deiner Opera. Das bißchen Cha-
> rakteristik, das der Raum erlaubt, schreibe ich natürlich selbst, nicht mein Diosku-
> re.

Die 1884 erfolgte Publikation der dramatischen Novelle im *Neuen deutschen
Novellenschatz* hat die öffentliche literarische Anerkennung, vielleicht die
Bedeutung und Geltung Fontanes als realistischer Schriftsteller in Literatur-
kreisen des deutschen Kulturraums angebahnt, begründete aber keine strategi-
sche Partnerschaft der beiden Schriftsteller – ohne aufwändige wirtschaftliche
Werbung, ohne direkte Absatzreklame auf dem damals sowohl von kollegialer
Konkurrenz als auch von Rivalität gekennzeichneten Literaturmarkt, warb
Heyse um das Interesse des Leserpublikums an der zeitgenössischen Novellis-
tik des deutschsprachigen Kulturraums. Um die *Novelle* als Prosaerzählung mit
Symbolcharakter zu verteidigen, kritisierte besonders Theodor Storm die ra-
sante Zunahme popularisierter Prosa als „Novellenschreie", zumal seine
Künstlernovelle *Eine Malerarbeit* 1872 und seine Chronik-Novelle *Aquis
submersus* 1886 in den *Deutschen Novellenschatz* aufgenommen wurden.
Nachdem Fontane die geplante Publikation seiner ersten, historischen Novelle
in Heyses Novellen–Sammlung zunächst gleichgültig, sogar geringschätzig als

---

22 *Theodor Fontane* brieflich am 24. August 1883 von Norderney an seine Ehefrau Emilie, in: Emilie und Theodor Fontane. Die Zuneigung ist etwas Rätselvolles. Der Ehebriefwechsel. Band 3: 1873–1898. Herausgegeben von Gotthard Erler unter Mitarbeit
   von Therese Erler. Berlin (Aufbau-Verlag) 2. Auflage 1998, Brief 642, S. 371; 682. –
   Familienbriefe, Bd. II, S. 79.

eine Art publizistischer Übernahme abgelehnt hatte, reagierte er im Brief vom 7. September 1883 an den Herausgeber noch immer zögernd, akzeptierte jedoch die erreichte literarische Anerkennung seiner Novelle als „eine Dichtung von erschütternder Kraft und hoher poetischer Schönheit" sowie Heyses Würdigung als realistischer Novellist mit „dem scharfen Auge für alles Charakteristische der localen Zustände und der Freude an den [...] eigenartigen Gestalten, die er aufs Glücklichste in Scene zu setzen weiß". Mit Heyses biographisch–literärischer Porträtskizze, besonders mit der nach nur vier Jahren seit der ersten Buchausgabe erfolgten Publikation seiner Chronik-Novelle „im 5. Bande des Neuen Deutschen Novellenschatzes", zeigte sich Fontane in seinem Dankbrief vom 3. September 1884 – trotz Heyses pauschaler Polemik gegen den Tabubruch in Fontanes Berliner Gesellschaftsoman *L'Adultera* (1880/1882) als „eine Verirrung seines Talentes" – ziemlich zufrieden: „Sei herzlich dafür bedankt"[23]

Die erste Buchausgabe der Chronik–Novelle schenkte Theodor Storm seiner Ehefrau Dorothea zum Weihnachtsfest 1882. Über die eifrigen Vorbereitungen der familiären Weihnachtsfeier in seiner neu gebauten Villa im dörflichen Hademarschen in Holstein, insbesondere über die ausgesuchten Weihnachtsgeschenke, berichtete der passionierte Familienvater seiner musikalisch begabten Tochter Elsabe im Brief vom 23. Dezember 1882, die von 1886 bis 1889 an der Orchesterschule in Weimar Klavier studierte. Bemerkenswert erscheint Storms konstantes kulturhistorisches und literaturhistorisches Interesse während seiner späteren Husumer Schaffensperiode, denn seine historischen Geschichten schrieb Storm aufgrund intensiver Studien der schleswig–holsteinischen Geschichte, aus denen seine Chronik-Novellen *Renate* und *Eekenhof* entstanden, die in den Jahren 1878 und 1879 erschienen. Während seines Besuchs in Weimar hielt Storm am 14. Mai 1886 bei einem Empfang im herzoglichen Residenzschloss eine „Vorlesung mit Thee und Soupée": Zu seiner Imagepflege als zeitkritischer Schriftsteller hat Storm seine Novelle *Eekenhof* vorgetragen. Schwer erkrankt, erhielt Storm Ende November 1886 briefliche Grüße und Genesungswünsche, verbunden mit dem anerkennenden

---

[23] Der Briefwechsel von *Theodor Fontane* und *Paul Heyse*. 1850–1897. Herausgegeben von Erich Petzet. Berlin 1929, S. 147, 150, 156; 249–250, Anm. 77. – Grete Minde. Nach einer altmärkischen Chronik. Von Theodor Fontane. Berlin. Wilhelm Hertz (Bessersche Buchhandlung). 1880. In: *Neuer Deutscher Novellenschatz*. 5. Band. Herausgegeben von Paul Heyse und Ludwig Laistner. München und Leipzig: R. Oldenburg Verlag 1884, S. 107–239. – Paul Heyses biographisch–literärische Fontane–Porträtskizze, S. 109–111. – Neuausgabe: Berlin (Globus–Verlag) 1910. – Textquellen–Information: Theodor–Fontane–Archiv, Universität Potsdam. – Signatur: Hf 58/7246.

Dank des Großherzogs Carl Alexander von Sachsen–Weimar–Eisenach für seine beeindruckende Novellen-Lesung und Buchgeschenke[24].

Fontanes Spurensuche stiftet novellistische Sinnbilder.
Tangermünde an der Elbe als historischer und dramatischer
Novellen-Schauplatz

Ende April und Anfang Juli 1878 reiste Fontane nach Tangermünde in der südöstlichen Altmark, um historische Materialien und Motive für eine historische Novelle zu erkunden. Die Elbniederung, namentlich Tangermünde, kannte Fontane von einer Schiffstour, als er im Mai 1844 seine erste Reise nach England unternahm: „Die Elbfahrt von Magedeburg nach Hamburg ist langweilig; nur bei Tangermünde, wo Reste einer aus den Tagen [Kaiser] Karls IV. herstammenden Burg aufragen, belebt sich das Bild ein wenig.", konstatierte der Reisende in seiner selbstbiografischen Schrift *Von Zwanzig bis Dreißig*[25]. Die an der Mündung des Tangers in die Elbe steil aufragende spätmittelalterliche Kaiserresidenz und Hansestadt Tangermünde mit ihrem imposanten historischen Stadtbild hat auch bei seinen späteren Besuchen Fontanes Gefallen gefunden, als er in Tangermünde im Juli 1878 für sein Novellenprojekt *Grete Minde* recherchiert hat, worüber er seinem Sohn Theodor im Brief vom 11. Juli 1878 berichtete[26].

Bemerkenswert erscheint der bedeutsame Zusammenhang zwischen der deutschen Reichsgeschichte und der Landesgeschichte Brandenburgs mit der Stadtgeschichte von Tangermünde. Als Mitglied des mächtigen Hansebundes (von über 100 niederdeutschen Handelsstädten) wurde Tangermünde im Jahr 1368 erwähnt. Im späten Mittelalter, von 1308 bis 1463, diente die Burg Tangermünde als landesherrliche Residenz der Markgrafen und Kurfürsten von Brandenburg. Erwähnenswert ist der Einzug des ersten Hohenzollern in die Mark Brandenburg. Friedrich I., Kurfürst von Brandenburg, nahm die Burg Tangermünde im Jahr 1412 in Besitz und bestimmte sie zu seiner Residenz.

---

24 *Gertrud Storm*, Mein Vater Theodor Storm. Berlin 1922, S. 97. – *Theodor Storm*, Renate. Kommentierte Novellen–Edition. Herausgegeben von Walter Zimorski. Schleswig 2003. – *Theodor Storm*, Ein Doppelgänger. Juristische Zeitgeschichte. Abteilung 6, Band 40. Herausgegeben von Thomas Vormbaum und Gunter Reiß. Mit Kommentaren von Thomas Vormbaum und Walter Zimorski. Berlin (Walter de Gruyter) 2013, bes. S. 69-90; 91-128. – *Walter Zimorski*, „Dabei habe ich den angenehmsten und kurzweiligsten Nachgeschmack von Weimar". Theodor Storm und Ferdinand Tönnies zu Besuch in Weimar und Jena im Mai 1886, in: Weimar–Jena: Die große Stadt. Das historische Archiv. Herausgegeben von *Volker Wahl* (Weimar). Bd. 8, 2. Heft (2015). Jena 2015, S. 169–191, bes. S. 179; 187; 190, Anm. 33. – *Theodor Storm – Erich Schmidt*. Briefwechsel. II. Bd.: 1880–1888. Herausgegeben von Karl Ernst Laage. Berlin 1976, S. 241, Anm. 4).

25 HF III/4, S. 299.

26 HF IV/2, S. 607.

Die fast vollständig erhaltene Burg Tangermünde, im Jahre 1009 in der von Bischof Thietmar von Merseburg geschriebenen Chronik als „civitas tongeremuthi" erstmals erwähnt, wurde von 1308 bis 1463 als Residenz der Markgrafen und Kurfürsten von Brandenburg genutzt und diente Kaiser Karl IV. (1316–1378) in den Jahren von 1373 bis 1378 als Residenz neben dem Hradschin in Prag. In Personalunion zugleich König von Böhmen, gründete er 1348 in Prag die erste deutsche Universität. Die Burg Tangermünde, auf dem die Stadt überragenden Burgberg angelegt, gehört zu den massiven Höhenburgen Norddeutschlands. Von 1184 bis 1188 erfolgte der Bau der Stephanskirche als romanische Backsteinbasilika und um 1200 wurden die Nikolaikirche und die erste Stadtmauer errichtet. In der Blütezeit der Hansestadt im 14. und 15. Jahrhundert wurde die massive, hohe, daher wehrhafte Stadtbefestigung in Backsteinbauweise noch verstärkt, die reichverzierten Backsteinbauten wie das Rathaus im Stil der altmärkischen Backsteingotik gebaut und die Pfarrkirche Sankt Stephan seit 1384 zu einer dreischiffigen gotischen Hallenkirche mit einem Zwillingsportal erweitert, wobei das romanische Querhaus die Breite des Langhauses der Hallenkirche im Stil der Backsteingotik maßgebend prägte. Um 1405 wurde der Dachstuhl errichtet und das gotische Kreuzrippengewölbe eingezogen. Ende des 15. Jahrhunderts wurden die Seitenkapellen des Chorraumes errichtet. Der gotische Helm des über 90 Meter hohen Nordturmes der Stephanskirche wurde erst im Jahre 1601 errichtet, stützte jedoch bei dem katastrophalen Stadtbrand am 13. September 1617 ein, der zahlreichen Einwohnern das Leben kostete und der die Stadt Tangermünde zu zwei Drittel zerstörte, insbesondere das Stadtarchiv, das Rathaus und die Stephanskirche. Die imposanten mittelalterlichen Bauten Tangermündes repräsentierten während des 15. Jahrhunderts Macht und Ansehen der Patrizier und Bürger im norddeutschen Kulturraum. Nach der Brandkatastrophe entstanden viele restaurierte und neu gebaute Fachwerkhäuser mit gediegenen Portalen und geschnitzten Schmuckformen, wie die reich verzierten Balkeninschriften vieler traditionsverbundener Fachwerkhäuser in der Kirchstraße zeigen.

Anschaulich erzählte Szenen der *Grete Minde*-Novelle stellen den belebten Markt am Rathaus in Tangermünde als realistische Schauplätze des 19. Kapitels dar; der zitierte „Spruch" der Ratsstube der Hansestadt Stendal, den der Novellist als Steintafel am Rathaus in Tangermünde übertragen und dargestellt hat, deutet als Mahnmal auf das problematische Wechselwirkungsverhältnis von Recht und Gerechtigkeit, von juristischer Rechtsprechung und, nach christlicher Glaubenstradition, dem „Jüngsten Gericht", dem „Letzten Gericht" oder „Weltgericht" am Ende der Weltgeschichte, das Gott als gerechter Richter am „Jüngsten Tag" über die Lebenden und über die Toten halte [Vgl. Neutestamentliche Schriften nach Matthäus 20, 28; 25, 31–46. – Neutestamentliche Schriften nach Johannes 20, 5; 20, 7–10; 20, 13; 21, 1].

Die verkehrsgünstige Lage auf einer felsigen Hochfläche über dem linken Ufer der Elbe machte Tangermünde in einem markgräflichen Zollprivileg für die Stadt Stendal aus dem Jahr 1275 zum Erhebungsort der Elbzölle, zur altmärkischen Handelsstadt und zur Residenz der Markgrafen von Brandenburg. Die erste urkundliche Erwähnung der Elbestadt Tangermünde in der südöstlichen Altmark datiert aus dem Jahre 1275. Seit 1368 Mitglied im nordeuropäischen Hansebund, gehört Tangermünde zu jenen historischen deutschen Städten, die ihr mittelalterliches Stadtbild, die norddeutsche Backsteingotik und die zahlreichen nach der Brandkatastrophe von 1617 restaurierten und neu gebauten Fachwerkhäuser authentisch bewahrt hat:

> Die heute noch von der Stadtmauer fast lückenlos umgebene Altstadt und die Burg stehen daher unter Denkmalschutz als Beispiel einer über Jahrhunderte gewachsenen mittelalterlichen Stadt. [...] Das bekannteste Gebäude der Stadt ist das den Marktplatz beherrschende historische Rathaus. Es gehört zu den größten baukünstlerischen Leistungen der Backsteingotik. [...] Das Rathaus entstand, als die mittelalterliche Stadt im 15. Jahrhundert ihre wirtschaftliche Blütezeit erreicht hatte, denn Tangermünde gehörte zum Städtebund der Hanse, der größten Handelsmacht im Norden Europas. Das Rathaus veranschaulicht daher den Reichtum des damaligen städtischen Patriziats wie auch die politische Macht der alten Ratsherrengeschlechter. Gleichzeitig repräsentierte das Rathaus die erreichte Selbstverwaltung der Stadt und deren relative Unabhängigkeit vom Landesherrn, dem Markgrafen von Brandenburg[27].

Im 15. Jahrhundert entwickelte sich die Stadt Tangermünde zum Verwaltungszentrum für die Altmark. Die Patrizier und der Magistrat der Stadt Tangermünde, der ausschließlich aus ratsfähigen Patriziern bestand, schufen mit dem um 1430 errichteten Rathaus einen imposanten Repräsentationsbau im Stile der altmärkischen Spätgotik, dessen künstlerische Innenarchitektur eine markante Pfeiler– und Gewölben–Konstruktion mit Sternen-Symbolik kennzeichnet. Um 1480 entstand ein Erweiterungsbau mit einer durch Pfeiler profilierten Giebelfront, in dem sich die Gerichtslaube und die Ratsstube mit Sterngewölben befanden.

Im kulturgeschichtlichen Zusammenhang der Reformation erscheint religions- und kirchengeschichtlich erwähnenswert, das 1438 vor der Stadt gegründete Kloster des Dominikanerordens wurde 1540 geschlossen und der Konvent des Dominikaner–Klosters aufgelöst, als 1538 Johann Weißgerber aus Wittenberg die erste Predigt gemäß der evangelisch-lutherischen Konfession in der Stephanskirche hielt und die Reformation in der Stadt Tangermünde einführte, die auch dort zur Gründung der von der römisch-katholischen Kirche getrennten evangelisch-lutherischen Konfession führte. Die Lebensgeschichte Grete Mindes hat Fontane in die konfessionellen Konflikte zu Beginn des 17. Jahrhunderts einbezogen, um die gesellschafts- und religionskritische Dimension seiner historischen Novelle durch novellistische Projektionsfiguren darzustellen: Konfessionelle Intoleranz der Patrizierfamilie Minde und der zwiespältigen städtischen Gesellschaft rückte Grete Minde in die Aura einer ehrlosen 'Hexe'. Der *figurale* Realismus der konfessionellen Intoleranz ermöglicht also

---

[27]   *Joachim Kohlmann*: Tangermünde. Ein Führer durch die historische Altstadt. Tangermünde 1991 2. Auflage 1998, S. 3, 4–5, 16–18, 21–38, 42–49, bes. 44–45. – *Sigrid Brückner*: Tangermünde. Der Stadtführer. Wettin–Löbejün–Dössel. 2. Auflage 2011, S. 3–6, 8–17, 18–23, 24–30, Kapitel: Ein Justizirrtum?, S. 31–43; Stadtplan: S. 32–33.

den gesellschafts- und religionskritischen Kristallisationspunkt der historischen Novelle.

In seinen *Wanderungen durch die Mark Brandenburg* (4 Bände, 1862–1882)
hat Fontane in dem Band *Fünf Schlösser*, im Kapitel *Quitzövel*, eine facettenreiche historisch-literarische Reisebeschreibung über Tangermünde als geplanten Standort einer Pfalz Kaiser Karls IV. dargestellt:

> 1375 weilte Kaiser Karl IV. fast beständig in dem nahegelegenen Tangermünde,
> das er beflissen war in einen Kaiserhof umzugestalten. Ein Schloß entstand und ei-
> ne Kapelle, deren Edelsteinpracht ans Märchenhafte streifte. Mehr als einmal war
> man von Quitzöwel aus drüben, um den fortschreitenden Bau zu verfolgen und an-
> zustaunen, und wenn dann Dietrich und Johann, und Kaspar Gans mit ihnen wieder
> daheim und ihre Herzen und Sinne von dem Erstaunen erfüllt waren, so spielten
> sie, des Reiches Herrlichkeit unter sich teilend, Kaiser und König. Und so kindisch
> diese Spiele waren, sie riefen doch allerlei Ideen von Macht und Größe wach, die
> Wurzel schlugen und fortwuchsen.

> 1378 starb der Kaiser und das ganze Land trauerte, zumeist aber Altmark und
> Priegnitz, denen der Heimgegangene durch alles das, was er für Tangermünde ge-
> tan hatte, vielfach eine Quelle des Wohlstandes geworden war. Das Jahr darauf er-
> schien der siebzehnjährige Sigismund in der ihm zugefallenen Markgrafschaft
> Brandenburg, um Eid und Huldigung in Empfang zu nehmen und den Städten und
> Ständen ihre Privilegien zu bestätigen. Am 17. März war er in Salzwedel, am 27.
> zu Tangermünde. Von allen Seiten her strömte man daselbst zusammen und unter
> denen, die zujubelnd auf dem Markt– und Rathausplatze der Stadt standen, auch
> die Quitzowschen Junker, ahnungslos, daß sie bestimmt waren, sich dereinst der
> Majestät eben dieses Sigismus gegenüber zu stellen.

Schon im Brief vom 11. August 1878 berichtete Fontane seiner Frau über die
Entstehung einer historischen Novelle, so dass er dem Verleger Paul Lindau
am 15. September 1878 mitteilen konnte, sein Novellenprojekt sei im „Brouillon" fertig. Mit dem Untertitel *Nach einer altmärkischen Chronik* bezeichnete
der 58-jährige Schriftsteller die reale geographische Region der brandenburgischen Altmark westlich der Elbe als attraktiven Novellen–Schauplatz sowie
die literarturhistorische Dimension seiner ersten Chronik-Novelle aufgrund
seiner historischen Quellenstudien in Tangermünde. Den dramatischen Stoff
lieferten ihm historische Dokumente des 17. bis 19. Jahrhunderts, die sich auf
die Brandkatastrophe von Tangermünde im September 1617 konzentrierten, so
dass die Erzählorganisation des historischen Novellenstoffes durch dramatische Szenen-Sequenzen, die Konfiguration des Novellentextes sowie die symbolische Struktur des Novellensujets Fontanes originäre schriftstellerische
Leistungen seiner ersten historischen Novelle bedeuten. Beispielsweise inszeniert Fontane durch seine Dialog-Regie und durch dramatische Streit-Szenen,
besonders durch den eskalierten Konflikt zwischen der beleidigten und erniedrigten Grete Minde und ihrer missgünstigen und neidischen Schwägerin Trud

Minde, seine erzählerische Einbildungskraft als *realistischer* Novellist – gleich in der novellistischen 'Exposition' wird Grete Minde, die fiktive, isotopiekonstitutive Titelgestalt des Novellentextes, als 'Anti-Heldin' der von Trud und Gerdt Minde dominierten Familienverhältnisse inszeniert, die ihre individual- und sozialpsychologisch relevante Entwicklung in der Jugendzeit irreparabel zerstören: „wir waren uns fremd und feind von Anfang an.", beurteilt Trud Minde ihr zerrüttetes Verhältnis zu ihrer jugendlichen Schwägerin, obwohl sich beide nach nichts mehr als nach Liebe sehnen (18. Kapitel: *Grete bei Gerdt*).

Fontanes Chronik-Novelle gründet auf seinen Recherchen anhand historischer Dokumentationen und Chroniken: Als historische Grundlagen seiner Novelle benutzte Fontane die Chroniken von Caspar Helmreich „Annales Tangermundenses" (1636), von Andreas Ritner „Alt-Märkisches Geschichtsbuch" (1651) und von August Wilhelm Pohlmann „Margareta Minde oder die Feuersbrunst zu Tangermünde am 13. September 1617" (1843). Historischen Quellen zufolge stammt Margarete von Minden aus einer Patrizierfamilie der altmärkischen Stadt Tangermünde. Historisch verbürgt sind folgende familien- und stadtgeschichtlichen Begebenheiten: der Erbschaftsprozess der Margarete von Minden, der zerstörerische Stadtbrand von Tangermünde im September 1617, der 486 eng aneinander stehende Wohnhäuser, 52 Scheunen, in denen die eingebrachte Ernte lagerte, und Teile der Sankt Stephanskirche vernichtete und viele Bürger mit sich und unter den Trümmern begrub, außerdem der Kriminalprozess in der 'Gerichtslaube' des Rathauses von Tangermünde, der Margarete Minde, ihren Ehemann und dessen Kumpanen im März 1619 zum Tode auf dem Scheiterhaufen verurteilte.

Sozial deklassiert, entwickelte sich Grete Minde zu einer Landstreicherin, führte ein Vagabundenleben, nachdem ihr Onkel ihren rechtmäßigen Anspruch auf das väterliche Erbteil verweigerte, der als Mörder für eine Frist von fünf Jahren aus der Stadt Tangermünde verbannt wurde und als Söldner verstarb. Margarete von Minden wurde als Brandstifterin des zerstörerischen Stadtbrandes von Tangermünde aufgrund eines Todes-Urteils des Kriminalgerichts Tangermünde aus dem Jahr 1619 mit ihrem vagabundierenden Lebensgefährten und einem Kumpanen qualvoll „geschmochet", öffentlich am 22. März 1619 auf dem Scheiterhaufen verbrannt, weil sie – dem Gerichtsurteil zufolge – rachsüchtig ihr Vaterhaus in Brand gesetzt und dadurch die zerstörerische Brand-Katastrophe der Stadt Tangermünde im September 1617 verursacht habe.

Im Unterschied zu Fontanes Novelle, in der Grete Minde aus Rache für das ihr verweigerte Erbteil das Elternhaus anzündet, gilt die historische Margarete von

Minden auf der Grundlage der historischen und rechtskritischen Studien des Juristen und Historikers Ludolf Parisius, die er 1883 in seinem Buch *Bilder aus der Altmark* in dem Kapitel „Grete Minden und die Feuersbrunst vom 13. September 1617 – Eine Ehrenrettung" publizierte, als Opfer von Intrige, diskriminierender Vorurteile und überstürzt urteilender Justiz, die sie nach Verleumdung, Falschaussagen und qualvoller Folter zum Tode auf dem Scheiterhaufen verurteilte. Ludolf Parisius recherchierte als erster nach mehr als zwei Jahrhunderten die Prozessakten und entdeckte zahlreiche Widersprüche, die die Unschuldsvermutung plausibel erscheinen lassen, dass Margarethe von Minden den Brand ihres Elternhauses und damit die Feuersbrunst in der Stadt Tangermünde nicht verursacht habe. Parisius kritisiert das Todesurteil des Tangermünder Kriminalgerichts und die Hinrichtung auf dem Scheiterhaufen als „grausamen Justizmord". Die aus der Stadt Tangermünde ausgewiesene, als ehrlos diffamierte Vagabundin wurde als soziale Schande der geachteten Patrizierfamilie Minde, besonders als Gefährdung der gesellschaftlichen Reputation des Ratsherrn Gerdt Minde, und darüber hinaus als Gefährdung des städtischen Gesellschaftslebens und der Rechtssicherheit in der Stadt Tangermünde stigmatisiert. Daher geriet der Magistrat unter den zunehmenden Druck durch die konsternierte Stadtbevölkerung, straffällige Schuldige zu ermitteln, zu verurteilen und zu bestrafen. Nach Ermittlungen von über einem Jahr wurde die vermeintlich Schuldige Margarete Minde als Brandstifterin angeklagt und nach ihrem unter Folter erzwungenem Geständnis zum Tode verurteilt. Ihr Lebensgefährte Tönnies Meilahn, als herrenloser Landsknecht, Dieb und Gewalttäter bekannt, hat den Gerichtsakten zufolge ausgesagt, auf Anstiftung seiner Frau die Brandstiftung der Stadt Tangermünde mit seinem Komplizen Merten Emmert begangen zu haben. – Wie konnte es geschehen, dass das Kriminalgericht Tangermünde die Anschuldigungen von Tönnies Meilahn für plausibel hielt, Margarete von Minden gefangen nahm, anklagte und sie trotz ihres durch glaubwürdige Zeugenaussagen bestätigten Alibis brutal folterte, zum Tode verurteilte und auf dem Scheiterhaufen hinrichten ließ? Das Tangermünder (Kriminal-) Gericht (Rechtsprechungskörper: ein Kollegialgericht der Tangermünder Ratsherren) scheint sich im Ermittlungsverfahren durch seine besonders Grete Minde belastenden Eingaben an den Brandenburger „Schöppenstuhl" dem Verdacht auszusetzen, tendenziell nicht unparteiisch und daher befangen zu ermitteln und zu urteilen – verriet sich das Tangermünder Kriminalgericht also strafprozessrechtlich und strafrechtlich als kriminell?

Margarete von Minden lag mit ihrem Onkel, einem wohlhabenden Bürger und einflussreichen Ratsherrn, im Rechtsstreit um das Erbe ihres Vaters, vermochte aber ihren Anspruch auf ihr Erbteil nicht durchzusetzen. Der Brandstiftung der Stadt Tangermünde am 13. September 1617 durch ihren Lebensgefährten

Tönnies Meilahn beschuldigt und deshalb als Verdächtigte gefangen genommen, sah das geltende Gesetz die Anwendung der Folter als Mittel zur Aussage-Erzwingung vor, so dass die Beschuldigte die Brandstiftung unter grausamer Folter gestand. Am 22. März 1619 wurden die verurteilten Angeklagten Margarete von Minden, Tönnies Meilahn und Merten Emmert auf dem Scheiterhaufen hingerichtet.

Die noch heute im Stadtarchiv von Tangermünde einsehbaren historischen Gerichtsakten belegen das skandalöse Fehlurteil des Tangermünder Stadtrats. Über 250 Jahre galt Margarete von Minden als Brandstifterin von Tangermünde, blieb als „das verruchte Weib" verschrien und geächtet, das Not, Elend und Tod über die Bürger und ihre Stadt gebracht habe.

Fontane hat seine Ende April und Anfang Juli 1878 in Tangermünde erfolgte Spurensuche novellistisch umgeformt: Die Frage nach der historischen Authentizität und Wahrheit galt dem Novellisten als nicht vorrangig; denn Fontane favorisierte das novellistische Erzählen gegenüber der Darstellung historischer Materialien: „Die richtige Historienschreiberei ist zwar wohl nicht das Höchste in der Kunst, aber es interessiert mich am meisten", bekannte Fontane im Brief vom 9. August 1895 an seine Tochter Mete. Als literarisierte Frauengestalt erscheint Grete Minde durch ihre „Opfer"-Rolle sozial stigmatisiert: durch gravierende Familien-Probleme, durch ihre geringschätzige Ausgrenzung aus dem Familienleben, vor allem durch die Verweigerung ihres Erbanspruchs, den sie von ihrem Halbbruder Gerdt Minde und durch ihre Klage vor dem Magistrat ihrer Vaterstadt vergeblich einforderte. Durch die demütigende Drangsalierung und die erniedrigenden Beleidigungen ihrer missgünstigen und neidischen Schwägerin, durch die gemeinsame Flucht mit dem solidarischen Nachbarsjungen Valentin Zernitz, ebenfalls ein Halbwaise, und durch das ihr wegen Falschaussagen ihres besitzgierigen Schwagers vor den Ratsherren der Stadt Tangermünde verweigerte rechtmäßige Erbteil ihres Vaters, erhält die historische Novelle eine dezidiert gesellschafts- und sozialkritische Dimension, die durch die Konkurrenz und Rivalität konfessionsverschiedener Kirchen zeitkritisch radikalisiert wird. Fontane konzentriert die Themenvielfalt seiner historischen Novelle auf den Konfliktfall der ins Zentrum der Konfiguration gestellten, psychologisch vieldeutig verrätselten, fiktiven Frauenfigur, um dem Leserpublikum in dramatischen Szenen-Sequenzen darzustellen, *wie* eskalierende Familien-Probleme extreme Aggressionen auslösen, *wie* Hass und Wut in Gewalt umschlagen und schließlich die schwersten Verbrechen einer zerstörerischen Brandstiftung ihres Vaterhauses, die den vernichtenden Stadtbrand verursacht, einen Suizid in Tateinheit mit zweifacher Kindestötung auslösen. Von einer seelisch gravierend verletzten und erniedrigten, von einer psychisch verstörten jungen Frau und Mutter, einer alleinerziehenden Witwe wird ein zerstörerischer Brand an ihrem Vaterhaus gelegt, der sich zur vernichtenden Feuersbrunst ausbreitet. Durch den Sturz vom brennenden Glockenturm der Sankt Stephanskirche tötet Grete Minde sich selbst, ihr Kind und ihren als Geisel entführten Neffen durch den von ihr dramatisch inszenierten dreifachen Mord: zu den auf dem Kirchplatz versammelten Bürgern gehört vor allem ihr verzweifelter Halbbruder Gerdt Minde, der stieren Blicks wahrnimmt, wie seine rachsüchtige Halbschwester ihr Kind und seinen lange vergebens ersehnten Sohn und Erben mit sich in den Tod reißt.

Lokalhistorische und rechtshistorische Studien anhand der Prozessakten aus dem Jahr 1619 sowie rechtskritische Forschungen des Juristen und Historikers Ludolf Parisius, 1883 in seinem Buch *Bilder aus der Altmark* publiziert, führten zur rechtskritischen Revision des Todesurteils des Tangermünder Kriminalgerichts vom März 1619: Der Brandstiftung wurde die junge Margarethe von Minden von ihrem Lebensgefährten Tonnies Meilahn, einem wegen Raubes vom Tangermünder Magistrat verhafteten herrenlosen Landsknecht, während seines Verhörs beschuldigt, um das Strafmaß des Gerichtsurteils zu reduzieren. Brutale Folter-Methoden, die „Peinliche Frag", zwangen Margarete von Minden zum 'Schuld'-Geständnis, das zu ihrer Verurteilung und zur grausamen Hinrichtung der Unschuldigen auf dem Scheiterhaufen führte – ein Justiz-Skandal des Brandenburgischen „Schöppenstuhls" von 1619, das die Folter zur Erzwingung eines „Schuld"-Geständnisses für legitim hielt, weil die Folter nach geltendem Recht angewandt wurde. Nach über zwei Jahrhunderten, nur drei Jahre nach Erscheinen von Fontanes Novelle, studierte Ludolf Parisius als erster Historiker die Prozessakten aus dem Jahr 1619 und deckte evidente, juristisch relevante Widersprüche auf, die Anhaltspunkte für die Unschuld Grete Mindes plausibel erscheinen ließen und plädierte zugunsten „der armen, durch den Unverstand und Aberglauben gelehrter Juristen grausam hingerichteten Grete Minde". Erst die rechtshistorischen Studien von Ludolf Parisius über das unter Folter erzwungene 'Schuld'-Geständnis Margarete Mindes führten zur Revision des unrechtmäßigen Urteils des Tangermünder Gerichts und darüber hinaus zur Rehabilitation der zu Unrecht zum Tode verurteilten und hingerichteten Margarete Minde. Das Fazit der rechtshistorischen Studien und rechtskritischen Forschungen von Ludolf Parisius kommentiert den Strafprozess gegen Margarete Minde als Justiz-Skandal, das Todesurteil und die Hinrichtung auf dem Scheiterhaufen als „grausamen Justizmord".

Vor dem historischen Rathaus der Stadt Tangermünde, in dem der Kriminalprozess gegen Margarete Minde stattfand, wurde am 22. März 2009, exakt 390 Jahre nach ihrer Verurteilung und Hinrichtung, eine Bronze-Skulptur des

Bildhauers Lutz Gaede enthüllt: Als mahnendes Monument vergegenwärtigt diese Skulptur die unschuldig verurteilte, gekrümmte Margarete Minde, in Ketten geschlagen, als gefolterte, gequälte Gefangene. Diese Skulptur stellt die durch Gerichtsakten dokumentierte schreckliche Lebensgeschichte der Margarete Minde plastisch dar, erinnert an ihre qualvolle Folter, an ihre ungerechte Verurteilung und an ihre grausame Hinrichtung in der traditionsreichen Kaiser- und Hansestadt, der altmärkischen Kaufmanns- und Handelsstadt Tangermünde. Ihr tragisches Lebensgeschick bildete die historische Grundlage für Fontanes in dramatischen Novellen-Szenen erzählte Lebensgeschichte der Grete Minde – Fontanes historische Recherchen und seine dichterische Einbildungskraft stifteten novellistische Sinnbilder von erschütternder Dramatik.

„Ein brillanter historischer Stoff!" – Das „Feuermeer" von Tangermünde (1617/1879). Form und Funktion der Chronik-Novelle als Katastrophendrama

Da sahe und hörete man nichtes denn Schreyen, Heulen, Winseln und Wehklagen; ihrer viele redeten gar kleinmüthig und verzagt. Die armen Leute lagen mit ihren kleinen Kinder auf die Aecker und Anger vor der Stadt und hatte der größte Hauf weder zu beissen noch zu brechen, weil alles im Feuer umkommen war, es erwiesen aber etliche vornehme Leute aus Stendal ihr mitleidentliches Hertze, und liessen ihnen Brodt und Bier zuführen, damit sie ihres Leides in etwas vergessen und nicht verschmachten möchten. Ach der grossen Noth!

Die Brandkatastrophe, wie sie der Tangermünder Ratsherr und Zeitzeuge Andreas Ritner im „Alt-Märkischen Geschichtsbuch" von 1651 beschrieb, zerstörte am 13. September 1617 über zwei Drittel der Stadt Tangermünde. Von 619 Häusern wurden 486 Wohnhäuser und 52 Scheunen vernichtet, das Rathaus und die Sankt Stephanskirche schwer beschädigt, als der Nordturm mit vier Glocken in die Tiefe stürzte, wodurch auch die wertvolle Kirchenausstattung (Kanzel, Orgel, Empore, Chorgestühl) zerstört wurde. Die bereits 1619 aus Sandstein erneuerte Kanzel trägt eine Moses–Statue, während die von der Freien und Hansestadt Hamburg teilweise finanzierte Orgel 1624 vom Hamburger Orgelbaumeister Hans Scherer restauriert wurde. Der 1705 hergestellte hölzerne Hochaltar zeigt den von Moses und Johannes dem Täufer umrahmten Kreuzigungstod Jesu von Nazareth. Von Petrus und Paulus flankiert, erscheint Jesus als siegreich kämpfender, triumphierender Löwe aus dem Stamm Juda symbolisiert. Der bronzene Taufkessel von 1508 blieb als eines der wenigen sakralen Kunstwerke original erhalten.

Für die Geschichte des Wiederaufbaus der durch das „fressende Feuer" zu zwei Drittel zerstörten Stadt Tangermünde erscheint vor allem die humanitäre Hilfe der Bürger der Stadt Stendal erwähnenswert, die notwendige Hilfsgüter über den alten Schifffahrts–

und Handelsweg der Elbe zum Tangermünder Hafen transportierten. Hinsichtlich der Sozialgeschichte des Hansebundes erscheint die verdienstvolle Unterstützung durch die Bürger– und Kaufmannschaft der Freien und Hansestadt Hamburg beim Wiederaufbau der alten Hansestadt Tangermünde bemerkenswert – von den über einhundert niederdeutschen Handelsstädten des im 14. Jahrhundert gegründeten Hansebundes bewahrten nur Hamburg, Lübeck (bis 1937) und Bremen Namen und Selbstverwaltung einer Hansestadt.

Margarete von Minden aus Tangermünde.
Eine historische Porträtskizze[28]

Theodor Fontanes historische Novelle *Grete Minde* thematisiert als exemplarischer Erzähltext des *Poetischen Realismus* der zweiten Hälfte des 19. Jahrhunderts die politischen und gesellschaftlichen, sozialen und familiären sowie die sozial- und individualpsychologischen Determinanten, die zum Verbrechen der Brandstiftung von Tangermünde im Jahre 1617 führen und daher ein gesellschafts– und sozialkrtisches Zeitbild darstellen. Gleichwohl stellte sich Fontane mit seiner ersten historischen Novelle primär eine „psychologische Aufgabe", indem er psychischen Motive und Mechanismen der Verbrechensrekonstruktion der katastrophalen Brandstiftung von Tangermünde in den Fokus seines novellistischen Interesses stellte – dieses komplexe novellistische Sujet hat Fontane sowohl durch das facettenreiche „Charakterbild" der Protagonistin und ihrer konflikhaften Lebensverhältnisse als auch durch die gesellschafts– und sozialkritische sowie durch die zeitkritische Dimension seiner Chronik–Novelle ausgezeichnet.

Fontanes Novellenfigur Grete Minde wurde in der wohlhabenden, geachteten Patrizierfamilie des Ratsherrn Jakob Minde in der Stadt Tangermünde geboren. Die Herkunft der historischen Margaretha von Mündten ließ sich aufgrund der Chronik von Caspar Helmreich „Annales Tangermundenses" von 1636 nicht dokumentieren. In Tangermünde bekleideten ihr Urgroßvater Hans von Minden als Tangervogt und ihr Onkel Heinrich von Minden als Ratsherr einflussreiche Ämter. In Diensten des Kurfürsten, wohnte Hans von Minden in der „Schloßfreiheit", beaufsichtigte als Tangervogt Wiesen und Weiden und den Forst am Tanger und erwarb ein reiches Vermögen. Sein Onkel Heinrich von Minden avancierte 1609 zum Ratsherrn der Stadt Tangermünde; aber dessen Bruder Peter Minde, Margaretes Vater, wurde wegen Totschlags eines Bürgers für fünf Jahre aus seiner Vaterstadt verbannt und verstarb als Söldner im (vermutlich ausländischen) Kriegsdienst. (Wilhelm Däther: Der Prozeß gegen Margarete Minden und Genossen. Tangermünde 1931, S.12).

---

28   Quellen–Information: *Friederike Wein*, Auf den Spuren der Grete Minde. Zur historischen Vorlage von Fontanes Novelle. Salzwedel 2014.

Unbekannter Herkunft, forderte die angebliche Witwe von Peter Minde 1593 von Hans von Minden und nach dessen Tod von Heinrich von Minden, dem Nachlassverwalter, das ihr und ihrer Tochter Margarete zustehende Erbteil ihres verstorbenen Ehemanns. Ihr Erbanspruch wurde allerdings nicht vollständig anerkannt, weil die Rechtmäßigkeit ihrer Eheschließung mit Peter von Minde nicht durch einen Trauschein belegt oder hilfsweise durch einen Zeugen bestätigt werden konnte, dass sie die rechtlich angetraute Ehefrau von Peter Minde und ihre Tochter Margarete seine leibliche Tochter ist, die deshalb als uneheliches Kind galt – ihr haftete der Makel der unehelichen Geburt an. Caspar Helmreich kommentierte in den „Annales Tangermundenses" (1636) aus moralischer Intimperspektive: „Daß sie sein Bruder Kind nicht hätt / Gezeuget im Ehelichen Bett, / Weil im Krieg gar selten ein Weib / Behalten könte reinen Leib"[29]. Die wohlhabende, geachtete Tangermünder Patrizierfamilie Minde, reich durch Hausbesitz und Liegenschaften außerhalb der Stadtmauern, weigerte sich aus familiären, sozialen und juristischen, besonders erbrechtlichen Erwägungen Margarete Minde offiziell als Familienmitglied anzuerkennen. Dennoch hinterlegte der Vater von Peter von Minden, Heinrich von Minden, 100 Taler aus dem Nachlass beim Tangermünder Magistrat, deren Hälfte Margaretes Mutter bekam; die andere Hälfte sollte Margarete erst bei ihrer Hochzeit erhalten. Nach seinem Tode weigerte sich aber Peter Mindes Bruder, Heinrich von Minden, das Erbe zu teilen, indem er behauptete, Peter von Minden hätte sein Erbe bereits erhalten, als er Tangermünde verließ. Margaretes Mutter scheint jedoch früh gestorben zu sein, denn bereits in jungen Jahren bemühte sie sich vergeblich um ihr Erbteil: Nach dem Tod des Großvaters stellte Margarete Minde konkrete Erbansprüche an ihren Onkel, der das Erbe verwaltete, und forderte „300 Taler vom Hause, eine Hufe Land, Betten, Hausgeräte". Noch als verheiratete Frau, versuchte sie, ihr Erbteil durch einen nicht dokumentierten Vergleich von ihrem Onkel zu erlangen; ob der Onkel als Nachlassverwalter den vereinbarten Vergleich tatsächlich erfüllte, scheint zweifelhaft, weil sie sich mehrmals über dessen Versäumnisse beschwerte, den beschlossenen Vergleich zu erfüllen. Caspar Helmreich kommentierte die von Margarete Minde beklagte Benachteiligung vage und lakonisch: „Daß Heinrich Munden vorgemeldt, / Solt aus der Erbschaft zahlen Geld, / Ob ers aber hat deponirt, / Oder davon sey recht quittirt: / Solches stell ich an seinen Ort, / Und mache davon nicht viel Wort"[30].

---

29 Zitiert nach *George Gottfried Küster*, Antiquitates Tangermundenses. Berlin 1931, S. 54.

30 Zitiert nach *George Gottfried Küster*, Antquitates Tangermundenses. Berlin 1931, S. 54.)

Geltendem Recht zufolge galten Frauen als unmündig; um ihren Erbanspruch
geltend machen zu können, heiratete Margarete Minde im Sommer 1616 den
angeblichen Soldaten Antonius, genannt Tonnies Meilahn in Stendal, der ihr
ein beträchtliches Vermögen vorgaukelte, allerdings ihre geringe Mitgift von
50 Talern vergeudete und als herrenloser Landsknecht auf die Gart ging; auf
Drängen ihres Mannes gelang es Margarete Minde mit Hilfe eines Rechtsbei-
stands, einen Vergleich mit ihrem Onkel Heinrich Minde zu vereinbaren, der
ihr 300 Gulden, 30 Morgen Ackerland und eine Haushaltsausstattung versprach; der Ratsherr erfüllte seine Verpflichtungen aber nicht, die sich aus dem
vereinbarten Vergleich ergaben: Mit kleineren Geldbeträgen vertröstet, für das
Jahr 1611 sind 50 Taler belegbar, musste Margarete Minde immer wieder als
Bittstellerin vor ihren Onkel treten und musste sich und ihren Sohn Balthasar
ab 1617 als Händlerin von Alraunen und Heilkräutern und, in Armut und Not
geraten, als Sterndeuterin und Wahrsagerin allein durchbringen; als Bettlerin
geriet sie in Tangermünde sogar als „schwarze Hure" ins Gerede. Für die
geachtete Tangermünder Patrizierfamilie Minde erregte sie damit ein kom-
promittierendes Ärgernis, so dass vermutlich ihr Onkel Heinrich Minde beim
Magistrat ein Aufenthaltsverbot erwirkte. Mit der Ausweisung aus der Stadt
Tangermünde konfrontiert, hat sich Margarete Minde ihrem Ehemann und
seinen Komplizen auf deren Raubzügen und Plündereien durch die Altmark
angeschlossen. Als sie im August 1617 erkrankte, haben ein Kuhhirte und
seine Frau die Kranke in Apenburg aufgenommen und bis zu ihrer Genesung
im Oktober 1617 gepflegt, während ihr Ehemann mit seinen Kumpanen die
Altmark durch Raubzüge verunsicherte.

Während ihrer Erkrankung ereignete sich am 13. September 1617 eine zerstörerische und todbringende Brandkatastrophe in Tangermünde: In verschiedenen Stadtteilen entzündete sich gleichzeitig eine vernichtende Feuersbrunst,
die Tangermünde zu zwei Drittel in Schutt und Asche niederbrannte; der kata-
strophale Stadtbrand kostete zahlreichen Bewohnern das Leben und verbreitete
panische Angst unter den geretteten Bürgern. Mit 486 Wohnhäusern, 52
Scheunen und der eingebrachten Getreide-Ernte wurden auch das prächtige
gotische Rathaus und das Stadtarchiv mit dem Archivgut der Stadtgeschichte
von der Feuersbrunst vernichtet. Die um ihren Hausbesitz und um ihr Hab und
Gut gebrachten Einwohner von Tangermünde mussten in den Kellern der
ausgebrannten Häuser überwintern und litten unter Nahrungsmangel. Am
schlimmsten war der alte Stadtkern, der Wohnbezirk der einheimischen Patrizier und Bürger sowie der niedergelassenen Zünfte und Gilden, von der Feuersbrunst betroffen.

Bald verdichteten sich Indizien, die den Verdacht einer absichtlichen Brand-stiftung begründeten: Verdachtsmomente und konkrete Anhaltspunkte ergaben sich aus den Ermittlungsresultaten, dass in verschiedenen Stadtbezirken meh-rere „Brandzettel" kursierten, die den Stadtbrand androhten, der (mindestens) in drei Stadtbezirken gleichzeitig ausbrach, so dass der Magistrat die Einwoh-ner von Tangermünde zu Handschriftenproben aufforderte, um den oder die Brandstifter durch dieses aufwändige, doch problematische Beweismittel zu identifizieren, was sich jedoch als ineffektiv erwies.

Im Winter 1618 kehrte Margarete Minde nach Tangermünde zurück und be-mühte sich, ihrem Ehemann den vakanten Posten des „Stadtknechts", des städtischen Ordnungsdienstes, zu verschaffen. Doch als Tonnies Meilahn endlich selbst in die Stadt zurückkehrte, wurde er von einer Bürgerin wieder-erkannt, die er ausgeraubt hatte. Damals verunsicherte Tonnies Meilahn, mög-licherweise mit seinem Komplizen Merten Emmert, vor allem die Landstraßen in der Umgebung von Tangermünde durch bewaffnete Raubüberfälle und Plünderungen, weshalb ihn der Tangermünder Magistrat 1619 verhaften ließ.

Der historische Justizskandal: Der Kriminalprozess „contra Mar-
garetha Mündten" – ein krimineller Indizienprozess?
Das exekutierte Todesurteil als „grausamer Justizmord"
(Ludolf Parisius)[31]

Da Tonnies Meilahn seinen Raub nicht gestand – dem Verbrecher drohte die Todesstrafe – beschloss der Tangermünder Magistrat, die Genehmigung der Folter zur Erzwingung des Schuldgeständnisses beim „Schöppenstuhl" in Brandenburg zu beantragen. Unter der Tortur der Folter gestand Tonnies Mei-lahn in der Tangermünder 'Folterkammer' nicht nur den ihm zur Last gelegten Raub, sondern auch seine Beteiligung an der Brandstiftung in der Stadt Tangermünde am 13. September 1617. Außerdem beschuldigte Tonnies Mei-lahn seine Ehefrau Margaretha Mündten, ihn und seinen Kumpanen Merten Emmert zu diesem Verbrechen angestiftet zu haben: Sie habe den Stadtbrand von Tangermünde vor zwei Jahren, am 13. September 1617, tatsächlich verur-sacht, weil der Tangermünder Magistrat ihre Erbschaftsklage abgewiesen habe. Margarete Minde aber hatte die Stadt Tangermünde ängstlich verlassen, denn aufgehoben war das vom Magistrat beschlossene Aufenthaltsverbot nicht.

---

31 Quellen-Information: *Friederike Wein*, Auf den Spuren der Grete Minde. Zu den Quellen von Fontanes Novelle. Aus den Schubladen. Beiträge zur deutschen Philologie. Freie Universität Berlin | Fachbereich Philosophie und Geisteswissenschaften. Berlin 2013.

Ansonsten verfügte der Stadtrat über keinen ausreichend begründeten Verdacht, Margarethe von Minden anzuklagen; dennoch wurden sie und Merten Emmert vom „Stadtknecht" verfolgt und aufgespürt, am 29. Januar 1619 verhaftet, nach Tangermünde transportiert, mit den Anschuldigungen von Tonnies Meilahn konfrontiert und schließlich angeklagt. Einzige Grundlagen des Gerichtsprozesses waren das unter der Tortur der Folter erzwungene Geständnis von Tonnis Meilahn und seine Beschuldigung, die seine Ehefrau der Brandstiftung bezichtigte.

Die Gerichtsverhandlung gegen Margarethe von Minden, ihren Ehemann Antonius, genannt Tonnies Meilahn und seinen Komplizen Merten Emmert vor dem Tangermünder Magistrat war ein problematischer Indizienprozess, denn die Akten, die den Vergleich des Erbstreits dokumentierten, hatte der Stadtbrand vernichtet. Die Gerichtsverhandlung stützte sich auf die Beweisaufnahme der unter der Folter erzwungenen Aussagen von Tonnies Meilahn, die sich jedoch als Falschaussagen erwiesen. Rechtshistorisch galt die „peinliche Frag", die Folter, als legales Beweisgewinnungsmittel des rechtlichen Beweisverfahrens, das sich an dem bekannten deutschen Rechtssprichwort orientieren sollte: „Du solt nit falsche zeiigkniiß geben / Als lieb dir sey das ewig leben." Tonnies Meilahn bezichtigte auch seinen Kumpanen Merten Emmert der Brandstiftung, dem als Beschuldigten ebenfalls rechtliches Gehör gewährt wurde. Schließlich wurden die Beschuldigten mit ihren Aussagen konfrontiert; die weitere Beweisaufnahme ergab, dass von Tonnies Meilahn nur die Verbrechen der Raubüberfälle und von Margarete von Minden nur das Vergehen der (betrügerischen?) Wahrsagerei zugegeben wurden, nicht aber das Verbrechen der Brandstiftung[32].

Der Magistrat der Stadt Tangermünde verfügte als zuständiges (Kriminal-) Gericht nur über eine erstinstanzliche Gerichtsbarkeit, deren Rechtsprechung primär die 'Rechtspflege' und die 'Rechtssicherheit' im Sinne der Feststellung und Verwirklichung des geltenden Rechts für die Stadtbewohner gewährleisten sollte. Für schwerwiegende Verbrechensfälle war die nächsthöhere Gerichtsinstanz zuständig, der „Schöppenstuhl" in der Alten und Neuen Stadt Brandenburg, beispielsweise für die Genehmigung eines Gesuchs auf Erteilung der Erlaubnis zur Anwendung der Folter zur Erzwingung von Aussagen für die gerichtliche Beweisaufnahme. Zur gerichtlichen Genehmigung dieses Gesuchs mussten nach der seit 1532 gültigen *Peinlichen Gerichtsordnung* Kaiser

---

[32]   Rechtshistorische Literatur-Information: „ Von peinlicher Frag". Die Folter als rechtliches Beweisverfahren. Schriftenreihe des Mittelalterlichen Kriminalmuseums Rothenburg ob der Tauber, Nr. 4.

Karls V. verschiedene Kriterien erfüllt sein, um die Anwendung der Folter zu rechtfertigen: Anwesenheit zur Tatzeit am Tatort, ein plausibles Tatmotiv, ein konkreter Tatverdacht, Zeugenaussagen zum Leumund, die in diesem Gerichtsverfahren deshalb besonders relevant erschienen, weil Margarethe von Minden als Ausgewiesene wegen ihrer verdächtigen asozialen Lebensverhältnisse als Landstreicherin, als Sterndeuterin und Wahrsagerin, als ehrlos verachtete „schwarze Hure" und insbesondere wegen ihres kompromittierenden Erbstreits mit der alteingesessenen und geachteten Familie Minde in der altehrwürdigen Kaiser– und Hansestadt Tangermünde suspekt erschien. Im Anschreiben des Tangermünder Magistrats an das „Schöppengericht" Brandenburg wurden die Margarethe von Minden entlastende Zeugenaussagen tendenziell abgewertet sowie auf den angeblich schlechten Leumund der Angeklagten hingewiesen, so dass der Eindruck eines indirekten Tatverdachts, eines indirekten Tatvorwurfs, entstehen sollte, um die beantragte Erlaubnis zur Anwendung der Folter zu erlangen. Daher wurden ein rechtskonformes Verhalten der Angeklagten bezweifelt und darüber hinaus einige der vom „Schöppengericht" beschlossenen und erteilten, verfahrensrechtlich relevanten Auflagen zur weiteren Beweiserhebung ignoriert, wie die Befragung der Familie Minde zum Erbstreit. So sehr die Beweisaufnahme des Tangermünder Kriminalgerichts entlastende Zeugenaussagen vernachlässigte oder als unglaubwürdig beurteilte, so sehr hielt das Gericht vornehmlich belastende Zeugenaussage für relevant:

> das Grete Minden vor 2 Jahren in ein Pauren haus kommen, vnd buttermilch haben wollen, wie sie nun buttermilch bekommen, habe sie angefangen, sie habe noch viele bey der Mindischen zu fordern, wen sie es nicht krigete, wolte sie Tangermunde so schlicht machen, das man's mit besen zusammen kehren solte.

Das zuständige „Schöppengericht" in Brandenburg hat das Gesuch des Tangermünder Kriminalgerichts wegen unzureichender Beweislage am 1. Februar 1619 abgelehnt, erließ aber zugleich den Beschluss, die inhaftierten Angeklagten erneut zu vernehmen, zumal dem Gericht die Beteiligung von Merten Emmert an den ihm zur Last gelegten Verbrechen fragwürdig erschien. Das Tangermünder Gericht stellte daraufhin den Aufenthaltsort der Angeklagten zur Tatzeit der Brandstiftung ins Zentrum der erneuten Beweisaufnahme, in der Merten Emmert einer anderen Straftat verdächtigt wurde; darüber hinaus ergaben sich verschiedene, widersprüchliche Zeugenaussagen zum Aufenthaltsort von Margarethe von Minde zum Zeitpunkt des Stadtbrandes, weshalb weitere Zeugen, besonders zum Leumund, vernommen wurden, zumal Tonnies Meilahn die Richtigkeit seiner Aussagen und Beschuldigungen auf „leben vnd sterben" beteuerte. Obwohl viele seiner Aussagen durch manche Widersprüche problematisch, zweifelhaft und verdächtig erschienen, wurden vornehmlich Zeugenaussagen, die Margarethe von Minden als Angeklagte entlasteten, für unglaubwürdig erklärt, weil sie in weiteren Aussagen als Komplizin bei Diebereien bezichtigt wurde.

Durch ihren Krankenaufenthalt in dem Dorf Apenburg konnte Margarethe von Minden ein durch glaubhafte Zeugenaussagen bestätigtes Alibi vorweisen, das vier Zeugen (ein Kuhhirte und dessen Frau, der Pfarrer und der Küster der Kirchengemeinde Apenburg) bestätigen. Glaubwürdig erschien dem Gericht jedoch nur die Zeugenaussage des Küsters. Allerdings behauptete Caspar Helmreich, Bürgermeister von Tangermünde und Zeitzeuge des vernichtenden Stadtbrandes vom September 1617, Margarethe von Minden habe ihn am Tag des Brandes in seinem Haus als Bittstellerin besucht – diese Behauptung des Bürgermeisters ließ alle bisherigen Zeugenaussagen nach Auffassung des Gerichts als gegenstandslos erscheinen, obwohl seine Zeugenaussage mit ihrer inkludenten folgenschweren Anschuldigung unbeeidet blieb. Entscheidend wurde die Zeugenaussage des Patriziers und Ratsmitglieds Peter Asseburg, der behauptete, die Angeklagte am Tag *nach* dem Brand in Tangermünde gesehen zu haben. Daraufhin beschloss das Schöppengericht in Brandenburg am 4. März 1619 aufgrund zugesandter Gerichtsakten über die erfolgte Beweisaufnahme, dem erneuten Gesuch des Tangermünder Gerichts auf Erteilung der Erlaubnis der Folter stattzugeben. Der Magistrat von Tangermünde erzwang das 'Schuld'-Geständnis der Brandstiftung von Margarethe von Minde und Merten Emmert unter der grausamen Tortur der Folter und erhob Anklage wegen Brandstiftung gegen Margarethe von Minden, Tonnies Meilahn und seinen Kumpanen Merten Emmert. Bei ihrer Anhörung gestand die Angeklagte, dass sie sich „also an die Mindische, weil sie ihr patrimonium von derselben nicht bekommen kunte, rechen wolte". Das Tangermünder Kriminalgericht verurteilte alle drei Angeklagten am 13. März 1619 zum Tode, die am 22. März 1619 auf dem Scheiterhaufen „geschmochet", qualvoll hingerichtet wurden – über die Hinrichtung der Margarethe von Minden, die grausamste Hinrichtung in der Geschichte der altehrwürdigen Kaiser- und Hansestadt Tangermünde, berichten die Gerichtsakten: „[...] so mag sie deßwegen vor endlicher tödtung einen wagen biß auf die richtstad vmbgefuhret, ihre funff finger an der rechten hand einer nach dem andern mit gluenden Zangen abgezwacket. Nachmaln ihr leib mitt vier gluenden Zangen, nemlich in jede brust und arm gegriffen. Folgig mitt eisernen ketten vff einen Pfahll angeschmidet, lebendig geschmochett vnd allso vom leben zum tode verrichtett werden, von Rechts wegen." Nach Artikel 125 der Peinlichen Gerichtsordnung Kaiser Karls V. von 1532 war das Verbrechen der Brandstiftung mit der Todesstrafe, der Hinrichtung durch Feuertod bedroht. Die öffentliche Hinrichtung wurde nicht nur als eine Zwangsmaßnahme zur Durchsetzung geltender Gesetze und zur Bestrafung von schwerwiegenden Gesetzesbrüchen angewandt; sie wurde auch als ein (furchterregendes und abschreckendes) Instrument der sozialen Kontrolle angewandt, diente zur Wiederherstellung der „Rechtssicherheit" und der öffentlichen Ordnung des städtischen Gesellschaftslebens. Erst in der Abenddämmerung des 22. März 1619 erlöste ein qualvoller Erstickungstod Margarethe von Minden, ihren Mann Tonnies Meilahn und seinen Komplizen Merten Emmert von den brutalen Qualen dieser grausamsten, ehrlosesten Hinrichtung, die nach damaliger Rechtsprechung zu vollstrecken war[33].

Fontane konzentrierte sein Quellenstudium auf den Tangermünder Stadtbrand von 1617, die Verhaftungen und Vernehmungen der Verdächtigten sowie auf die Vollstreckung der Todesurteile, die Hinrichtung der Verurteilten. Über Margarete Mindes Leben, über ihre Jugendzeit, über ihr Eheleben und Vagabundenleben, über ihr Leben als Mutter und Witwe, berichten die von ihm studierten historischen Quellen relativ wenig. Fontanes kreative novellistische Umformung des Historischen ermöglicht und kennzeichnet den produktiven Schreibprozess seiner Debüt-Novelle. Am „brillanten historischen Stoff" fasziniert den Novellisten am meisten die „psychologische Aufgabe", um ein exemplarisches Charakterportrait und zugleich ein historisches Zeitbild von gesellschaftskritischer, zeitkritischer Dimension darzustellen (Vgl. Theodor Fontanes Briefkommentar vom 23. Oktober 1878 an den Verleger Paul Lindau).

Der Novellist hat die erzählte Zeit der Novellenhandlung auf die relativ kurze Zeitspanne zwischen Mai 1612 und Oktober 1617 begrenzt und die Chronik-Novelle auf einen historisch relevanten, konflikthaften Zeitraum von fünfeinhalb Jahren komprimiert, der sich durch erzählte Daten und Fakten rekonstruieren lässt, zum Beispiel durch den Übertritt des Kurfürsten Johann Sigismund von Brandenburg zum Calvinismus im Jahr 1613, durch den katastrophalen Stadtbrand von Tangermünde im September 1617, der 486 Wohnhäuser und 52 Scheunen zerstörte, in die bereits die Getreide–Ernte eingebracht worden war, und durch die kulturhistorisch konkretisierte Altersangabe der 95-jährigen Klostervorsteherin, die „schon geboren und getauft, als der Wittenbergische Doktor gen Worms ging und vor Kaiser Carolus Quintus stand" – Dr. theol. Martin Luther, seit 1508 bis zu seinem Tod Professor der Theologie an der Universität Wittenberg, verteidigte seine Glaubenslehre, nach dem Kirchenbann durch Papst Leo X. im Jahr 1520, auf dem Reichstag zu Worms am 17. und 18. April 1521, darüber hinaus in seinen Reformschriften sowie in seinen katechetischen Schriften; gegen die Reichsacht schützte ihn Kurfürst Friedrich

---

33 Vgl. *Karl Härter* Strafverfahren im frühneuzeitlichen Territorialstaat: Inquisition, Entscheidungsfindung, Supplikation, in: Andreas Blauert und Gerd Schwerhoff (Hg.): Kriminalitätsgeschichte. Konstanz 2000, S. 460–463; 469–480.

der Weise von Sachsen unter dem Pseudonym „Junker Jörg" auf der Wartburg. Die mit Luthers Glaubenslehre einsetzende Subjektivierung der Religion im persönlichen Glauben blieb noch fast zwei Jahrhunderte überdeckt durch die am Wort der neutestamentlichen Schriften festhaltenden dogmatischen Elemente seiner (anfangs nicht intendierten) Gründung der evangelischen Kirche.

Den „brillanten historischen Stoff" hat Fontane als dramatisches „Sitten– und Charakterbild" aus der Zeit kurz vor dem Beginn des 30–jährigen Krieges als Chronik–Novelle literarisiert. Die Handlungsstruktur seiner Novelle hat der Novellist durch Themenfelder in zwanzig Kapiteln dargestellt. Nach Fontanes künstlerischer Erzähltechnik soll „das erste Kapitel" seiner Novellen und Romane eine handlungsentwickelnde 'Exposition' mit vorausdeutender Funktion darstellen: Die novellistische Exposition soll auf die intendierte Tendenz des Titelthemas sinnbildlich vorausdeuten sowie Zeitbild, Kolorit und Atmosphäre durch die dichterische Selektion und Kombination vielfältiger Motive kunstvoll andeuten, denn die 'Exposition' soll auch die 'historische Differenz' zwischen erzähltem Zeitbild und der Gegenwart des Leserpublikums annäherungsweise überbrücken:

> Volle acht Tage hab ich gebraucht, um das in Abschrift vor mir liegende erste Kapitel in Ordnung zu bringen. Und ein paar Stellen genügen mir auch *jetzt* noch nicht und müssen, nach erneuter Abschrift, wieder unter die Feile [...] das erste Kapitel ist immer die Hauptsache und in dem ersten Kapitel die erste Seite, beinah die erste Zeile. Die kleinen Pensionsmädchen haben gar so Unrecht nicht, wenn sie bei Briefen oder Aufsätzen alle Heiligen anrufen: 'wenn ich nur erst den Anfang hätte'. Bei richtigem Aufbau muß in der ersten Seite der Keim des Ganzen stecken. Daher diese Sorge, diese Pusselei"[34].

„Das Hänflingsnest"; „Ich habe keine Mutter": Traumatische Jugend der mutterlosen Halbwaise Grete Minde als soziales Stigma: „Wir waren uns fremd und feind von Anfang an" (Trud Minde)

Wie der junge Schüler Theodor Storm im elterlichen Wohnhaus in der Hohlen Gasse der Handels- und Hafenstadt Husum, hat auch Theodor Fontane schon früh Schillers Schriften gelesen, aus denen er in seinen Werken oft zitiert. „Die ersten Jugendjahre bestimmen vielleicht die Gesichtszüge des Menschen durch sein ganzes Leben, so wie sie überhaupt die Grundzüge seines moralischen Charakters sind." Diese Charakteristik des zwanzigjährigen Kandidaten der Medizin Friedrich Schiller trifft nicht nur auf ihn selber zu, sondern kann auch für Fontanes Charakterbild der jugendlichen *Grete Minde* gelten, das auch –

---

34   *Theodor Fontane* brieflich am 18. August 1880 an Gustav Karpeles. – HF IV/3, S. 101.

Lessings aufklärerischer Intention zufolge – an das 'Mitleid' als gesellschaftliche Moralität appelliert.

> „Ach, meine Mutter! Glaubst du nicht, daß sie mich lieb hätte?"

> „Das hätte sie", sagte Regine und fuhr sich mit der Hand über das Auge; „das hätte sie. Jede Mutter hat ihr Kind lieb, und deine Mutter ... ach, ich mag es gar nicht denken. Ja, mein Gretelchen, da hätten wir andre Tage, du und ich. Und der Vater auch. Er ist jetzt krank, und Trud ist hart mit ihm und glaubt es nicht. Aber ich weiß es, und weiß schon, was ihm fehlt: ein Herz fehlt ihm, und das ist es, was an ihm nagt und zehrt. Ja, deine Mutter fehlt ihm, Gret'. Er war nicht mehr jung, als er sie von Brügg' her ins Haus bracht', aber er liebte sie so, und das mußt' er auch, denn sie war wie ein Engel. Ja, so war sie.", (4. Kapitel: *Regine*).

Grete Minde ist zu Beginn der Erzählung ihrer Lebensgeschichte vierzehn Jahre alt, „sehr zart gebaut, und ihre feinen Linien, noch mehr das Oval und die Farbe ihres Gesichts deuten auf eine Fremde". Das Erscheinungsbild des hübschen, in der Patrizierfamilie Gerdt und Trud Minde und auch in der lutherischen Stadtgesellschaft von Tangermünde religiös isolierten Mädchens schwankt im Gerede der Leute zwischen den Extremen einer „verwunschenen Prinzessin oder ... Hexe". Andauernd in die nur schwer zu kompensierende Außenseiterrolle als 'Fremde' gedrängt, beginnt sie schon in Kinderjahren, „sich in wachen Träumen eine Welt der Freiheit und des Glücks aufzubauen". Diese ideale Phantasiewelt ihres Liebesbedürfnisses und ihres Gerechtigkeitssinns kontrastiert mit den zerrütteten Familienverhältnissen des Patrizierhauses von Gerdt und Trud Minde, die der Novellist durch ihre brüskierenden Attacken auf ihren Ehemann wirkungsvoll inszeniert:

> „Meinst du, daß diese Hexe sich an die Landstraße setzen und dir zuliebe sterben und verderben wird?! Oh, Gerdt, Gerdt, es kann nicht gut tun. Ich hätt's gedurft, *vielleicht* gedurft, denn wir waren uns fremd und feind von Anfang an. Aber *du*! Du durftest es *nicht*"[35].

Als vornehme und stolze, aber böswillige Schwägerin Gretes charakterisiert, verdankt Trud Minde ihre Dominanz in der damaligen pyramidenförmigen Gesellschaftsstruktur und patriarchalischen Familienhierarchie der Lebensrealität, dass sich ihr Ehemann als träger Schwächling erweist, Grete als mutterlose Halbwaise aufwächst, Sympathie nur seitens der selbstlos gütigen, religiösen Regine und des schon früh in sie verliebten Nachbarsjungen Valtin Zernitz erlebt.

Die radikalisierte Konfliktverschärfung, die zerstörte Familienverhältnisse in der öffentlichen Ratssitzung enthüllen, hat Fontane durch den zum Rechtsstreit eskalierenden Erbstreit Grete Mindes mit ihrem Stiefbruder Gerdt Minde in

---

35 Kapitel 18: *Grete bei Gerdt*.

dramatischen Novellen-Szenen als Lebenskrise dargestellt. Der von ihrem
Halbbruder in dem ehemals gemeinsamen Vaterhaus und schließlich sogar vor
den im Rathaus versammelten Ratsherren des Tangermünder Stadtrats verweigerte Erbanspruch, den sie durch ihre nach geltendem Recht abgewiesene
Klage geltend macht, treibt sie letztendlich zur wahnsinnigen Vergeltungsrache, indem sie ihr ehemaliges Vaterhaus anzündet und damit billigend den
zerstörerischen Stadtbrand verursacht. Ihre extreme Rachelust schlägt um in
die Selbstzerstörung einer mörderischen Furie, die schwerste Verbrechen plant
und verursacht – eine Tateinheit von Kindesraub, Kindesentführung und dop-
peltem Kindermord sowie Brandstiftung, die den Brand ihres ehemaligen
Vaterhauses sowie den katastrophalen Stadtbrand verursacht – schwerste Verbrechen einer der Brandstifterin, deren zerstörerischer Wahnsinn sich in ihrer
Wahnvorstellung verrät: „Ihr gehörte diese Stadt, ihr". Es scheint plausibel, die
novellistisch hochdramatisch inszenierte, facettenreiche Lebensgeschichte
Grete Mindes als Paradigma der gesellschafts- und sozialkritischen Novellen-
kunst Theodor Fontanes zu interpretieren.

In vierzehn Kapiteln der insgesamt zwanzig Kapitel erzählt Fontane die Jugendzeit Grete Mindes, die in ihrem 14. Lebensjahr einsetzt; an ihrer auffallend hübschen Erscheinung und herben Anmut findet ihr Freund und späterer
Lebensgefährte Valtin Zernitz sein Gefallen. Die Kapitel 1 bis 5 der Novelle
umfassen den kurzen Zeitraum von vier Tagen, erzählen vom „Hänflingsnest"
und der Jugendfreundschaft zwischen Grete und Valtin, schildern das städti-
sche Gesellschaftsleben von Tangermünde in der Elbniederung, im norddeutschen Tiefland der Mark Brandenburg. Die alte Hansestadt Tangermünde als
Lebensmittelpunkt der Patrizierfamilie Minde bildet einen der zentralen
Schauplätze, die novellistische Sinnbilder stiften, wie das gewöhnliche All-
tagsleben in den Haushalten der Nachbarsfamilien Minde und Zernitz, vor
allem Gretes Lebenssituation als schikanierte Halbwaise in konflikthaften
Familienverhältnissen eines Patrizierhauses, das sie als Unglücksort ihrer
Jungendjahre, als soziale Dystopie erlebt. Die Nachbarskinder Grete Minde
und Valtin Zernitz – in beiderseitiger Sympathie verbunden – trennt ein Zaun,
den dichte, undurchdringliche Himbeerbüsche überwuchern (mit stacheligen
Stengeln und herzförmigen, doch scharf gesägten Blättern sowie weißen Blü-
tenkronen in blütenarmen Rispen), in denen sich ihr einziges Glücksmoment
verbirgt: *„Das Hänflingsnest"* symbolisiert einen faszinierenden, doch trügeri-
schen Hoffnungsschimmer einer künftigen dauerhaften Liebes- und Lebensgemeinschaft. Denn die beiden Halbwaisen vermissen schmerzlich die vor
allem in der Entwicklungsphase der Kindheit unverzichtbare, daher unwieder-
bringliche elterliche Liebe – ihre kindliche Hoffnung auf ein gemeinsames
Liebes- und Lebensparadies erweist sich in ihrem problematischen Lebenslauf

als illusionär – möglicherweise eine novellistische Umformung des 1845 ge-
schriebenen „Liebes"-Gedichts „Im Garten". Ihre misstrauische Stiefmutter
Trud hat Grete – „Es ist etwas Böses in ihr", argwöhnt sie – den Nachbarsgar-
ten verboten, um jeden Kontakt der Spielgefährten zu verhindern; doch couragiert überspringt Grete den scheinbar unüberwindlichen Himbeerbusch, wobei
Valtin seine Freundin nicht nur sicher auffängt, sondern ihren akrobatischen
Hochsprung staunend lobt: „Wie du springen kannst [...] Du fliegst ja nur so".
Unerlaubterweise, doch couragiert ungehorsam, überwindet die junge, zarte
Patriziertochter erstmals die ihr von ihrer autoritären Schwägerin willkürlich
bestimmten Einschränkungen – ein für die und für die Handlungsprogression
der Novelle und für die indirekte Charakterisierung der Titelfigur relevantes
Motiv. Das multivalente 'Hänfling'–Motiv bewirkt nach Valtins frühem Tod,
Gretes intensive Trauergefühle auszulösen, als sie an seiner Grabstätte einen
Hänfling sieht, der sie an bedeutungsvolle, von beiderseitiger Sympathie und
Liebe motivierte Erlebnisse erinnert: „die Bilder vergangener Tage stiegen vor
ihr auf; ihr Schmerz löste sich, und sie warf sich nieder und weinte bitterlich".
– der Novellist hat nicht nur die Intensität der Trauergefühle Grete Mindes
plakativ dargestellt, die das facettenreiche Gefühlsprofil seines Charakterport-
räts komplettiert; mit dem Todesproblem als existenzielle 'Grenzerfahrung'
konfrontiert, hat Fontane zugleich ihre isolierte gesellschaftliche und soziale
Lebenslage angedeutet.

Das Sozialgefüge im Patrizierhaus der Mindes kennzeichnet vor allem die
problematische Figurenkonstellation der als Halbwaise aufwachsenden hübschen, doch zarten Grete Minde und ihrer aparten, doch meist autoritären, oft
rabiaten Schwägerin Trud Minde. Gleich die erste dramatische Konflikt-
Situation markiert die unversöhnlichen Fronten andauernder Konfrontationen,
die in novellistischen Szenen-Sequenzen vorgeführt werden: Nachdem sich
Grete und ihr Freund Valtin auf einem gemeinsamen Streifzug durch den
Tangermünder Forst verirrt hatten und deshalb nicht rechtzeitig nach Hause
zurückkehrten, verrät sich ihr wildes, trotziges und aufbegehrendes Temperament nicht nur durch unwillkürliche Körpersprache, sondern zugleich auch
durch ihre gereizten Widerworte in einem zänkischen Wortgefecht mit ihrer
Schwägerin, das eine zunehmende Zwietracht auslöst, die schließlich den
eskalierenden Generationskonflikt verursacht. Gretes angriffslustige, noch
kontrollierte Aggressivität kommt nicht nur durch ihre Augensprache zum
Vorschein: ihre Augen „blitzen in einem unheimlichen Feuer auf". Ihr leicht
zu provozierendes Naturell hat der Novellist körpersprachlich ebenso deutlich
konkretisiert und letztlich die Natur der Gewalt angedeutet: „sie ballte ihre
kleinen Hände" – die durch andeutende Körpersprache konkretisierte Psychologie deutet auf einen individualpsychologischen Problemaufriss der seeli-

schen Signaturen in der Novellistik des „Poetischen Realismus" in der zweiten
Hälfte des 19. Jahrhunderts.

Das in niederdeutscher Sprache und Mentalität geschriebene Märchen *Von
dem Machandelboom*, Grete Mindes „Lieblingsmärchen", hat Fontane durch
seine Dialog-Regie, durch seine Erzählkunst der literarischen Anspielung und
Andeutung, in die Novelle integriert (wie 1896 Anspielungen auf H. Heines
Seegespenst aus dem ersten Zyklus seiner *con amore* geschriebenen *Nordsee*-
Gedichte und Goethes *König von Thule* im weltliterarisch bedeutsamen Gesellschaftsroman *Effi Briest*), indem das Märchen von den jungen Spielgefährten
Valtin und Grete gesprächsweise erwähnt und daher die Kenntnis des Märchens beim Leserpublikum vorausgesetzt wird. Dieses brutale, grausame Märchen wird nicht erzählt oder nacherzählt: Nicht von einer als grausam und
gewalttätig charakterisierten Stiefmutter ist die Rede, die ihr eigenes Kind
bevorzugt, ihr Stiefkind aber misshandelt und zuletzt tötet; fast unaussprech-
lich scheint, dass sich das Opfer in einen Vogel verwandelt, der ganz in „Damp
un Flamm un Führ" verhüllt, die grausame Frau tötet. In einer komplexen
Motiv-Kombination ist der „Rache"-Vogel des Märchens mit dem „Hänf-
lingsmotiv" in einem Syntagma untrennbar verbunden, dem in variantenrei-
chen Formen inszenierten Bild des Vogels, des Nestes und der „Flug"-
Metapher, die Grete Minde (wie auch Effi Briest) als risikobereit charakterisiert – in Gretes „Lieblingsmärchen" hat Fontane ihren problematischen Lebenslauf anspielungsreich vorgeformt, darüber hinaus durch das Motiv ihrer
Vergeltungsrache novellistisch umgeformt. Fontane porträtiert Grete Minde als
Opfer (benachteiligender, traumatisierender Ausgrenzungen) *und* zugleich als
(dem Wahnsinn verfallene) Verbrecherin.

Eine novellistisch inszenierte Puppenspiel-Aufführung im Rathaussaal, bei der
ein Raketen-Feuerwerk misslang, weil durch ein explodierendes Pulverfass
plötzlich Feuer ausbrach, das zahlreiche Zuschauer tötete und verletzte, hat die
novellistische Funktion, den Brand im Tangermünder Rathaus im Jahr 1646 in
das Katastrophenjahr 1617 zurück zu wenden und mit narrativer Raffinesse auf
die Tangermünde zu zwei Drittel vernichtende Brandkatastrophe vom 13.
September 1617 vorauszudeuten, bei der viele Einwohner ihr Leben und ihren
Besitz verloren. Eine umherziehende Schauspielertruppe inszenierte das Puppenspiel über das „Jüngste Gericht", dessen düstere Gewalt das mitunter me-
lancholische Mädchen Grete Minde in Angst und Schrecken versetzte. In den
Kapiteln 3 bis 5, die etwa zwei Jahre und damit Grete Mindes problematische
Entwicklung als Heranwachsende darstellen, wird ihre gemeinsame Flucht mit
ihrem Freund Valtin dramatisch angebahnt, die in den wenigen Tagen des –
historisch nicht dokumentierten – Besuchs des Kurfürsten in Tangermünde

heimlich geschieht und in den Kapiteln 11 bis 14 dramatisch erzählt wird: Die andauernde Geringschätzung, Missachtung und Beleidigung Gretes, besonders der unverhohlene Hass, mit dem sie ihr Halbbruder und ihre Schwägerin beim Weihnachtsfest konfrontieren, konkretisiert sich im 10. Kapitel durch den radikalisierten Kontrast zwischen erhoffter Zeichen echter Menschenliebe und enttäuschend demütigender Lieblosigkeit – möglicherweise eine literarische Anspielung auf das aufklärerische Plädoyer für die allgemeine Menschenliebe des Klosterbruders – eines Analphabeten – in Lessings *Nathan*-Drama (1779; IV, 7): „Kinder brauchen Liebe, / Wärs eines wilden Tieres Lieb' auch nur, / In solchen Jahren mehr, als Christentum. / Zum Christentume hats noch immer Zeit."

Die Kohärenz und Konsistenz der Handlungsstruktur erreicht der Novellist zu Beginn des 15. Kapitels durch einen Zeitsprung von drei Jahren; diese zeitliche Zäsur ermöglicht ihm zugleich einen Schauplatzwechsel. Die weiteren sechs Kapitel führen in wenigen Tagen zur hochdramatisch erzählten tragischen Schluss-Szene. Für Fontanes novellistische Erzählstrategie und für die Handlungsprogression seiner historischen Novelle sind dramatische Inszenierungen konstitutiv: Die dramatische Eskalation des zerrütteten Familienlebens im Patrizierhaus des Kaufmanns und Ratsherrn Gerdt Minde, die riskante Flucht Gretes mit Valtin, die enttäuschende Rückkehr der Witwe Grete Minde mit ihrem Kind in ihr ehemaliges Vaterhaus nach Valtins frühem Tod und dem nach kirchlicher Orthopraxie verweigerten christlichen Begräbnis von Valtins Leiche – von allen Novellen und Romanen zeichnet sich Fontanes Chronik-Novelle durch ihre einzigartige dramatische Dimension aus, durch die verrätselte Charakterisierung der Titelfigur, durch das dramatisch inszenierte Schlusstableau, durch das psychologisch komplexe Motiv der tödlichen Rache einer als „schwarze Hure" diffamierten, sozial deklassierten jungen Frau, Mutter und Witwe, die zeitlebens zur Flucht getrieben wird. Das dramatisch inszenierte, tragische Lebensgeschick der von ihrem Halbbruder und vom Rat der Stadt Tangermünde ungerecht behandelten Bürgerin Grete Minde, die soziale Schande der deklassierten Frau, Mutter und Witwe hat in Fontanes Novellen und Romanen keine Parallele, markiert die einzigartige kulturkritische und gesellschaftskritische Sonderstellung dieser Chronik–Novelle in seinem erzählerischen Werk. Durch die düstere Getriebenheit ihrer Rache- und Zerstörungswut, durch ihre manisch depressiven Vorstellungen und Einbildungen, unterscheidet sich Grete Minde radikal von anderen Frauengestalten Fontanes, doch ihre vieldeutig verrätselten Empfindungen und Reaktionen stellen sie unverwechselbar *neben* Effi Briest, Corinna (*Frau Jenny Treibel*), Renate (*Vor dem Sturm*) und Melanie (*L'Adultera*) – „Wenn es einen Menschen gibt, der für Frauen schwärmt und sie beinah doppelt liebt, wenn er ihren Schwächen

und Verirrungen, dem ganzen Zauber des Evatums, bis zum infernal Angeflo-
genen hin, begegnet, so bin ich es.", *so* charakterisierte Fontane seine selbst-
gewählte Anwaltsrolle für erzähltes Frauenleben zwischen erlittener Anpassung an gesellschaftliche und soziale Normen und oft gescheiterter Aufleh-
nung im Dezember 1894 an Paula und Paul Schlenther, der die folgenden
sechs Gesellschaftsromane der 1880er und frühen 1890er Jahre als Literatur-
kritiker begleitet hat.

Die für den realistischen Erzähler dieser dramatischen Chronik-Novelle cha-
rakteristischen andeutenden Beurteilungen und Bewertungen werden aus unterschiedlichen Perspektiven mit prägnanter Kürze formuliert, um die sugges-
tive Wirkung des „Feuermeers", das die Stadt Tangermünde größtenteils zerstörte, um vor allem die tragische Wirkung des Todessturzes Grete Mindes mit
ihrem Kind und dem entführten Sohn ihres Halbbruders vom brennenden
Glockenturm der Stephanskirche wirkungsvoll zu inszenieren – diese tragische
Szene funktioniert als Reflex des „Balladesken", das der Novellist als konstitu-
tives literarisches Formelement in seine erste historische Novelle wirkungsvoll
integriert und dargestellt hat.

Darüber hinaus bietet die dramatische Inszenierung der Erzählung strukturelle
Anhaltspunkte, den Erzähltext, eindeutiger als andere Erzählungen Fontanes,
als *Novelle* zu klassifizieren, weil der Novellist die Erzählorganisation dieser
„unerhörten Begebenheit" stringent auf die dramatische Katastrophe der
Schluss-Szene hin konzipiert hat. Außerdem sind die Konfiguration des Er-
zähltextes, die Dialog-Regie, besonders die Streitgespräche, und die Konflikt–
Situationen der Szenen–Sequenzen auf die zentrale, isotopiekonstitutive Titelfigur der Grete Minde konzentriert, indem sie ihre facettenreich erzählte Charakteristik und zugleich die kulturkritische sowie die gesellschafts- und sozialkritische Dimension der Novelle ermöglichen.

Mit dem Charakter-Portrait der Grete Minde hat Fontane seelische Signaturen
seiner frühen Frauengestalt mit ihren sympathischen, aber auch dämonischen
Charakterzügen in den Mittelpunkt seiner Novelle gestellt, um seelische und
soziale Entwicklungsprozesse einer Bürgertochter als gesellschafts- und sozialkritische Projektionsfigur darzustellen. Außer Kontrolle geratene Affekte
verursachen eine extrem depressive, dissoziale Persönlichkeitsstörung und
eskalieren zu katastrophaler Zerstörung und Selbstzerstörung; als sozial deklassierte Außenseiterin der bürgerlichen Gesellschaft in Armut und Not getrieben, richtet sich Grete Minde selbst durch ihre Brandstiftung und Kindesentführung als Verbrecherin, indem sie mit ihrem Kind und ihrem entführten
Neffen vor den Augen der versammelten Bürger, dazwischen auch ihr Halbbruder Gerdt Minde, vom brennenden Turm der Stephanskirche stürzt – ein

novellistisch hochdramatisch inszeniertes Inferno. Die Hauptkirche Sankt Stephan, die Burg und das Rathaus repräsentieren die Zentren der kirchlichen und der kommunalen Obrigkeit in Tangermünde. Der Novellist hat sich selbst und zugleich dem Leserpublikum eine komplizierte „psychologische Aufgabe" gestellt, indem er in seiner ersten Chronik-Novelle „ein Sitten– und Charakterbild" in dramatischen Szenen–Sequenzen von erschütternder Tragik erzählt hat[36].

„Bin ich irr?"
Rätsel „Grete Minde" – eine deklassierte Bürgerin als mörderische Furie. Soziale Schande als Thema novellistischer Gesellschaftskritik

> „In diesem Augenblick stand Grete vor Trud, und ihre bis dahin niedergeschlagenen Augen blitzten in einem Feuer auf: „Was sagt du da von fremd und arm? Arm! Ich habe mir's von Reginen erzählen lassen. Sie kam aus einem Land [Gretes Mutter aus Flandern], wo sie glücklich war, und hier hat sie geweint und sich zurückgesehnt, und vor Sehnsucht ist sie gestorben. Arm! Wer war arm? Wer? Ich weiß es. *Du* warst arm. *Du!*" [Kapitel 6: *Das Marienfest*].

Fontanes novellistisches „Sitten- und Charakterbild", so formulierte er selbst das Titelthema seiner Chronik-Novelle im Brief vom 6. Mai 1878 an Paul Lindau, erzählt die konflikthafte Lebensgeschichte einer auffallend schönen, jungen Patriziertochter Grete Minde aus Tangermünde, die als Halbwaise von Trud und Gerdt Minde andauernd seelisch gequält wird und deren Rechtsanspruch auf ihr väterliches Erbteil im Nachlassstreit vor dem Stadtrat von Tangermünde durch raffinierte Falschaussagen und ehrverletzende Beleidigungen und Erniedrigungen ihres Halbbruders, des Stadtrats Gerdt Minde, verwehrt wird. Erst etwa 14 Jahre alt, provoziert ihr attraktives, doch fremdländisch wirkendes Erscheinungsbild extrem verschiedene Reaktionen der Tangermünder Bürger, denn „ihre feinen Linien, noch mehr das Oval und die Farbe ihres Gesichts, deuten auf eine Fremde". Ihre jugendliche Anmut kontrastiert mit ihrem kühnen, manchmal hochmütigen Stolz, so dass unter den Bürgern diffamierende Charakterisierungen zwischen den Extremen „verwunschene Prinzessin" oder „Hexe" kursieren: Gerüchten und Gerede zufolge wird die junge Patriziertochter misstrauisch als exotische Außenseiterin wahrgenommen. In der bürgerlichen Stadtgesellschaft von Tangermünde, die sich zur

---

36 *Theodor Fontane* brieflich am 23. Oktober 1878 an den Verleger Paul Lindau, den Herausgeber der Zeitschrift *Nord und Süd*. Briefe, Bd. IV/ 2, S. 625. – *Theodor Fontane* brieflich am 27. Oktober 1895 an Clara Kühnast über *Effi Briest*. Briefe, Bd. IV, S. 493 f.

evangelisch-lutherischen Konfession bekannt hat, wird Grete Minde vor allem von ihrer hartherzigen und böswilligen Schwägerin Trud Minde als „Fremde" beleidigt, als „Hexe" gedemütigt und vom Familienleben ausgegrenzt, weil sie – vor dem 30-jährigen Krieg (1618 bis 1648) – Relikte der römisch-katholischen Konfession ihrer verstorbenen, aus Flandern zugezogenen Mutter bewahrt habe, denen der lutherische Prediger durch seinen religionspädagogischen Katechismus–Unterricht mit missionarischem Eifer entgegen wirken möchte. Den alten lutherischen Prediger an der Stephanskirche charakterisiert aber nicht nur sein konfessioneller Eifer, sondern vielmehr sein Enthusiasmus für das ästhetisch schöne Leben, indem er beispielsweise sein Gefallen an rot und weiß blühenden Rosen findet. Ihn charakterisiert vor allem eine intuitive Menschenkenntnis, denn er kannte „nicht nur das menschliche Herz", sondern hatte sich „aus erbitterten Glaubenskämpfen her auch einen Schatz echter Liebe gerettet", allerdings *cum reservatio mentalis*: „es muß nur kein Calvinischer sein oder kein Katholischer. Da wird er gleich bös" – ein Reflex seines konfessionellen Bekenntnisses, aber zugleich auch seiner religiösen Intoleranz.

Im Haushalt des Patrizierhauses ihres Halbbruders Gerdt Minde aufwachsend, wird Grete Minde von seiner lieblosen Ehefrau Trud oftmals durch Beleidigung und Erniedrigung, durch Geringschätzung und Missachtung diffamiert und drangsaliert. Durch ihr autoritäres Gebaren wird die verdienstvolle alte „Kindermuhme" Regine allenfalls als nützliche Haushälterin geduldet; sie allein erweist Grete und Valtin die vermisste verstehend–helfende Solidarität. Seit über dreißig Jahren zum Haushaltspersonal der Patrizierfamilie Minde gehörend, repräsentiert sie als Episoden-Figur die Inferiorität des Dienstpersonals, das sich auch im hohen Alter die lebensnotwendige Altersversorgung in niederer Stellung und sozialer Abhängigkeit erarbeiten muss. Die alte Haushälterin repräsentiert Fontanes novellistische Sozialkritik an der Altersarmut der ständisch strukturierten Gesellschaftsordnung, die 1886 auch sein literarischer Konkurrent und politischer Kontrahent Theodor Storm in seiner sozialdramatischen Novelle *Ein Doppelgänger* durch das Lebensgeschick einer ohne Altersversorgung obdachlosen, doch altruistisch handelnden Dienstbotin, der wohnungssuchenden Tochter eines Dorfschullehrers, kritisiert. Aufgrund der sozialen Lebenslage der „kleinen Leute", aufgrund der ausweglosen Armut eines oftmals unverschuldet arbeitslosen Gelegenheitsarbeiters, hat Theodor Storm das Betteln als skandalöses Arbeiterelend, als soziale Schande kritisiert[37].

---

37 *Theodor Storm*, Ein Doppelgänger. Kommentierte Novellenedition. Juristische Zeitgeschichte, Abteilung 6, Bd. 40. Herausgegeben von Thomas Vormbaum und Gunter Reiß. Berlin: Walter de Gruyter 2013, S. 31–35, 44–45.

Fontane charakterisiert die gesellschaftliche und soziale Herkunft Grete Mindes als Tochter eines Ratsherrn der traditionsreichen Kaiser- und Hansestadt, der Kaufmanns- und Handelsstadt Tangermünde, als Patriziertochter eines alten Familiengeschlechts. Ihr enttäuschtes, allenfalls von Valtin Zernitz auf ihrer gemeinsamen Flucht befriedigtes Liebesbedürfnis – „Liebe will ich" – und ihr Rechtsempfinden – „Ich kann kein Unrecht sehen" – ihr Glücksverlangen und ihr Rechtsgefühl werden im Hause ihres Halbbruders immer wieder unterdrückt, das sie als Unglücksort ihrer schrecklichen Jugend erlebt. Allein durch ihren energischen Willen, trotz ihrer unglücklichen Lebenssituation dennoch 'Glück' zu finden, vermag es Grete Minde, die erlittenen Repressionen verletzender Erziehungsmethoden durch träumerische Flucht–Phantasien zu kompensieren: Sie „beginnt, sich in wachen Träumen eine Welt der Freiheit und des Glücks" vorzustellen – ihr träumerisches Erleben einer illusionserzeugenden Glückswelt soll die nötige therapeutische Kompensation ihrer unerträglichen Unzufriedenheit mit ihrer Lebensrealität bewirken. Grete Minde scheint nur dann zufrieden, wenn sie mit dem Nachbarjungen Valtin Zernitz, sie verbindet eine beiderseitige Sympathie und Solidarität, aus den unerträglichen Familienverhältnissen in die freie, friedliche Natur ausweichen kann, vor allem in das Refugium glückerfüllten Spiels. Ihr Freiheitsverlangen konkretisiert der Novellist durch virtuos kombinierte Flug– und Vogelbilder, die sie als „Schicksals– und Todesmotiv", so Peter Demetz, schon im ersten Kapitel symbolisch charakterisieren – wie der Romancier Effi Briest als heitere, gelenkige, doch waghalsige Jugendliche durch das vieldeutige 'Schaukel'-Symbol als „Tochter der Luft" charakterisiert *und* als geschiedene Frau, von tödlicher Krankheit gezeichnet, ein letztes Mal in Szene setzt: „[...] sie waren bis an die Schaukel gekommen. Sie sprang hinauf, mit einer Behendigkeit wie in ihren jüngsten Mädchentagen, und ehe sich noch der Alte, der ihr zusah, von seinem halben Schreck erholen konnte, huckte sie schon zwischen den zwei Stricken nieder und setzte das Schaukelbrett durch ein geschicktes Auf- und Niederschnellen ihres Körpers in Bewegung. Ein paar Sekunden noch, und sie flog durch die Luft, und bloß mit einer Hand sich haltend, riß sie mit der andern ein kleines Seidentuch von Brust und Hals und schwenkte es wie in Glück und Übermut." – und Effi Briest ihr letztes Spiel, ihre ahnungslose Abschiedsgeste, selber kommentiert, die auf ihren nahen Tod vorauszudeuten scheint: „mir war, als flög' ich in den Himmel"[38].

Als Kontrastbild zu den unerträglichen Familienverhältnissen im Hause von Trud und Gerdt Minde hat der Novellist in der illusionserzeugenden Phantasie Valtins das Wunschbild einer idealen Glückswelt aufscheinen lassen: Als sich

---

38 *Theodor Fontane*, Effi Briest. Kapitel 1 und 34.

Grete Minde und Valtin Zernitz während des Maifestes im Lorenzwald bei Tangermünde verirren, erträumen sich die beiden Spielgefährten ein friedliches Lebensparadies, dessen symbolische Bedeutung sich aus der 'Lorenzsage' herleiten lässt. Die sagenhafte Geschichte von der wunderbaren Rettung einer im düsteren Wald verirrten Jungfrau kontrastiert Valtin mit der kruden Gegenwart: „Wenn der Hirsch käm und es wirklich gut mit uns meinte, dann trüg er uns an eine andre Stelle [...] und nicht nach Hause". An phantastischen Glückswelten literarischer Utopien interessiert, hat Valtin Zernitz „in einem alten Buche" von einem „Friedenstal" gelesen, einem Sehnsuchtsort, wo immer „die Sonne scheint und die Wolken ziehen; und kein Krieg und keine Krankheit; und die Menschen, die dort leben, lieben einander und werden alt und sterben ohne Schmerz". Im Kontrast zu dieser idealen Glückswelt der kreativen literarischen Einbildungskraft, zu dieser nur in der illusionserzeugenden literarischen Phantasie existierenden Eutopie, verhalten sich Gerdt Minde und seine Frau Trud lieblos, abweisend und ausgrenzend – als stolze Patrizier egoistisch auf den ererbten Hausbesitz fixiert; als Ratsherr mit Sitz und Stimme im Magistrat der Stadt Tangermünde um seine gesellschaftliche Reputation besorgt, betrügt Gerdt Minde seine Halbschwester nicht nur um die gesellschaftliche und soziale Solidargemeinschaft ihrer Verwandtschaft, sondern auch um ihr Erbteil, indem er sie durch seinen Vorwurf der asozialen Landstreicherei respektlos verleugnet und sie darüber hinaus als Prostituierte verdächtigt, ihr Kind als „Hurenkind" diffamiert und als nicht gesellschaftsfähig verachtet und ausgrenzt. Nachdem Gerdt Minde die von seiner Schwester demütig vorgetragene Bitte um Wiederaufnahme in das gemeinsame Vaterhaus auch für ihr Kind abgewiesen und ihre Bitte um Vergebung ihrer Fehler und Schwächen brüsk abgeschlagen hat, leistet er vor der Ratsversammlung einen skrupellosen Meineid, der mit raffiniertem Kalkül den Mangel einer Erbmasse suggeriert, so dass ihr Erbanspruch vor dem Stadtrat nach dem in der Hansestadt Tangermünde geltenden Recht abgewiesen werden musste. Dennoch verrät sich Gerdt Mindes perfider Charakter vor den Ratsherren des Magistrats: „Er kannte nicht Lieb'res als den Ärger anderer Leute" – dieses Urteil des alten Bürgermeisters von Tangermünde demaskiert den Bürger wie den Ratsherrn Gerdt Minde, dessen kaltes Herz sich auch dem mitleidsmotivierten Appell des weisen Bürgermeisters an die christliche Barmherzigkeit egoistisch verschließt, der Grete Mindes Klage juristisch abweisen musste, obwohl er das geltende Recht als „unbillig Recht" kritisiert, indem er sich dem Verbot juristischer Selbsthilfe fügt.

Als Kontrastfiguren der Konfiguration des Novellentextes hat Fontane die unglücklichen Eheleute Gerdt und Trud Minde als Doppelportrait in dramatisch erzählten Szenen des konflikthaften Familienlebens dargestellt – in seinem Novellen–Debüt inszeniert Fontane ein weites Problem– und Themenfeld des „Poetischen Realismus" der zweiten Hälfte des 19. Jahrhunderts: die literarische Kritik an zeitgenössischen Auflösungs- und Zerstörungstendenzen der bürgerlichen Familie als gesellschaftliche Institution der sozialen und solidarischen Lebensgemeinschaft.

Trud Minde porträtiert der Novellist als attraktive, vornehme, stolze Patrizierfrau, ihre Verhaltensweise aber als lieblos und hartherzig. Fontanes differenzierte Charakterisierung erscheint individualpsychologisch bemerkenswert, weil Trud Mindes „vornehme Art" verbirgt, dass sie nie mitfühlende Verbundenheit und Wertschätzung erlebte und sich daher nach nichts mehr in ihrem unglücklichen Eheleben sehnt als nach Liebe – wie ihre Schwägerin Grete Minde, der sie keine Liebe zu schenken vermag. Vor diesem Hintergrund individualpsychologischer Defizite kann sie in ihrer unfreiwilligen Rolle als Stiefmutter auf die seltenen Glücksmomente, die Grete gemeinsam mit ihrem einzigen Freund Valtin Zernitz erlebt, nur mit „Neid und Mißgunst" reagieren und ihre Freundschaft sogar mit rigiden Maßnahmen überwachen und verbieten, etwa durch eine gänzlich unverhältnismäßige, aber unwirksame Kontaktsperre – souverän beherrscht sie die Sprache und Strategie der provozierten Eskalation von Zank und Zwist. In der ihr lästigen Rolle als Stiefmutter vernachlässigt sie ihre Erziehungspflichten gegenüber Grete, die ihre desolate Gefühlslage ausdrucksvoll beklagt: „Es tötet mich, wenn mich niemand liebt!" – mit diesem Bekenntnis einer gequälten Seele kennzeichnet der Novellist ihr Psychogramm. Die deprimierenden Familienverhältnisse, mit denen Grete von Jugend auf konfrontiert wird, verursachen ihre seelische Verletzung und Verstörung, jene heillose seelische 'Wunde', die sie zur nächtlichen Flucht aus ihrem Vaterhaus und ihrer Heimatstadt Tangermünde treibt – zeitlebens bleibt die fliehende Frau, Mutter und Witwe auf der Flucht; ihre widerwillige Rückkehr in ihr Vaterhaus in Tangermünde erwies sich als hoffnungslos; die seelisch extrem verstörte Frau, Mutter und Witwe verursacht den Brand ihres ehemaligen Vaterhauses, der sich zum katastrophalen Stadtbrand ausbreitet, nachdem ihr Halbbruder sowie der Magistrat der Stadt Tangermünde ihren Anspruch auf das Erbteil ihres Vaters nach geltendem Recht abgewiesen haben.

Fontane erzählt die konfliktreiche Lebensgeschichte der Grete Minde bis zur apokalyptischen Katastrophe in dramatischen Szenen–Sequenzen, wobei die Streitszenen zwischen den verfeindeten Schwägerinnen zum gewalttätigen Konflikt eskalieren: „wir waren uns fremd und feind von Anfang an", markiert Trud Minde die Fronten der Konfliktverschärfung – Trud Minde beherrscht die Sprache der Beleidigung und Erniedrigung ebenso berechnend wie ihr Ehemann – Gerdt Minde heißt die Kanaille dieser Patrizierfamilie. Durch ihre Ehe mit dem Ratsherrn wird ihr sozialer Ehrgeiz zwar zufriedengestellt, doch die Mutterliebe für ihr lange ersehntes Kind, für den erbberechtigten Sohn des Patrizierhauses, lässt sie ihre Erziehungspflichten gegenüber jungen Schwägerin Grete gänzlich vernachlässigen. Mit psychologischem Raffinement schildert der Novellist das zentrale Motiv des unerfüllten, unglücklichen Liebesverlangens von Trud und Grete Minde, das den seelischen „Knax" beider Frauenfiguren bewirkt. Diesen seelischen und zugleich sozialen Konflikt zwischen natürlichem Liebesbedürfnis und seiner Unterdrückung durch gesellschaftliche Institutionen hat Fontane, besonders im Zusammenhang mit seinem historischen Gesellschaftsroman *Effi Briest*, als zentrales Thema seiner historischen Gesellschaftsromane bezeichnet, deren Titelthema er mit dem Namen einer Frauengestalt überschrieben, doch zugleich andeutend kommentiert hat:

> Der natürliche Mensch will leben, will weder fromm noch keusch noch sittlich sein, lauter Kunstprodukte von einem gewissen, aber immer zweifelhaft bleibenden Wert, weil es an Echtheit und Natürlichkeit fehlt. Dies Natürliche hat es mir seit lange angetan, ich lege *darauf* Gewicht, fühle mich nur dadurch angezogen und dies ist wohl der Grund, warum meine Frauengestalten alle einen Knax weghaben. Gerade dadurch sind sie mir lieb, ich verliebe mich in sie, nicht um ihrer Tugenden, sondern um ihrer Menschlichkeiten d. h. um ihrer Schwächen und Sünden willen. Sehr viel gilt mir auch die Ehrlichkeit, der man bei den Magdalenen mehr begegnet, als bei den Genoveven[39].

Von allen Konfliktsituationen im Patrizierhaus Minde ist besonders der letzte, zur gegenseitigen Körperverletzung eskalierende, hasserfüllte Konflikt zwischen Trud und Grete bezeichnend, der die Jugendliche zur Flucht aus dem Vaterhaus treibt: Zunehmend radikalisierte sich ihr „immer bitterer und leidenschaftlicher aufgärender Groll". Von ihrer neidischen und missgünstigen Schwägerin beleidigt, gedemütigt und erniedrigt, reagiert die attackierte Grete blindwütig und brutal: „ohne zu wissen, was sie tat", schleuderte sie „der verhassten Schwieger" einen zufällig greifbaren Gürtel in ihr apartes Gesicht; die verletzende Gewalttat lässt sie einen „befriedigten Hass" empfinden. Mit diesem eskalierenden Streit inszeniert der Novellist das bürgerliche Familiendrama der außer Kontrolle geratenen Affekte durch einen furiosen, gewalttätigen Konflikt zwischen einer frustrierten Frau und Stiefmutter und einer vernachlässigten, misshandelten und enttäuschten jugendlichen Pflegetochter, die sich beide – vergeblich – nach Liebe sehnen. Die dramatische Novellen–Szene schildert zugleich auch die psychische Belastungs– und Zerreißprobe einer durch unerträgliche Familienverhältnisse extrem verstörten Jugendlichen in

---

39   *.Theodor Fontane* brieflich am 10. Oktober 1895 an Colmar Grünhagen. Briefe, Bd. IV, S. 487 f.

einer durch Zwietracht immer gefährdeten und schließlich durch gegenseitige Gewalt zerstörten Familien-Gemeinschaft, deren Zerstörung sie als katastrophales Trauma erleidet. Durch die dramatisch eskalierende Kollision extremer Affekte erzählt der Novellist mit psychologischem Raffinement „das doppelt selige Gefühl" Grete Mindes, zeichnet so ihr doppeldeutiges Charakterportrait: Sein Psychogramm konstatiert nicht nur Gretes „befriedigten Hass", sondern inszeniert zugleich auch die durch ihre couragierte Flucht mit ihrem Freund Valtin Zernitz „errungene Freiheit": „Und nun waren sie frei. Sie sahen sich an und atmeten auf, und der Zauber des um sie her liegenden Bildes ließ sie minutenlang ihres Leides und ihrer Gefahr vergessen." [Kapitel 13: *Flucht*].

In Fontanes Charakterportraits erscheinen insbesondere die novellistisch integrierten Bibel-Zitate und deren Stellenwert für das eskalierende Rivalitätsverhältnis zwischen Pflegemutter und Pflegetochter beachtenswert: Beispielsweise provoziert Grete den Zorn ihrer Schwägerin, als sie in ihrem Weihnachtsgeschenk, „einem dicken Spangen–Gesangbuch (trotzdem sie schon zwei dergleichen hatte)", den Widmungsspruch „Hochmut kommt vor dem Fall" – aus den Sprüchen Salomons (16,18) – gegen das Hosea-Zitat auswechselt, wodurch sie ihre provokante Kritik an ihrer Schwägerin nicht verhehlt und prompt deren zornige Reaktion herausfordert. Jakob Minde, Gretes treusorgender Vater, hält bis zu seinem Tode, „trotz eines Zehrfiebers, an dem er litt, aus einem starken Gefühle dessen, was sich für ihn zieme, die Schwäche seines Körpers und seiner Jahre bezwang", die Familienehre als das „älteste Geschlecht" in Tangermünde aufrecht. Im Sterben liegend, vertraute er *nolens volens* der Schwiegertochter Trud seine Tochter Grete mit dem ausgewählten Hosea-Wort zur Erziehung an: „Laß die Waisen Gnade bei dir finden." (Hosea, 14,4). Nach dem Tod ihres Vaters aber fühlt sich im ehemaligen Vaterhaus „ganz allein", „ohne Heimath" – da ihre Mutter früh verstarb, hat sie durch den Tod ihres Vaters ihren einzigen, letzten seelischen und familiären Beistand verloren – Sterben, Tod und Trauer erweisen sich in ihrem jungen Leben als Lebensphänomene der Grenzsituation, die sie mit der Härte der Endlichkeit des Lebens konfrontiert, die sich in ihrer Angst zeigt, die letztlich immer Todesangst bedeutet, denn die junge Grete Minde erlebt den Tod ihres Vaters als *factum brutum*. Die nach dem Tode von Jakob Minde entstehende Erbauseinandersetzung lässt sich aus seinen zwei Ehen herleiten, aus denen die erbberechtigten Kinder Gerdt und Grete Minde stammen. Als Zeichen des öffentlichen Respekts, der dem allseits geachteten Ratsherrn gebührt, wird seine Leiche in der St. Stephanskirche aufgebahrt. Während der Trauerfeier suggeriert der Abendsonnenschein auf den Kirchenfenstern in Gretes melancholischer Phantasie die Angstvision einer Feuersbrunst: „als stünde die Kirche rings in Flammen, und von rasender Angst erfaßt, verließ sie den Platz" – durch Gretes

Vision der brennenden Kirche scheint der Novellist eine Vorahnung des vernichtenden Stadtbrandes anzudeuten, die ihre panische Angstreaktion auslöst; in dieser verwirrenden, unerträglichen Konfusion nimmt die Jugendliche erstmals Reißaus, zeitlebens wird die fliehende Frau auf der Flucht bleiben.

Beide Frauengestalten charakterisiert, ohne Liebe als Halbwaisen aufgewachsen zu sein. Grete Mindes enttäuschter religiöser Glaube, die ersehnte Liebe Gottes als den „Vater der Waisen" zu finden, der „den Heimatlosen ein Heim" gewährt (Psalm 68, 5–7), deutet auf das Glaubensproblem der Deutung und Rechtfertigung der Existenz eines personalen Gottes hinsichtlich der Gewalt und Grausamkeit, des Leidens am Bösen und Schlechten in der Welt. Möglicherweise deutet Fontane durch das ausgewählte Bibel–Zitat auf das *Theodizee*–Problem, das seit der Philosophie und Literatur der europäischen Aufklärung als Epochenthema für den religionskritischen Diskurs bedeutsam wurde. Das *Theodizee*-Problem wird tatsächlich unabweisbar, wenn Menschen an die Existenz eines personalen Gottes glauben, ihren Glauben an ein christliches Gottesbild binden: *Warum* kann es Gewalt, Grausamkeit und Leid in der Welt geben, das vielleicht ungesühnt bleibt, *warum* kann Nichtswürdiges herrschen, wenn ein allmächtiger und allwissender, ein gerechter und gütiger, ein liebender Gott existiert, in dem *alle* denkbaren positiven Attribute kulminieren?

Die gemeinsame nächtliche Flucht von Grete Minde mit ihrem Freund Valtin Zernitz aus den unerträglich lieblosen Lebensverhältnissen und die Episode ihres Vagabundenlebens bei einer Schauspielertruppe enden nach drei Jahren mit dem plötzlichen Tod Valtins, der seine geliebte junge Frau mit ihrem gemeinsamen Kind zurück lassen muss; doch beschwört er sie, in ihr Vaterhaus nach Tangermünde, zu ihrem Halbbruder zurück zu kehren, wozu sie sich widerwillig, vermutlich aus mütterlicher Sorge um ihr Kind, entschließt. Gretes intensive Trauer um Valtin konfrontiert sie zugleich mit ihrer gesellschaftlich und sozial isolierten Lebenssituation: Nachdem der alte Prediger Roggenstroh, Pastor von Arendsee, das kirchliche Leichenbegräbnis pietätlos verweigert hatte, muss er zu seinem Verdruss konstatieren, dass die bejahrte Vorsteherin des adeligen Damenstiftes Arendsee, Domina Anna von Jagow, das Leichenbegräbnis auf dem Kirchhof in christlichem Geist ermöglicht, von dem ihr Glaubensbekenntnis zeugt: „Ich hasse den Hochmut und weiß nur das eine, daß unser Allerbarmer für unsre Sünden gestorben ist und nicht für unsre Gerechtigkeit." Dieser Konflikt ereignet sich auf dem historischen Spannungsfeld der sich zunehmend radikalisierenden Rivalität konfessionsverschiedener Parteien zu Beginn des 30–jährigen Krieges.

Das Städtchen Arendsee in der Nordmark, nördlich von Magdeburg gelegen, kennzeichnete die anscheinend idyllische „Arendseesche grosse See" und insbesondere das Benediktiner-Nonnenkloster mit einer dreischiffigen Pfeiler-basilika aus dem späten 12. Jahrhundert, das nach der Reformation ein (noch bis 1812 existierendes) Stift adeliger Frauen beherbergte. Dort gastieren mit der Puppenspieler-Truppe Grete Minde und Valtin Zernitz, der im Gasthaus plötzlich und unerwartet verstarb. Der Klostergarten auf dem Klostergebiet, „wild und verwahrlost, aber in seiner Verwahrlosung nur um so schöner", scheint Gretes Seelenzustand zu symbolisieren – die Gartenwildnis kann als Spiegelbild der von Grete Minde im Wirrwarr ihres Lebens erlittenen seeli-schen Qualen, als rätselhaftes Labyrinth einer gequälten Seele interpretiert werden. Den Haupteingang der Klosterkirche bildet ein Portal mit sieben Rundbögen, das nach mittelalterlicher Bausymbolik die Himmelpforte dar-stellt, durch die der Gläubige in das Paradies gelangt. Zum Klostergebäude kann Grete Minde jedoch „keinen Eingang finden"; ihr Bezug zu Gott bleibt zeitlebens problematisch.

Die Historizität der Novelle garantieren nicht nur der archaisierende Sprach-stil, sondern auch Elemente magischer Visionen der 95-jährigen Domina des Damenstifts Ahrendsee, wenn sie „mit scharfen Augen, aus denen noch Geist und Leben blitzte", an der vagabundierenden Grete Minde „das Zeichen" zu bemerken glaubt, indem sie sogar „den Tod auf ihrer Stirn" zu gewahren glaubt und daher ihr 'Schicksal' visionär vorausdeutet: „Wir sehen sie nicht wieder". Nach der Brandkatastrophe von Tangermünde schildert Fontane, von einfühlsamer Sympathie motiviert und mit dezenter Andeutungskunst, im Schlusstableau der Novelle eine an das Mitleid des Leserpublikums appellie-rende letzte Szene: In Arendsee ertönt jenseits des Sees die Glocke, als sich die Domina Anna von Jagow nach Grete Minde erkundigt und in christlichem Auferstehungsglauben bekennt: „Armes Kind ... Ist heute der dritte Tag ..."[40].

Grete Mindes widerwillige Rückkehr nach Tangermünde, ihr demütigender Bittgang zu ihrem Halbbruder Gerdt Minde, der das Vaterhaus als alleiniger Eigentümer besitzt, wird vom Hausherrn mit schweren Beleidigungen und Erniedrigungen quittiert – ihr „gleichgültiger und mitleidsloser" Halbbruder beherrscht die Sprache der Demütigung und Ausgrenzung mit raffiniert be-rechnendem Kalkül, indem er seiner Halbschwester und ihrem Kind die erbe-tene Wiederaufnahme in ihr ehemaliges Vaterhaus verweigert; als sie mit ihrer Bitte vor ihm auf die Knie sinkt, konfrontiert er ihre notgedrungene Demutsge-ste mit dem anmaßenden Vorwurf, sie erscheine „*nicht* bußfertig". Indem sie

---

[40]   Vgl. *Theodor Fontanes* Brief vom 3. Februar 1879 an Mathilde von Rohr.

sich daraufhin aus der unfreien Rolle als Bittstellerin löst, erhebt sie selbstbe-
wusst und couragiert ihren legitimen Anspruch auf ihr Erbteil: „Du hast mich
nicht hören wollen in meiner Noth, so höre mich denn in meinem Recht. Ich
bin als eine Bittende gekommen, nicht als eine Bettlerin. Denn ich bin des
reichen Jacob Minde Tochter. Und so will ich denn mein Erbe". Doch dem
berechtigten Erbanspruch seiner Halbschwester verweigert sich der Hauseigen-
tümer und Ratsherr Gerdt Minde, um seinen Besitzstand zu behalten, um ihn
einst seinem einzigen, erbberechtigten Sohn zu vererben, sowie seine gesellschaftliche Reputation und Familienehre zu wahren. Die Charakterisierung der
Eheleute Minde kennzeichnet insbesondere das Überraschungsmoment der von
Gerdt Minde unerwarteten Vorwürfe seiner stolzen, gleichwohl vornehmen
Ehefrau Trud, die der Novellist letztlich als 'gemischten Charakter' darstellt:
obgleich sie in ihrer Verteidigungsrede zugunsten ihrer Schwägerin das unmoralische Verhalten ihres Ehemanns gegen seine Halbschwester tadelt, befürch-
tet sie vor allem drohendes „Unheil", das Schaden anrichten, besonders ihrer
Familie schaden werde: „Du durftest es *nicht*. Ein Unheil giebt's! Und Du
selber hast es heraufbeschworen ... aus Geiz und Habsucht". Egoistische Be-
weggründe verleiteten den Besitzbürger und Ratsherrn Gerdt Minde, zur Abweisung der Erbschaftsklage seiner Halbschwester skrupellos einen Vermö-
gensverfall durch das wirtschaftliche Fiasko seines Vaters vorzutäuschen, das
die Erbmasse vermindert habe.

Mit ihrem Kind auf dem Arm, das sie demonstrativ aus einem Mantel enthüllt
– um mit dieser Pose die mitleidsmotivierende Wirkung einer Mantel-
Madonna zu suggerieren – inszeniert Grete Minde ihren Auftritt vor den versammelten Ratsherren der Stadt, um ihren berechtigten Anspruch auf die Hälfte des väterlichen Erbes einzuklagen, denn wie ihr Halbbruder Gerdt Minde ist
sie zu gleichen Teilen erbberechtigt: „Ich komm', um zu klagen wider meinen
Bruder, der mir mein Erbe verweigert. Und dessen, denk' ich, hat er kein
Recht. [...] wenn ich kein Recht hab an sein brüderlich Herz, so hab ich doch
ein Recht an mein väterlich Gut." Gretes Mindes legitimer Anspruch auf die
Hälfte des väterlichen Erbes, den sie konsequent und couragiert vor dem Stadtrat geltend macht, wird nach dem Meineid ihres Halbbruders zurückgewiesen
– dieser Rechtsbruch entlarvt den kriminellen und unmoralischen Charakter
des Kaufmanns und Ratsherrn Gerdt Minde. Die erfolgreiche Durchsetzung
ihres Rechtsanspruchs erscheint jedoch von vornherein problematisch, weil der
beklagte Gerdt Minde als Mitglied des Stadtrats und folglich auch die mit ihm
solidarischen Mitglieder des Stadtrats vermutlich, vielleicht sogar wahrscheinlich als befangen gelten können. Allein Peter Guntz, allseits geachteter Bürgermeister der traditionsreichen Hansestadt Tangermünde, „den sie um seiner
Klugheit und Treue willen immer wieder wählten", beklagt das geltende Recht

als „unbillig' Recht", indem er – vergeblich – an die „christliche Barmherzigkeit" des Verwandten und Ratsherrn Gerdt Minde appelliert, der jedoch selbst-
herrlich seine Reputation und Familienehre vor der Ratsversammlung, den
Patriziern und den Bürgern, vor den Zünften und Gilden der Kaufmanns- und
Handelsstadt Tangermünde wahren will. Dennoch bleiben sein Bekenntnis und
sein vertröstender Kommentar wirkungs- und folgenlos, scheinen letztlich die
bloß rhetorische, gleichwohl resignative Entlastungsstrategie eines machtlosen
Politikers einzugestehen: „Unsere Schuld ist groß, unser Recht ist klein, die
Gnade tut es allein." Da sich gegen das Urteil des Stadtgerichts kein Widerspruch der Ratherren erhob, wurde die Klageabweisung nach dem 'Tangermündisch Recht' rechtskräftig, das auf dem 'Lübeckischen Recht' des nord-
osteuropäischen Hansebundes beruhte. Die Erbschaftsklage Grete Mindes
wurde als unzulässig und unbegründet verworfen. Durch das skandalöse Fehlurteil des Stadtgerichts, das aufgrund einer von einem Ratsherrn beeideten
Falschaussage gefällt wurde, sieht sich Grete Minde um ihren Rechtanspruch
auf ihr väterliches Erbe betrogen, zitiert daher vor den versammelten Ratsherren „mit tonloser Stimme" aus dem volkstümlichen, mythischen Spruch zur
künftigen Gerechtigkeit, den eine alte, noch lesbare Spruchtafel am Tangermünder Rathaus ziert[41]:

> Verlass Dich nicht auf Dein Gewalt,
> Dein Leben ist hier bald gezahlt,
> Wie Du zuvor hast 'richtet mich,
> Also wird Gott auch richten Dich.

Im politischen und gesellschaftskritischen Zusammenhang „inhumaner Ent-
rechtung" thematisiert Bernhard Losch das „Widerstandsrecht" in Fontanes
historischer Novelle am Fallbeispiel *Grete Minde*: Durch historisierende Er-
zählstrategien (den mittelalterlichen, durch historische Quellen bezeugten
Stoff, die historisierende Dialog-Regie, den balladesken Sprachton)

> bot sich Fontane die Gelegenheit, den hochexplosiven politischen und gesell-
> schaftskritischen Zündstoff aufzurühren, den er zugleich mit der nötigen 'Patina'
> überdecken konnte – die ihm in völliger Verkennung seiner hintergründigen Ironie
> und Kritik zum Vorwurf gemacht wurde. Unter ihrem Schutz konnte er die mise-

---

[41]   Der zitierte Spruch aus dem Jahre 1581 stammte aus der historischen Ratsstube der
       Stadt Stendal. Fontane fand die von ihm zitierten Verse bei Johann Christoph Bek-
       mann: Historische Beschreibung der Chur und Mark Brandenburg. 2 Bände. Berlin
       1751-1753. – Vgl. *Hermann Dietrichs und Ludolf Parisius*: Bilder aus der Altmark.
       Hamburg 1883–1884, Bd. 2, S. 214.

rablen Zustände seiner Zeit, die in menschenrechtsverachtender Rechtsverweigerung gipfelten, schonungslos demaskieren[42].

Grete Mindes Rückkehr nach Travemünde gerät durch das ungerechte Urteil, das ihren Erbanspruch abgewiesen hat, zur Enttäuschung, Verbitterung und Verzweiflung, die in Wahnsinn und Zerstörung umschlagen, die der Novellist als hochdramatische Tragödie inszeniert: Nachdem Grete Minde ihr ehemaliges Vaterhaus angezündet und damit den vernichtenden Stadtbrand verursacht hatte, bestieg sie mit ihrem Kind und ihrem entführten, erbberechtigten Neffen den brennenden Turm der Stephanskirche und stürzte mit den Kindern in das „Flammenmeer" – Gretes „umdunkeltes Gemüt" verschlimmert sich rasant, so dass sie sich in dem Bann von „wirr-phantastischen" Affekten verfängt, wie es der novellistische Kommentar an der Grenze des 'Psychologischen Realismus' resümiert: ein „starr-unheimlicher Zug" ließ „über die Trübungen ihrer Seele keinen Zweifel." – „Ihr gehörte diese Stadt, ihr", so markiert der Novellist andeutend die irreversible psychische Verstörung und unmoralische Zerstörung ihres ehemaligen Vaterhauses und ihrer ehemaligen Heimatstadt Tangermünde.

Die grausame und zugleich grauenvolle Rache der Grete Minde wird psychologisch durch die wahnsinnige Selbstzerstörung, den Doppelmord und die Brandkatastrophe der Stadt Tangermünde als nahezu apokalyptische Tragödie inszeniert. Die etwa 19–jährige Brandstifterin, die ihr ehemaliges Vaterhaus und ihre ehemalige Heimatstadt Tangermünde größtenteils vernichtet, erscheint in die Aura einer wahnsinnigen Furie gerückt.

Der junge, für literarische Utopie-Projektionen von Glückswelten begeisterte, früh verstorbene Valtin Zernitz gehört zweifellos zu den Sympathie- und Hoffnungsträgern der Konfiguration der Novelle; seit ihrer gemeinsamen Kinder- und Jugendjahre blieb er Grete in unverbrüchlicher Sympathie und Liebe verbunden – eine auf Dauer angelegte, verstehend-helfende Verbundenheit, die Fontane zeitlebens schätzte: „Von Jugend auf gepflegte Herzensbeziehungen sind doch das Schönste, was das Leben hat". Grete Mindes sympathischer Spielgefährte und solidarischer Jugendfreund, nach ihrem Vater der einzige Mann, der sie wirklich liebte und sie wohl am besten kannte, verstand ihre seelische Signatur realistisch zu charakterisieren: „Ich weiß, du hast ein trotzig Gemüt!"

---

[42] *Bernhard Losch*, Widerstandsrecht bei Fontane – Grete Minde gegen Unterdrückung und Rechtsverweigerung. In: Fontane-Blätter 67 (1999) S. 59 ff.

„So stumpf und gefügig er war, so zornmütig war er, wenn an seinem Besitz gerüttelt wurde". Die Familienfirma Gerdt Minde als gesellschafts- und sozialkritische Projektionsfigur

Das Charakterprofil des arrivierten Ratsherrn Gerdt Minde kennzeichnet der Novellist nicht nur durch negative Charakterzüge, sondern vielmehr durch den Korruptionsfall eines kriminellen Besitzbürgers, der sein problematisches Familienleben schuldhaft zerrüttet und den Ruin der von seinem Vater übernommenen renommierten Familienfirma von internationalem Renommee riskiert. Die intendierte Konfliktverschärfung gelingt dem Novellisten durch konkrete Streitfälle, die Gerdt Mindes extreme Besitzgier und seine kriminelle Energie in den beiden Berufsrollen als bekannter Kaufmann und Ratsherr vorführen, die ausgerechnet seine Ehefrau Trud schonungslos entlarvt: „Um guten Namen willen, sagst du? Geh; ich kenn dich besser. Aus Geiz und Habsucht und um Besitz und Goldes willen! Nichts weiter". Begierig auf die reiche Erbschaft seines Vaters erpicht, verleitet ihn seine materielle Besitzgier sowie die Furcht vor dem Verlust seiner gesellschaftlichen Reputation als Kaufmann und Ratsherr zum Meineid im Erbstreit mit seiner Halbschwester Grete Minde vor dem Tangermünder Magistrat, indem er seinen perfiden Charakter durch seine mitleidlose Unbarmherzigkeit gegenüber seiner Halbschwester und ihrem Kind verrät und sie vor den versammelten Ratsherren als ehrlose Prostituierte und ihr Kind als „Hurenkind" denunziert, um sie zu diffamieren und sozial zu deklassieren. Seine skrupellose, vom Bürgermeister als unchristlich bewertete Unbarmherzigkeit und seine egoistische Besitzgier bringen den Besitzbürger nach erfolgter Abweisung der Erbschaftsklage beim achtzigjährigen Bürgermeister Peter Guntz in Misskredit, wie dessen distanzierende, fast verächtliche Geste unmissverständlich zeigt. Der von allen Ratsherren geachtete Bürgermeister von Tangermünde, „den sie um seiner Klugheit und Treue willen immer wieder wählten", erhebt als einziger Politiker des Magistrats couragierten Protest gegen das geltende „tote Recht". Auf ihren eigenen materiellen Vorteil bedacht, reagieren die in der „Gerichtslaube" des Rathauses versammelten Ratsherren auf den Erbschaftsstreit juristisch desinteressiert sowie moralisch gleichgültig.

Im Erbschaftsstreit mit seiner Halbschwester, der in der „Gerichtslaube" des Tangermünder Rathauses vor dem Magistrat verhandelt wird, erhebt Gerdt Minde mit raffiniertem Kalkül seinen rechtlichen und materiellen Anspruch auf die reiche väterliche Erbschaft, indem er sich als allein erbberechtigt ausgibt, um seine zu gleichen Teilen erbberechtigte Halbschwester vom väterlichen Erbe auszuschließen, und außerdem den Mangel an Erbmasse durch die angebliche Misswirtschaft seines Vaters vortäuscht. Weniger durch seinen autoritären Auftritt vor der Ratsversammlung in dem von seiner Halbschwester unerwartet angestrengten Erbschaftsstreit, der die Erbberechtigte einschüchtern, zugleich aber seine gesellschaftliche Reputation als Ratsherr wahren soll, sondern vielmehr durch seinen – unerkannt und daher unbestraft bleibenden – Meineid, der seinen Erb– und Besitzanspruch sichern soll, erreicht der besitzgierige Ratsherr schließlich die kalkulierte Klageabweisung: Zur Eidesleistung aufgefordert, schwört Gerdt Minde einen Meineid, als er „an Eides Statt" versichert, dass sein Vermögen durch die Misswirtschaft des Vaters nicht an das von seiner Mutter in die Ehe „Eingebrachte" heranreiche –   durch die massiven Vorwürfe seiner stolzen Ehefrau Trud weiß nur der Leser, dass Gerdt Mindes Mutter ein Vermögen einbrachte, dass sich verdoppelt hatte, als Grete Mindes Mutter ins Haus einzog:

> Trud aber, uneingeschüchtert, schnitt ihm das Wort ab und sagte: „Sprich nicht, Gerdt; ich lese dir das schlechte Gewissen von der Stirn herunter. Deine Mutter hat's eingebracht, ich weiß es. Aber als die Span'sche, Gott sei's geklagt, in unser Haus kam, da hatte sich's verdoppelt, und aus eins war zwei geworden. Und so du's anders sagst, so lügst du. Sie *hat* ein Erbe. Sieh nicht so täppisch drein. Ich weiß es, und so sie's nicht empfängt, so wollen wir sehen, was von deinem und ihrem übrigbleibt. Lehre mich sie kennen. Ich hab' ihr in die schwarzen Augen gesehen, öfter als du. Gezähmt, sagst du? Nie, nie" (Kapitel 18: *Grete bei Gerdt*).

Rechtshistorisch galt die Gerichtsordnung Kaiser Karls V. von 1532, der zufolge Meineid nach Artikel 107 durch schwere Strafen sanktioniert wurde:

> Vnd nach dem imm heyligen Reich eyn gemeyner gebrauch ist, solchen falsch schwerern die zwen finger damit sie geschworn haben abzuhawen, die selbigen gemeyne gewonlichen leibstraff wöllen wir auch nit endern[43].

Das seit der Gründung des Deutschen Kaiserreichs im Jahr 1871 geltende Reichsstrafgesetzbuch sanktionierte Meineid als Verbrechen in besonders schweren Fällen nach § 153 mit einem Strafmaß von „bis zu zehn Jahren Zuchthaus".

Der skrupellose Meineid, durch den Gerdt Minde die reiche, unrechtmäßig erschlichene väterliche Erbschaft als Alleinerbe beanspruchen und behalten darf, erhält neben dem zivilrechtlichen Erbstreit zugleich eine politische Brisanz durch sein bürgerschaftliches Amt als Ratsherr der altmärkischen Hansestadt Tangermünde: Gerdt Minde verrät nicht nur seine politischen Amtspflichten, sondern verletzt auch seinen Amtseid als Ratsherr. Außerdem versäumt er, seine Kaufmannspflichten in der alteingesessenen Familienfirma zu

---

[43]   Die Peinliche Gerichtsordnung Kaiser Karls V. von 1532. Herausgegeben und erläutert von Gustav Radbruch. (Reclams Universal-Bibliothek, 2990/2990a). Stuttgart: Reclam-Verlag 1960, S. 75.

erfüllen, denn er repräsentiert das angesehenste Kaufmannshaus in der Handelsstadt Tangermünde, dem sein Vater als rechtschaffender und ehrbarer Kaufmann internationales Renommee verschaffte. Durch seine Gier und seinen Geiz riskiert Gerdt Minde die Zerstörung der Familienfirma und verschuldet die – von seiner Ehefrau befürchtete, visionär geahnte – Zerstörung seiner Familie – zentrale Probleme und Themen der Novellistik des „Poetischen Realismus" der zweiten Hälfte des 19. Jahrhunderts, beispielsweise in Theodor Storms gesellschafts- und zeitkritischen Novellen *Carsten Curator* (1878) und *Hans und Heinz Kirch* (1882).

„Den Künstler nehm ich noch mehr für mich in Anspruch als den Dichter". Fontanes sprachkünstlerische Regie der 'gesprochenen Sprache'

Es hängt alles mit der Frage zusammen: „Wie soll man die Menschen sprechen lassen?" Ich bilde mir ein, daß nach dieser Seite hin eine meiner Forcen liegt und daß ich auch die Besten (unter den *Lebenden* die Besten) auf diesem Gebiet übertreffe. Meine ganze Aufmerksamkeit ist darauf gerichtet, die Menschen *so* sprechen zu lassen, wie sie *wirklich* sprechen. Das Geistreiche (was ein bißchen arrogant klingt) geht mir am leichtesten aus der Feder, ich bin – im Sprechen wie im Schreiben ein Causeur, aber weil ich vor allem ein Künstler bin, weiß ich genau, wo die geistreiche Causerie hingehört und wo *nicht*. In „Grete Minde" und „Ellernklipp" herrscht eine absolute Simplizitätssprache, aus der ich, meines Wissens, auch nicht einmal herausgefallen bin, in „L'Adultera" und „Schach v. Wuthenow" liegt es umgekehrt. Deshalb kann ich moderne Salonnovellen meistens nicht lesen, weil alles, was gesagt wird, so langweilig, so grenzenlos unbedeutend ist [...] Ohne ein bestimmtes Maß von „Voraussetzungen" läßt sich überhaupt nicht schreiben, und je geschulter die Menschen werden, je größer wird der Kreis dessen, worüber man plaudern darf[44].

Die Chronik-Novelle *Grete Minde* gilt nicht nur wegen Fontanes frühen chronikalischen Sprachstils und seiner historischen Erzählstrategie bei namhaften Literaturwissenschaftlern als umstritten. Walter Müller-Seidel monierte Fontanes Konzession an den Zeitgeschmack des Leserpublikums, indem er nicht nur die Chronik-Novelle *Grete Minde* (1879), sondern auch die historische Novelle *Ellernklipp. Aus einem Harzer Kirchenbuch* (1881) unter dem Aspekt „Im Banne des Historismus" kritisierte, weil beide Novellen aufgrund ihrer konsequenten Historisierung von historischen Begebenheiten aus der Provinz und ihres historisierenden Sprachstils problematische Zugeständnisse des Novellenautors an Interessen und Erwartungen des zeitgenössischen Leserpublikums repräsentierten. Die Authentizität der „absoluten Simplizitätssprache" hat Fontane allerdings verteidigt, um historisches Zeitkolorit durch fiktive, ele-

---

44 *Theodor Fontane* brieflich am 24. August 1882 an seine Tochter Martha Fontane.

mentare Rollenrede, durch seine Dialog-Regie der 'gesprochenen Sprache' zu inszenieren: „Je moderner, desto und–loser, je schlichter, je mehr „sancta simplicitas", desto mehr 'und'", so verteidigte der Novellist den historisieren-den Sprachstil elementarer Rollenrede seiner Chronik-Novelle, die kreative literarische Möglichkeiten einer konsequent historisierenden Charakteristik und Erzählstrategie bietet.

Trotz seiner dezidierten Kritik am bürgerlichen und literarischen „Historis-mus" des 19. Jahrhunderts als „Misere eines stillosen Zeitalters" und an der „substantiellen Stillosigkeit" des bürgerlichen Leserpublikums hat Peter Demetz in Fontanes historischer Novelle *Grete Minde* die „rettende Motivik" sowie eine „Kette von Chiffren" anerkannt, die das „unstimmige Werk [...] in die Nachbarschaft der Kunst hindrängt", die auf Fontanes künftige schriftstel-lerische Meisterschaft deutet (S. 94–97).

Von Christian Grawe wurde nicht nur die „konventionelle Stereotypie des Ausdrucks" kritisiert, sondern zugleich auch die Anpassung des Novellisten an den Zeitgeschmack des „Sentimentalen, Plakativen, Melodramatischen" als problematische Entwicklungstendenz seiner Selbstfindung und Profilierung als *realistischer* Novellist. Stilkritisch moniert Christian Grawe beispielsweise direkte Anspielungen und Hinweise auf die „Getsemanie"-Szene durch ihre absichtsvolle Wiederholung als einen vermeintlichen novellistischen Kunst-griff, mit dem die Sentimentalität der unwillkürlichen seelischen Reaktion des tiefempfundenen „bitteren Weinens" inszeniert werde – eine Facette der kör-persprachlich angedeuteten Psychologie der seelischen Signatur des Mensch-seins der realistisch-poetischen Menschendarstellung aus der zweiten Hälfte des 19. Jahrhunderts, wie sie etwa schon Theodor Storms *Immensee*–Novelle mit ihrer Seelen-Sprache und ihren seelischen Verhaltens- und Reaktionsmus-tern als Paradigma einer unbefriedigten Jugendliebe repräsentiert, die erst die psychologische und gesellschaftskritische Dimension der realistischen Erzähl-literatur ermöglicht. Fontane hat die „verschleierte Schönheit" als ästhetische Signatur von Storms lyrischer *Immensee*-Novelle geschätzt (*Preußische Zei-tung* vom 17. Juni 1853): „Der „Immensee" gehört zu dem Meisterhaftesten, was wir jemals gelesen haben"[45].

Vor dem Hintergrund der skizzierten Stilkritik wird auch Fontanes stilistische Abgrenzung von „unerträglichen Glattschreibern" mit ihrem „alt überkomme-nen Marlitt- und Gartenlaubenstil" kritisch problematisiert, wenn der Novellist

---

45 *Theodor Fontane*. Aufsätze, Kritiken, Erinnerungen. Bd. 1. Herausgegeben von Jürgen Kolbe. München: Hanser 1969, S. 269–271. – *Theodor Storm*, Immensee. Kommentier-te Novellenedition. Herausgegeben von Walter Zimorski. Hamburg (Severus) 2017.

beispielsweise seelische Probleme diagnostiziert und Konflikt-Situationen denotativ beschreibt, statt novellistisch zu inszenieren: „Da war nun große Not und Trübsal, und es wurd' erst wieder lichter um Gretes Herz [...]"

Besonders an Heine als couragiertem Anwalt der politisch-sozialen Ideen des *Jungen Deutschland* und an seiner Aufsehen erregenden neuen Schreibart konnte Fontane den artistischen Stilisten kennen und schätzen lernen, vor allem seine eigene Kontur als *realistischer* Schriftsteller profilieren, obwohl Heines politisch gefährliche Gegner, wie der aus dem rheinischen Reichsadel stammende, österreichische Staatskanzler Fürst Metternich, seine facettenreiche Schreibart bewunderten, aber die liberale Literatur der politisch–sozialen *Emanzipation* durch eine rigide Presse– und Bücher–Zensur verfolgten und durch den Bundestagsbeschluss vom 10. Dezember 1835 verboten.

> Ich bilde mir nämlich ein, unter uns gesagt, ein Stilist zu sein, nicht einer von den unerträglichen Glattschreibern, die für alles nur *einen* Ton und *eine* Form haben, sondern ein wirklicher. Das heißt also ein Schriftsteller, der den Dingen nicht seinen altüberkommenen Marlitt- oder Gartenlaubenstil aufzwängt, sondern umgekehrt einer, der immer wechselnd seinen Stil aus der Sache nimmt, die er behandelt. Und so kommt es denn, daß ich Sätze schreibe, die vierzehn Zeilen lang sind, und dann wieder andre, die noch lange nicht vierzehn Silben, oft nur vierzehn Buchstaben aufweisen. Und so ist es auch mit den „Unds". Wollt ich alles auf den Und-Stil stellen, so müßt ich als gemeingefährlich eingesperrt werden. Ich schreibe aber Mit-und-Novellen und Ohne-und-Novellen, immer in Anbequemung und Rücksicht auf den Stoff. Je moderner, desto und–loser. Je schlichter, je mehr sancta simplicitas, desto mehr „und". „Und" ist biblisch-patriarchalisch und überall da, wo nach dieser Seite hin liegende Wirkungen erzielt werden sollen, gar nicht zu entbehren[46].

Die skizzierte Stilkritik namhafter Literaturwissenschaftler kann Fontanes chronikalischen Erzählstil, die kreative novellistische Handlungsmotivierung durch dramatische Szenen-Sequenzen und die facettenreichen literarischen Formen seiner Chronik-Novelle kaum desavouieren, zumal seine realistisch-poetische Schreibart sich durch ihr literarisches Gütesiegel ausweist, die popularisierende Tendenz erfolgreicher zeitgenössischer Erzählungen bei weitem zu übertreffen, was Fontane in dieser Entwicklungsphase zum realistischen Schriftsteller in werkbegleitenden Briefen am meisten begehrte und couragiert beanspruchte: „Den Künstler nehm ich noch mehr für mich in Anspruch als den Dichter." (Theodor Fontane brieflich am 23. Juni 1882 an Otto Brahm). Fontanes facettenreiches Themenspektrum, sein variantenreicher Schreibstil, sein untrügliches Gespür für den Sprachrhythmus seiner unverwechselbar individuellen Gestalten, die inszenierten Rollenwechsel, die regionalen und

---

46   *Theodor Fontane* brieflich am 3. März 1881 an Gustav Karpeles.

lokalen Dialektformen, die -Regie der 'gesprochenen Sprache' lassen Fontanes erzählerisches Werk im Kontext des *„Poetischen Realismus"* der zweiten Hälfte des 19. Jahrhunderts einzigartig erscheinen. Daher erklärt sich sein souveränes Selbstverständnis als Künstler und seine Imagepflege, als *echter* Dichter des *Poetischen Realismus* anerkannt und respektiert zu werden, ohne jeden Tag ein Glückwunsch-Telegramm zu erwarten:

> Wer heutzutage eine Kunst wirklich betreiben, und in ihr was leisten will, muß natürlich vor allem auch Talent, gleich hinterher aber Bildung, Einsicht, Geschmack und einen eisernen Fleiß haben. Zum *künstlerischen* Fleiß aber gehört etwas andres als Massenproduktion. Storm, der zu einem kleinen lyrischen Gedicht mehr Zeit brauchte als Brachvogel zu einem dreibändigen Roman, ist zwar mehr spazieren gegangen als der letzte, hat aber als *Künstler* doch einen hundertfach überlegenen Fleiß gezeigt. Der gewöhnliche Mensch schreibt massenhaft hin, was ihm gerad in den Sinn kommt, der Künstler, der echte Dichter, sucht oft 14 Tage lang nach *einem* Wort[47].

Seiner Frau Emilie hat Fontane in einem bekenntnishaften Brief vom 23. August 1882 die unverzichtbare Existenzbedingung seines Schriftstellerlebens anvertraut, für das er stets künstlerische Individualität und Autonomie beanspruchte: „man kann in der Kunst ohne eine *begeisterte* Zustimmung der Mitlebenden oder wenigstens eines bestimmten Kreises der Mitlebenden nicht bestehn." Fast 70-jährig hat Fontane sein Schriftstellerleben im November 1889 einer illusionslosen Selbstanalyse unterzogen und in einer Art Zwischenbilanz als Gewinn im Verlust notiert:

> Ich habe, ein paar über den Neid erhabene Kollegen abgerechnet, in meinem langen Leben nicht 50, vielleicht nicht 15 Personen kennengelernt, denen gegenüber ich das Gefühl gehabt hätte: ihnen dichterisch und literarisch *wirklich* etwas gewesen zu sein. Im Kreise meiner Freunde hier (oder gar Verwandten) ist nicht einer; jeder hält sich die Dinge grundsätzlich und ängstlich vom Leibe [...] das Lebens-Resultat, so schlecht es ist, ist immer noch besser, als es eigentlich sein dürfte. Manchen mag diese Betrachtung quälen, mich quält sie nicht, vielmehr freue ich mich, daß, nach einem unerforschlichen Ratschluß, schließlich noch so viel Gnade für Recht ergeht[48].

---

47 Theodor Fontane brieflich am 25. August 1881 an Mathilde von Rohr.

48 Theodor Fontane brieflich am 11. November 1889 an seinen Freund Georg Friedländer

Walter Zimorski

Theodor Fontanes werkbegleitende Briefzeugnisse

Fontanes werkbegleitende Briefe stellen eine unverzichtbare Grundlage dar, um die interessante Entstehungs- und Editionsgeschichte sowie den vielfältigen Hintergrund seiner Werke zu erkunden und transparent zu machen; denn sie spiegeln seine individuelle Lebens- und Schaffensphase authentisch wider, sind daher biografisch aufschlussreich und werkgeschichtlich bedeutsam. In Fontanes informierenden und kommentierenden Briefen werden seine persönlichen Lebensverhältnisse, seine familiären, freundschaftlichen und partnerschaftlichen Beziehungen sowie seine gesellschaftlichen Kontakte erkennbar. Fontanes Briefkorrespondenz überliefert also biografisch-historische Facetten seiner persönlichen Erfahrungen und Erlebnisse, seiner Ansichten und Meinungen, seiner Beurteilungen und Begründungen. Die Briefkultur in der zweiten Hälfte des 19. Jahrhunderts ermöglichte ihm außerdem eine kritische Problematisierung von Titel-, Themen- und Strukturfragen, von Motiv- und Stilproblemen. Daher erlauben Fontanes Schriftzüge aufschlussreiche Rückschlüsse auf den (sonst verborgenen) Schreibprozess. Dabei verfügt Fontane über das beeindruckende schriftstellerische Talent, charakteristische Grundzüge seiner realistischen Lebens- und Weltanschauung im Spannungsverhältnis von Ideal und Lebensrealität prägnant zu schildern.

„Damals fing meine Novellencarrière an"
Theodor Fontanes Briefkorrespondenz zur Entstehung der Novelle. Dialogpost als intendierte Rezeptionssteuerung

Berlin, 6. Mai 1878 an Paul Lindau

> Ich habe vor, im Laufe des Sommers eine altmärkische Novelle zu schreiben. Ort: Salzwedel; Zeit 1660; Heldin: Grete Minde, Patrizierkind, das durch Habsucht, Vorurteil und Unbeugsamkeit vonseiten ihrer Familie, mehr noch durch Trotz des eigenen Herzens, in einigermaßen großem Stil, sich und die halbe Stadt vernichtend, zugrunde geht. Ein Sitten– und Charakterbild aus der Zeit nach dem dreißigjährigen Kriege. Würden Sie geneigt sein, diese Novelle zu bringen? auch dann noch, wenn die Länge derselben ein Servieren in *zwei* Nummern, was Sie nicht lieben, erheischen oder wenigstens wünschenswert machen sollte. Viel unter fünf Bogen kann es wohl nicht werden. [HF IV/2, S. 568]

Berlin, 9. Mai 1878 an Wilhelm Hertz

> Der Roman ist in zwei, drei Wochen fertig, und ebenso lange beschäftigen mich Pläne für neue Arbeiten. Am liebsten ging' ich wieder an etwas Umfangreiches, an

eine heitre und, soweit meine Kräfte reichen, humoristische Darstellung unsres Berliner gesellschaftlichen Lebens. Ich will aber, eh ich diesen zweiten Roman in Angriff nehme, doch erst die Wirkung des ersten abwarten. Und so möcht' ich denn einen Novellenband (*zwei* längere Novellen) zwischenschieben. Eine davon, nach eben empfangener Zusage, wird Lindau in seinem „Nord und Süd" veröffentlichen. [...] Bliebe nur noch für die Buchausgabe zu sorgen. Könnten Sie sich entschließen, zu Weihnachten 1879 diesen Novellenband zu publiciren, und mir, bei 1500 Exemplaren, ein Honorar von 150 rtl. für denselben zu bewilligen? Ausdehnung des Bandes 250 bis 300 Seiten, ein Drittel der Länge meines gegenwärtig im Druck befindlichen Romans [*„ Vor dem Sturm "*]. [HF IV/2, S. 568 f.]

Berlin, 10. Mai 1878 an Wilhelm Hertz

Besten Dank. Ich hatte nur nach der Roman–Analogie von 1500 Exemplaren gesprochen. Ist die Zahl zu hoch gegriffen, so setzen wir sie selbstverständlich herab, wobei ich mich vorweg Ihrem beßren Wissen unterordne. Die Consequenzen für die Honorarfrage ergeben sich daraus von selbst. Leider. Denn alle diese Vor–Anfragen verfolgen ja nur den Zweck, mich, in meinen Jahres–Einnahmen, bis zu einer bescheidenen Höhe hin, sicher zu stellen.

Drei Novellen sind besser als zwei, aber *eine* würde vielleicht noch wieder besser sein als drei. Ich hätte der für „Nord und Süd" bestimmten (ein brillanter historischer Stoff) gern diese größere Ausdehnung gegeben; aber mit Rücksicht auf Lindau, der ein geschworener Feind von dem 'Fortsetzung folgt' ist, hab ich mich, gegen Gefühl und bessere Einsicht, zu Comprimirung entschlossen. Halten Sie, nach Ihren Erfahrungen, das Erscheinen eines solchen kleinen einbändigen Romans – denn ein solcher würd' es werden – für etwas Glückliches, so sprech' ich noch mit Lindau, der kein Uebelnehmer ist, darüber, suche mir ein andres Blatt und gebe der Arbeit die ursprünglich von mir gewollte Gestalt. [Briefe an Wilhelm und Hans Hertz, S. 189 f.]

Berlin, 15. Mai 1878 an Friedich Wilhelm Holtze

Die Städtebeschreibungen von Tangermünde und Salzwedel, so wie Wohlbrücks „Geschichte der Altmark" (ein unendlich fleißiges und unendlich langweiliges Buch) hab' ich mittlerweile erhalten. [HF IV/2, S. 570]

Berlin, 15. Mai 1878 an Mathilde von Rohr

Ich sammle jetzt Novellenstoffe, habe fast ein ganzes Dutzend, will aber mit der Ausarbeitung nicht eher Vorgehn, als mir noch mehr zur Verfügung stehen. Es liegt für mich erwas ungemein Beruhigendes darin, über eine Fülle von Stoff disponiren zu können, etwa wie man mit einer Extra–Summe auf der Brust leichter auf Reisen geht, wie man schon zwischen Berlin und Jüterbog an zu rechnen fängt, und von der Frage gequält wird: wird es auch reichen?

Hätt' ich doch das alles gegenwärtig, was Sie im Laufe vieler Jahre von den Veltheims, Hüneckens, Rohrs und vielen, vielen anderen erzählt haben. Stoff über Stoff. Vielleicht thun Sie in alter Freundschaft ein Übriges und machen noch jetzt einige Aufzeichnungen: es kann alles ganz kurz sein, denn der eigentliche Keim zu einer Novelle kann in vier Zeilen stecken. Sogenannte 'interessante Geschichten', wenn es Einzelvorkommnisse sind, sind gar nicht zu brauchen: es kommt immer auf zweierlei an: auf die Charaktere und auf ein nachweisbares oder poetisch zu muthmaßendes Verhältnis von Schuld und Strafe. Hat man das, so findet der, der sein Metier versteht, alles andre von selbst. Die Nebendinge lassen sich erfinden, aber die Hauptsache muß gegeben sein; diese Hauptsache ist aber in der Regel ganz kurz, während die Nebendinge in die Breite gehen.

Wernigerode, 11. Juli 1878 an Theodor Fontane

[...] wird es Dich überraschen zu hören, daß ich, eine Parforcetour unternehmend, anderthalb Tage von hier fort war, um in Tangermünde Kirche, Burg und Rathaus anzusehn. Du weißt, daß meine neue Arbeit (Novelle) dort ihren Schauplatz hat. Die Reise war recht nett, trotzdem ich fünfmal umsteigen mußte. Wie leben doch die Leute in solcher Stadt. Mir war, als wär' ich in *Reyjavik* gelandet. [HF IV/2, S. 607]

Berlin, 8. August 1878 an Emilie Fontane

Mir geht es gut trotz eines kolossalen Schnupfens. [...] Von arbeiten ist freilich dabei nicht viel die Rede, aber ich pussele weiter und lebe mich in meinen Figuren mit ihren Erscheinungen und ihrem Charakter ein. Dies ist sehr wichtig und kommt einem später zu gute.

Berlin, 11. August 1878 an Emilie Fontane

Meine Novelle hab' ich angefangen und sehe wenigstens, daß es geht. Bleibt mir Kraft und Gesundheit, so muß es etwas Gutes werden. Zugleich hoff' ich, den Leuten zu zeigen, daß ich auch, wenn der Stoff es mit sich bringt, eine 'psychologische Aufgabe' lösen und ohne Retardierung erzählen kann[1].

Berlin, 16. August 1878 an Emilie Fontane

Hierbei fällt mir ein, daß mein Dir gestern mitgeteilter Reiseplan wieder eine Abänderung erfahren hat, mit der Du gewiß sehr einverstanden bist. Wir bleiben im September, der ja imer schön zu sein pflegt, ruhig in Berlin und ich suche meine Novelle in *erster* Fassung zu beenden. Anfang Oktober gehen wir dann auf 8 oder 10 Tage nach Dresden oder, wenn es das Wetter erlaubt, nach Wehlen oder Spandau. Dies hat viele Vorzüge; bin ich mit meiner Arbeit im Brouillon fertig, so macht mich das ruhiger im Gemüt, außerdem kürzt ein Hin– und Herschieben dieses Ausfluges bis in den Oktober hinein, den Winter ab. [Dichter über ihre Dichtungen, Bd. 2, S. 246 f.]

Berlin, 10. September 1878 an Klara Stockhausen

Längst hätt' ich geschrieben [...], wenn ich nicht in der Weißgluthitze der Arbeit gewesen wäre. Seit gestern Abend hat nun „Grete Minde", meine neue Heldin, Ruhe, ruht, selber Asche, unter der Asche der von ihr aus Haß und Liebe zerstörten Stadt, und ohne Säumniß eile ich nunmehr, wie's auch andre Leute zu thun pflegen, um vom Begräbniß zu freundlicheren Dingen überzugehen. [HF IV/2, S. 619]

---

1   Dichter über ihre Dichtungen, Band 12. Theodor Fontane. 2 Bände. Herausgegeben von Richard Brinkmann in Zusammenarbeit mit Waltraud Wiethölter. München 1973, Bd. 2, S. 246.

Berlin, 15. September 1878 an Paul Lindau

Meine für „Nord und Süd" bestimmte Novelle ist im Brouillon fertig, etwa ebenso-
lang wie Wilbrandts, eher kürzer. Wollte Gott, daß sie an Wert ihr wenigstens an-
nährend gleich käme. [Briefe an Lindau, S. 244]

Berlin, 23. Oktober 1878 an Paul Lindau

„Grete Minde" lagert seit zwei Monaten, und noch in *dieser* Woche nehme ich die
Überarbeitung auf. Das Meiste ist so gut wie fertig, etwa ein Drittel aber sehr un-
fertig. Werd' ich nicht krank – den üblichen Wintertribut, den man in der Regel mit
der Torfrechnung zugleich zahlen muß, hab ich noch *nicht* gezahlt – so denk' ich
Ihnen die Novelle spätestens Ende November schicken zu können. Ich würde mich
freuen, das neue Kalenderjahr damit eröffnet zu sehen. Es ist ein brillanter Stoff;
möcht ich ihm einigermaßen gerecht geworden sein. Übrigens nichts specifisch
Märkisches, trotzdem ich mir die Scenerie (Tangermünde etc.) der Lokaltöne halber, die so wichtig sind, zweimal angesehen habe. Es ist ein „Charakterbild". [HF
IV/2, S. 625]

Berlin, 24. November 1878 an Paul Lindau

An der Novelle für „Nord und Süd" korrigiere ich schon seit einer Woche; ich hoffe ganz bestimmt, sie Ihnen bis zum 15. *Dezember* [1878] schicken zu können. Ist
das noch in time für die Januar–Nummer? Ich denke mir, ja, wenn Sie sicher sind,
sie bis zu dem genannten Termin (15.) zu bekommen. Am 7. Dezember würd' ich
darüber eine ganz bestimmte Erklärung abgeben können. Eigentlich sollt' ich wegen
der großen Hallohs, das ich wegen einer ganz gleichgültigen Sache mache, um
Entschuldigung bitten, aber ich habe mich in die Vorstellung hineingelebt, am 1.
Januar [18]79 mich in „Nord und Süd" auftauchen sehn und würde von dieser Vorstellung nur schmerzlich Abschied nehmen. [...]

Ich erwarte nur eine Zeile Nachricht, wenn es mit dem 15. [Dezember 1878] *nicht*
geht und ich also bis zum Ferbruar [1879] warten muß. [HF IV/2, S. 635]

Berlin, 14. Januar 1879 an Wilhelm Hertz

In drei Tagen bin ich mit meiner für „Nord und Süd" bestimmten, längeren Novelle fertig. [HF IV/3, S. 7]

Berlin, 26. Januar 1879 an Paul Lindau

Die Novelle, deren letzte Seiten meine Frau eben abschreibt, erhalten Sie in etwa 8
Tagen, da ich auch die Abschrift noch wieder überarbeiten und allem den letzten
Schliff geben muß. Ich hab es gearbeitet wie seinerzeit Verse, als ich solche noch
schrieb. [Briefe an Lindau, S. 246]

Berlin, 3. Februar 1879 an Mathilde von Rohr

In Gedanken und selbst in Gesprächen hab ich während der letzten Monate, Dobbertin öfters vor Augen gehabt. In meiner neusten Arbeit kommen ein paar Kapitel
vor, worin Sie namentlich die alte Domina v. Quitzow wiederkennen werden; es
sind vollständige Stifts– und Kloster–Kapitel. [Briefe III, S. 186 f.]

Berlin, 5. Februar 1879 an Gustav Karpeles

Mich nimmt noch immer meine für „Nord und Süd" bestimmte Novelle *total* in Anspruch. Auch die Korrektur der Abschrift, bei der ich jetzt bin, ist noch wieder eine wochenlange Arbeit. Ich bin nun mal ein Bastler und Pußler und kann es nun nicht mehr los werden. Aber etwa am 15. [Februar 1879] bin ich wirklich fertig. [HF IV/3, S. 12]

Berlin, 5. März 1879 an Paul Lindau

Eben hab' ich die größere Hälfte der Correcturfahnen (13 1/3) nach Breslau hin zur Post gegeben. Wenn es dabei bleibt, daß eine Theilung stattfinden soll – und ich wiederhole daß ich Ihnen mich unterordnend, keine Schwierigkeiten machen will – so ist dieser mitten durch das 13. Kapitel *„Flucht"* gezogene Strich die beste Trennungslinie. Einen dringenden Wunsch hab ich aber noch, den, daß mir noch eine Revision zugeht. Ich habe ziemlich viel hineincorrigirt, und möchte mich überzeugen, daß man sich in dem Randgekritzel (die Ränder waren zu schmal; ich hatte keinen Platz) auch wirklich zurecht gefunden hat. Eine gleichlautende Bitte hab ich zwar schon direkt an die Druckerei gerichtet, bin aber nicht sicher, daß man sie mir erfüllt. Und so wäre mir denn ein von Seiten der Redaktion ausgehender Druck sehr erwünscht. Nachdem ich mich so sehr mit der Sache gemüht, möcht ich diese Mühen nicht zuletzt noch scheitern sehn. Zwei, drei große Blunder würden dies aber zu Wege bringen. [HF IV/3, S. 15]

„Im ganzen muß ich mit diesem Novellen-Debüt sehr zufrieden sein". Theodor Fontanes Briefkommentare zur frühen Wirkungsgeschichte der Novelle

Berlin, 6. [Juni] 1879 an Emilie Fontane

Heute Vormittag war ein Klingeln ohne Ende. Erst ein Buch R. Genée, gescheidter, aber unbequemer und wenig angenehmer Mann; dann Brief und Aufsatz–Packet von Wichmann, der in seinem märkischen Schlaubergerthum fortfährt; dann Billet von Frau v. Heyden, Einladung mit Martha zum Sonntag; dann Brief von [Ludwig] Pietsch, den ich beischließe; dann *vier*stündiger Besuch, von halb zwölf bis halb vier, vom Redakteur Dominik, der im Auftrage Hallbergs kam. Natürlich alles Folge von „Grete Minde", speziell auch von den kleinen Notizen darüber in der Vossischen [Zeitung]. So erfreulich dies nun alles ist, so traurig ist es doch auch. Vor allem ist es *nicht im Geringsten* schmeichelhaft. Denn man bilde sich doch nicht ein, daß diese Huldigungen dem Talente gölten, daß dahinter die klare und freudige Erkenntniß steckte: 'dies ist *wirklich* ein Poet'. Gott bewahre. Die Huldigung gilt nur dem kleinen Erfolg und um allerhand dumme Weiber [...] reißt man sich auch noch ganz anderes. Es ist alles allergröblichstes Geschäft. [Briefe I, S. 86]

Berlin, 11. Juni 1879 an Emilie Fontane

Was „Grete Minde" angeht, so verlangst Du zuviel; ich kann nicht täglich ein Bewunderungstelegramm empfangen. Im ganzen muß ich mit diesem Novellen–Debüt sehr zufrieden sein. An Heydens habe ich es noch nicht gegeben, werd' aber nächstens. Es verseht sich von selbst, daß die Freunde die einzigen sind, die es entweder noch nicht gelesen haben oder wenigstens sich wieder aufs schweigen legen. Ich bin jetzt so weit, und Du wirst es mir vielleicht glauben, daß es mich amüsirt. Z[öllner] sagte nach halber, d. h. in Wahrheit nach Viertel– oder Sechszehntel–Lesung, 'is ganz hübsch, Noel'. Ich will ihm auch *dafür* schon dankbar sein, weil sich doch eine Art von Freundlichkeit darin ausspricht. Er meldet sich; er giebt ein Lebenszeichen. Au fond ist es aber doch *besonders* traurig. Es wächst nämlich alles aus einer Vorstellung, daß ich mit einem Dreier abzuspeisen bin; Ludowika schreibt ein Novelle, Frau v. Below schreibt eine Novelle, Noel schreibt eine Novelle. Novelle ist Novelle, d. h. gar nichts, etwas unsagbar Gleichgültiges und Ueberflüssiges. Daß dies ein Kunstwerk ist, eine Arbeit, an der ein talentvoller, in Kunst und Leben herangereifter Mann fünf Monate lang unter Dransetzung aller seiner Kraft thätig gewesen ist, davon ist nicht die Rede. [Briefe I, S. 89 f.]

Berlin, 15. Juni 1879 an Emilie Fontane

In „Grete Minde" Angelegenheiten empfing ich einen sehr interessanten Brief von Stadtgerichtsrath Ludolf Parisius, den ich Dir morgen oder übermorgen schicken werde. Erwarte aber nicht zuviel davon; er enthält ein freundliches Wort; *das* aber, um was es sich handelt, hat mit meiner Novelle nur mittelbar zu thun. [Briefe I, S. 95]

Wernigerode, 18. Juli 1879 an Wilhelm Hertz

Gleichzeitig mit diesen Zeilen, oder vielleicht schon früher, wird Ihnen „Grete Minde", mein Jüngstes, zu gef. freundlicher Notiznahme zugegangen sein. Ich würde mich sehr freuen, wenn die Novelle – ähnlich etwa wie vor zwei, drei Jahren Storms „Aquis submersus" – als ein hübsches kleines Weihnachtbuch erscheinen könnte. Wie denken Sie darüber? Zu kurz für eine solche Separat–Publikation erscheint mir die Arbeit *nicht* und ich würde mir dann die Lust dazu begraben, resp. vertagen, wenn Sie mir schreiben: aussichtslos! [Briefe an Wilhelm und Hans Hertz, S. 216]

Berlin, 18. August 1879 an Wilhelm Hertz

So lächerlich es klingen mag, ich darf – vielleicht leider – von mir sagen: *'Ich fange erst an.'*

Berlin, 8. September 1879 an Wilhelm Hertz

Die Kritik in der Magdeburger Zeitung, für deren freundl. Uebersendung ich bestens danke, kannt' ich schon von Wernigerode her, wo sie gleichzeitig mit mir eintraf und mir dort sozusagen die Stätte bereitete. Man liest nämlich dort nur die 'Magdeburger' und schwört auch darauf. So kam man denn „um das Rhinoceros zu sehn". Ich sah wieder mit Schaudern, welche Macht die Zeitungen haben. Und daneben haben sie wieder gar keine!

An den Verfasser der Kritik [Dr. Wilhelm Jensch] hab ich damals gleich geschrieben und mich bedankt. Wenn sich etwas durch Höflichkeit erringen ließe, so wär ich wenigstens Goethe. [Briefe an Wilhelm und Hans Hertz, S. 221]

Berlin, 13. September 1879 an Ludwig Pietsch

Ihre freundliche Absicht, Paetel's in Betreff „Grete Minde" eine Frage zu stellen, bitt' ich *dringend* aufgeben zu wollen. Es ist mit dem Verleger, den man hat, wie mit der Frau, die man hat – man muß sich eben mit ihnen einzurichten suchen. Ich kann wegen eines bloßen „es wäre mir lieb, wir warteten bis nächstes Jahr" nicht gleich die Zelte abbrechen. Außerdem weiß ich aus vieljähriger Erfahrung nachgerade nur zu gut, daß es Unsinn ist, von zuletzt doch nur kleinen Einzelheiten irgendetwas zu erwarten. Mit 59 hat man überhaupt gar nichts mehr zu erwarten als Rückzug. [HF IV/3, S. 42]

Wernigerode, 12. August 1880 an Emilie Fontane

Von Herrn Hertz empfing ich heut einen sehr liebenswürdigen Brief, zugleich aus Weimar den 1. Correkturbogen von „Grete Minde". Mir brummt der Kopf. [Briefe I, S. 149]

Berlin, 20. September 1880 an Hans Hertz

Ich glaube auch, daß wir mit dem kleinen Buche – es macht sich wirklich sehr hübsch – noch vier, fünf Wochen warten müssen. [Briefe an Wilhelm und Hans Hertz, S. 238]

Berlin, 2. November 1880 an Wilhelm Hertz

Das kleine Buch ist sehr hübsch und ich habe den herzlichen Wunsch, daß es das Publikum einigermaßen auch finden möge. [Briefe an Wilhelm und Hans Hertz, S. 240]

Berlin, 15. November 1880 an Wilhelm Hertz

Herzlichen Dank für das schöne Buch, das gerade noch zeitig genug kam, um meiner Frau, deren Geburtstag gestern war, mit aufgebaut werden zu können. [Briefe an Wilhelm und Hans Hertz, S. 240]

Berlin, 22. Dezember 1880 an Wilhelm Hertz

Darf ich Sie freundlichst bitten, dem Ueberbringer noch 5 gebundene „Grete Minde" für den Weihnachtstisch einhändigen und den Betrag in Empfang nehmen zu wollen.

Zugleich besten Dank für die Zeitungs–Notizen; ein paar davon, so z. B. die Grenzboten–Zeilen, haben mich erfreut. [Briefe an Wilhelm und Hans Hertz, S. 241]

[Dezember 1880 ?] an Mathilde von Rohr

Apropos Novelle. „Grete Minde" ist vor einigen Wochen bei Hertz erschienen und die Kritik nimmt sich der kleinen Arbeit wieder freundlich an. Aber ich habe in literar. Dingen kein Glück, und werde schließlich wieder froh sein müssen, wenn sich die Auflage einigermaßen verkauft. Und ich bin an Nicht–Erfolge so gewöhnt, daß ich's kaum noch anders wünsche. [Briefe III, S. 197]

Berlin, 20. Januar 1881 an Wilhelm Hertz

Ich hab auch noch für gelegentliche Zuschickung von Rezensionen zu danken. Die letzte (Norddeutsche Allgemeine Zeitung) war sehr freundlich. Wenn es nur was hülfe![2]

Berlin, 29. Januar 1881 an Wilhelm Hertz

Freund Lübke hat vor, über „Grete Minde" ein Artikelchen für die Augsbuger Allgemeine zu schreiben und frägt bei mir an, ob diese Zeitung schon ein Rezensions–Exemplar erhalten habe? Höchst wahrscheinlich 'ja', doch möcht' ich mich dessen zuvor versichern und erlaube mir deshalb die Anfrage weiter zu schicken. Die 'Augsburgerin' spielt ja immer noch ihre Rolle, so gleichgültig die ganze Rezensirerei im Großen und Ganzen auch geworden ist.

Lübke selbst hat ein Exemplar; es handelt sich also nur um die bekannten Honneurs vor dem Chefredakteur. [Briefe an Wilhelm und Hans Hertz, S. 242]

Norderney, 23. [August 1883] an Paul Heyse

Soweit ich wieder in Berlin bin, schreib ich Dir ordentlich und ausführlich über beide Punkte, von denen ich Punkt 1 [Aufnahme von „Grete Minde" in den von Paul Heyse herausgegebenen „Neuen Deutschen Novellenschatz"] nur mit Hilfe von Hertz [...] beantworten kann. [Briefwechsel mit Paul Heyse, S. 149]

Norderney, 24. August 1883 an Emilie Fontane

Die Sache mit Paul Heyse [Aufnahme von „Grete Minde" in den „Neuen Deutschen Novellenschatz"] hab ich mir inzwischen anders überlegt. Es liegt mir offengestanden an der Ehre da auch mit eingepackt und als deutscher Novellist proklamirt zu werden, nicht das Geringste. Es ist mir zu wenig. Und um etwas zu erzielen, das mir absolut gleichgültig ist, soll ich an Hertz schreiben und ihn bitten, *mir zu Gefallen* die Erlaubniß zu geben, *mir* zu Gefallen, dem gar kein Gefallen damit geschieht. Ich werde dies, wenn ich erst wieder in Berlin bin auch ganz offen an Paul schreiben und er wird nicht unglücklich darüber sein. [Briefe I, S. 246 f.]

Berlin, 7. September 1883 an Paul Heyse

Wenn wir die ganze Novellen–Abdrucksgeschichte bis auf eine fernere Zeit vertagen könnten, geschähe mit ein Dienst. Es ist so viel Schreiberei, Schererei und vielleicht selbst Bitterei nötig, die Sache ins reine zu bringen, daß ich lieber verzichte. Sei darüber nicht böse. [Briefwechsel mit Paul Heyse, S. 150]

Berlin, 26. September 1883 an Paul Heyse

Es ist gewiß richtig, was Du halb im Ernst und halb im Scherz schreibst, „daß nur der Novellen–Schatz die Unsterblichkeit verbürgt"; *Du* mit Deinen zahlreichen und tapfren Bataillonen gleichst freilich der friedericianischen Armee, die siegreich oder geschlagen, durch sich selbst fortlebt, *ich* aber bin nur ein Bückeburger in der Reichs–Armee, der als Kleintheil im Ganzen lebt und mit dem Ganzen steht und fällt. Um die Situation zu verbessern, dazu bin ich zu alt. Also 'Unsterblichkeit'

---

2   Briefe an Wilhelm und Hans Hertz, S, 242.

unter Bedingungen und mit Einschränkung. Aber bedingt oder unbedingt, was kümmert den Verleger der Ruhm seines literarischen Commis. *Ihm* genügt es, dem „deutschen Genius im Ganzen" (seinem Arnheim) einen Dienst geleistet zu haben. Schließe aber hieraus nicht auf Verbittrung, ich lache längst über diese Dinge. [HF IV/3, S. 288]

Berlin, 23. Oktober 1883 an Hans Hertz

Darf ich Sie freundlichst bitten, Ihrem Papa für die liebenswürdige Bereitwilligkeit mit der er den Abdruck von „Grete Minde" im P. Heyseschen Novellenschatz gestattet hat, meinen aufrichtigen Dank aussprechen zu wollen. [Briefe an Wilhelm und Hans Hertz, S. 271]

Krummhübel, 28. Juli 1884 an Emilie Fontane

Jeden 3. Oder 4. Tag bin ich bei Schwerins zu Tisch [...]

Sie sprechen immer sehr liebevoll von Dir, weshalb ich ihnen gestern von meiner Akademie–Sekretärschaft etc. etc. erzählte und dann hinzu setzte, daß Du, nachdem ich „Grete Minde" geschrieben, gesagt hättest: „ich begreife nun, daß Du so handeln mußtest, wie Du gehandelt hast", was beide nicht blos rührte, sondern auch zu einem Toast und zu speziellen Grüßen an Dich führte. [Briefe I, S. 287 f.]

Berlin, 10. Februar 1887 an Wilhelm Hertz

Die Nachricht [über die geplante zweite Auflage der Novelle] war mir eine große Freude, vielleicht noch größer als Sie annehmen. Von der Einnahme will ich schweigen, wiewohl auch *das* sein Angenehmes hat; Hauptsache bleibt, daß es das ganz daniederliegende Gefühl wieder ein bisschen auffrischt. Meine nun grade durch 40 Jahre hin immer gleich gebliebenen Nicht–Erfolge, auf allen Gebieten, bei allen Firmen, würden mich längst um einen letzten Rest von Selbstvertrauen gebracht haben, wenn nicht die mir – ich bekenne zu meinem Staunen – bewilligten hohen Journal–Honorare, mich bei einigem Muth erhalten hätten. Denn das Geld ist doch auch ein Werthmesser, wenn auch freilich nicht der einzige. [...]

Mit einiger Befangenheit schreibe ich noch diese Nachschrift.

Wilhelm Lübke (ich unterschlage das 'von' um Sie möglichst gut zu stimmen) schreibt mir so freundschaftlich liebenswürdig wie wirklich nur Lübke schreiben kann und theilt mit, daß er einen Tusch in der Augsburger Allgemeinen Zeitung vorhabe. Er steht gut mit der Zeitung und hat schon oft mein Lob eingeschmuggelt. Diesmal aber fügt er hinzu: die ganze Prozedur würde erleichtert, wenn Sie Veranlassung nehmen wollten das Buch in der Augsburger Allgemeinen Zeitung zu annonciren. Ich weiß nun nicht, ob Ihnen das paßt und noch weniger, ob Sie sich das Geringste davon versprechen – vielleicht ist aufs *Praktische* hin angesehn, die ganze Kritik keine halbe Annonce werth. Aber angefragt, wollte ich wenigstens haben, um dann an Lübke ein ja oder nein schreiben zu können. [HF IV/3, S. 517 f.]

Berlin, 7. Juni 1887 an Konstanze Stöckhardt

[Mit einem Geschenkexemplar der Novellenausgabe]

Der dies schrieb, er kommt zu bitten:
Daß, wie seine „Grete Minde",

Die geliebt, gehaßt, gelitten,
Auch er selber Gnade finde. (HF I, 6, S. 541]

Rüdersdorf, 22. Juli 1887 an Emilie Fontane

Auf den 'Nordhäuser' bin ich neugierig; hoffentlich war es ein milder und abgela-
gerter wie der, den wir mal oben im „Braunschweiger Forsthaus" mit Spangen-
bergs zusammen tranken. Auch schon wieder *long ago*. Damals fing meine No-
vellencarrière an und ich reiste in „Grete Minde"–Angelegenheiten nach Tangermünde. [Briefe I, S. 332]

Rüdersdorf, 22. Juli 1887 an Wilhelm Hertz

Seebad Rüdersdorf! So kommt der Mensch 'runter, *der See* statt der See! Wenn es
Sie und Böhlau – diesen auf dem Tochter– oder Schwesterwege novellistischen
Mitsünder – nicht allzu sehr stört, möchte ich herzlich bitten 8 oder 10 Tage stop
zu sagen; ich muß die betr. „Grete Minde"–Notiz erst heraussuchen und wenn ich
sie nicht finde, und wann fände man je aufgehobene Zettel wieder, mich an Parisius wenden, von dem jene interessante Notiz herrührte. [Brief an Wilhelm und Hans
Hertz, S. 292]

Berlin, 6. August 1887 an Wilhelm Hertz

An Ludolf Parisius, der in diesem Augenblick in Grund [im Harz] weilt, habe ich
geschrieben und hoffe jeden Tag auf Antwort, so wie ich sie habe, schicke ich das
Vorwort [zur geplanten Buchausgabe der Novelle „Grete Minde"] ein.

Eine neue „Grete Minde"–Bitte ergiebt sich aus beilfolgendem Briefe des Dr.
Rackwitz an mich, dessen 4. Seite, mit seinem *matter of fact* Angaben, Sie vielleicht zur Gewährung der dann ausgesprochenen Bitte bestimmt. Es scheint mir so
zu liegen, daß er von seinem zeitungsherrn eine bescheidne Summe Geldes erhält
und damit *alles* bestreiten muß; braucht er für Honorar – und wenn es noch so wenig wäre – nichts auszugeben, so bedeutet das einen neuen Hut für seine Frau oder
eine Sonntagspartie nach dem Kyffhäuser. Der Hörselberg mit Frau Venus wird
ihm wohl auch bei günstigsten Jahreseinnahmen verschlossen sein. Glauben Sie
sein Gesuch ablehnen zu müssen, so bitte ich herzlich die Zeilen so abfassen zu
wollen, daß ich sie meinem Briefe an ihn beilegen kann. [Briefe an Wilhelm und
Hand Hertz, S. 292]

Berlin, 8. August 1887 an Wilhelm Hertz

Ihre Güte wird mir freundlich verzeihn, wenn ich, todmüde von Arbeit (ich muß
bis zum 12. für Dominik's neues Blatt ein paar Quizow–Artikel fertig schaffen)
mich darauf beschränke, für Brief, Erlaubniß und Geld – 500 Mark für 2. Auflage
„Grete Minde" – herzlich zu bedanken. Die Quittung ist einer Parenthese ist wohl
etwas ungewöhnlich, aber Sie werden lächeln und verzeihn. [Briefe an Wilhelm
und Hans Hertz, S. 293]

Berlin, 9. August 1887 an Wilhelm Hertz

Verlegenen Gesichtes trete ich heute an, mit der Bitte, die gute „Grete Minde" nun
doch *ohne* Vorwort erscheinen zu lassen. Alle Bemühungen sind gescheitert und
sie durch weitere Wochen hin fortzusetzen, *so* viel ist die Geschichte nicht werth.

Parisius, krank und elend, diktirte vom Bett aus seiner Frau zwei Briefe in die Feder, einen an mich, einen zweiten an Eugen Richter, der mir, zu leichterer Ausfin-
digmachung des berühmten kleinen „Grete Minde"–Artikels in der Vossischen
[Zeitung] ein Parisiussches Buch schicken sollte. Das Buch kam auch, aber, nach
endlosem Suchen, hatte Eugen Richter statt des 2. Theils drin die richtige *Jahres-
zahl* (weiter auch nichts) steht, den 1. Theil geschickt, drin gar nichts steht. Und so
muß ich es denn aufgeben. Es aus eigner Kraft zu schreiben, was ich in besten
Stunden auch könnte, dazu bin ich ganz außer Stande, weil ich mich seit 4 Wochen
an einem mühevollen Quitzow–Essay ganz nervenkrank gearbeitet habe. Verzeihen Sie, mit gewohnter Nachsicht, die Umstände und Störungen, die ich verursacht
habe. [HF IV/3, S. 557]

Berlin, 15. Oktober 1887 an Wilhelm Hertz

Ergebensten Dank für die Frei–Exemplare von „Grete Minde" die Ihre Güte gestern mir sandte. Daß das beabsichtigte Vorwort fehlt, ist mir immer wieder leid,
aber es ließ sich nicht thun, da der betr. kleine Artikel nicht zu finden und der Verfasser L. Parisius krank im Harz war. [Briefe an Wilhelm und Hans Hertz, S. 294]

Berlin, 3. Juli 1888 an Wilhelm Hertz

Fräulein Rose Burger, Tochter des verstorb. Malers Ludwig Burger (der mein
[18]66er Kriegsbuch so reich illustrirte [...] bittet mich in einem Briefe aus London
um einige meiner Bücher, damit die armen deutschen Erzieherinnen – sie gehört
mit zum Vorstand der Association of german Governesses – doch in ihren vielen
öden Abwartestunden etwas zu lesen haben. Dieser Bitte möchte ich nun gern will-
fahren. Von den „Wanderungen" habe ich noch ein paar Bände, aber ein Exemplar
des Romans. Ferner von „Grete Minde" und vielleicht auch von „Ellernklipp"
würde mich sehr freuen. [Briefe an Wilhelm und Hans Hertz, S. 298]

Berlin, [undatierte Brief– und Büchersendung] an Anna St. Cère

Es war mir eine große Ehre, so schmeichelhafte Zeilen von Ihrer Hand empfangen
zu dürfen. In Frankreich bekannt zu werden, vielleicht ein Publikum, wenn auch
nur ein ganz kleines zu finden, – wer sehnte sich nicht danach? Welchem Ehrgeiz
schiene dies nicht begehrenswert?

Ganz Ihnen, gnädigste Frau, darin zustimmend, daß es geraten sein dürfte, mit etwas Kurzem oder wenigstens mit etwas nicht allzu langen zu beginnen, erlaube ich
mir diesen Brief mit einer Sendung von Geschichten mittleren Umfangs zu beglei-
ten: „Grete Minde", „Ellernklipp", „Unterm Birnbaum". Alle drei haben einen
ausgesprochenen norddeutschen Lokalton: Altmark. [HF IV/, S. 516]

Theodor Fontane, der älteste Sohn, schrieb am 1. Juni 1879 an seine Mutter
Emilie Fontane

Das große Ereignis meiner diesmaligen Pfingsten ist doch „Grete Minde", welche
ich gestern verschlungen habe, um in Eberswalde bei wiederholter Lektüre nicht
nur mich der kolossalen inhaltlichen Größe der Novelle, sondern auch der Schönheit der Form, der Feinheit der Einkleidung und Ausmalung hinzugeben. Unser
Urteil über dieses Meisterwerk der modernen Novellistik wird wohl das gleiche

sein; nur habe ich mich als Mann gefaßt und habe nicht geweint; aber gepackt und ergriffen war ich in höchstem Maße.

ABBILDUNGEN

https://doi.org/10.1515/9783110618624-003

Emilie Fontane (1824 bis 1902). Theodor Fontanes Ehefrau, die wichtigste Gesprächs- und Korrespondenzpartnerin. Portrait-Photographie von E. Bieber, Berlin und Hamburg. – Foto: Privatbesitz.

Tangermünde an der Elbe in der südöstlichen Altmark. – Historische Abbildung: Stadtgeschichtliches Museum Tangermünde.

Das Rathaus der Hansestadt Tangermünde. Gotischer Backsteinbau (1430).
Photographie und Verlag Hans Andres, Hamburg und Berlin. – Historische
Abbildung: Privatbesitz.

Wilhelm Hertz (1822 bis 1901). Berliner Buchverleger und langjähriger Korrespondenzpartner Theodor Fontanes. Portrait-Photographie von Hans W. Hertz. – Foto: Privatbesitz.

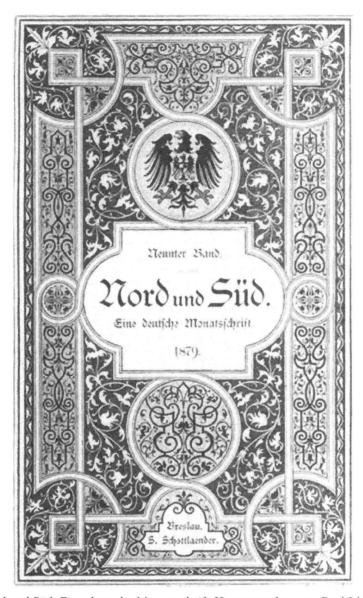

Nord und Süd. Eine deutsche Monatsschrift. Herausgegeben von Paul Lindau.
IX. Band. – Mai 1879. – 26. Heft. Breslau. Druck und Verlag von S. Schottländer. – Zeitschriften–Publikation der Novelle *Grete Minde. Nach einer altmärkischen Chronik.* Von Theodor Fontane. – Abbildung des vorderen Buch-
deckels: Privatbesitz.

Nord und Süd.

Eine deutsche Monatsschrift.

Herausgegeben

von

Paul Lindau.

IX. Band. — April 1879. — 25. Heft.

(Mit einem Porträt in Radirung: Emile Augier.)

Breslau.

Druck und Verlag von S. Schottlaender.

Nord und Süd. Eine deutsche Monatsschrift. Herausgegeben von Paul Lindau. IX. Band. – Mai 1879. – 26. Heft. Breslau. Druck und Verlag von S. Schottlaender. – Zeitschriften–Publikation der Novelle *Grete Minde. Nach einer altmärkischen Chronik.* Von Theodor Fontane. – Abbildung der Titelseite: Privatbesitz.

LITERATUR

https://doi.org/10.1515/9783110618624-004

Literatur

Zeitschriften-Publikation der Novelle (1879)

Grete Minde. Nach einer altmärkischen Chronik. Von Theodor Fontane. – Berlin. – In: Nord und Süd. Eine deutsche Monatsschrift. Herausgegeben von Paul Lindau. IX. Band. – Mai 1879. – 26. Heft. S. 147–186 und IX. Band. – Juni 1879. – 27. Heft. S. 285–315. Breslau. Druck und Verlag von S. Schottlaender.

Erste Buchausgabe der Novelle (1880)

Grete Minde. Nach einer altmärkischen Chronik von Theodor Fontane. Berlin. Verlag von Wilhelm Hertz (Bessersche Buchhandlung.) 1880 – 2. Auflage 1887 – 3. Auflage 1900.

Die 4. bis 7. Auflage der Novelle erschienen bei der J. G. Cottaschen Buchhandlung, Nachfolger, in Stuttgart.

Publikation der Novelle im Neuen deutschen Novellenschatz (1884)

Grete Minde. Nach einer altmärkischen Chronik. Von Theodor Fontane. Berlin. Wilhelm Hertz (Bessersche Buchhandlung). 1880. In: *Neuer Deutscher Novellenschatz.* 5. Band. Herausgegeben von Paul Heyse und Ludwig Laistner. München und Leipzig: R. Oldenbourg Verlag 1884, S. 107–239. – Paul Heyses biographisch-literarische Fontane–Porträtskizze, S. 109–111. – Neuausgabe: Berlin: Globus–Verlag 1910. – Textquellen–Information: Theodor–Fontane–Archiv, Universität Potsdam. – Signatur: Hf 58/7246.

Werkausgabe im Friedrich Fontane Verlag (1905)

Theodor Fontane: Grete Minde. Nach einer altmärkischen Chronik. In: Gesammelte Werke von Theodor Fontane. I. Serie (Romane und Novellen). Band II. Vor dem Sturm. Roman aus dem Winter 1812 auf 13 – Grete Minde. Nach einer altmärkischen Chronik – Ellernklipp. Nach einem Harzer Kirchenbuch. Berlin: F. Fontane 1905, S. 325 ff. – Zeitnah erschienen weitere Werkausgaben mit der Novelle im 1888 in Berlin gegründeten Friedrich Fontane Verlag in den Jahren 1908 und 1911.

Kommentierte Werkausgaben

Theodor Fontane: Sämtliche Werke. Herausgegeben von Edgar Groß, Kurt Schreinert [u. a.] 24 Bände. München: Nymphenburger Verlagshandlung 1959–1975.

Theodor Fontane: Romane und Erzählungen in acht Bänden. Herausgegeben von Peter Goldammer, Gotthard Erler, Anita Golz, und Jürgen Jahn. Band 3. Bearbeitet von Gotthard Erler und Anita Golz. Berlin/Weimar: Aufbau–Verlag 1969, 1984.

Theodor Fontane: Werke, Schriften und Briefe. Herausgegeben von Walter Keitel und Helmuth Nürnberger. 19 Bände in 4 Abteilungen. München 1962 ff. [I. Abteilung, Band 1 und 2: Sämtliche Romane, Erzählungen, Gedichte, Nachgelassenes. Herausgegeben von Walter Keitel und Helmuth Nürnberger. München: Hanser 1970. – 3. Auflage 1990].

Sigle: HF [Mit Band– und Seitenangaben]

Theodor Fontane: *Grete Minde. Nach einer altmärkischen Chronik.* Mit einem Nachwort von Peter Demetz. Frankfurt am Main: Insel Verlag 1989.

Theodor Fontane: *Grete Minde. Nach einer altmärkischen Chronik.* Mit einem Nachwort, einer Zeittafel zu Fontane, Anmerkungen und bibliographischen Hinweisen von Dirk Mende. München: Goldmann Verlag 1995.

Theodor Fontane: *Grete Minde. Nach einer altmärkischen Chronik.* Mit einem Nachwort herausgegeben von Helmuth Nürnberger. München: Deutscher Taschenbuch Verlag 1996. – Neuausgabe: München: Deutscher Taschenbuch Verlag 2012.

Theodor Fontane: *Grete Minde. Nach einer altmärkischen Chronik.* Bearbeitet von Claudia Schmitz. Große Brandenburger Ausgabe. Herausgegeben von Gotthard Erler. Das erzählerische Werk, Bd. 3. Herausgegeben in Zusammenarbeit mit dem Theodor–Fontane–Archiv in Potsdam. Editorische Betreuung: Christine Hehle. Berlin: Aufbau–Verlag, 1. Auflage 1997.

Theodor Fontanes Briefwechsel und Tagebücher

Theodor Fontane. Heiteres Darüberstehen. Familienbriefe. Herausgegeben von Friedrich Fontane. Berlin: Friedrich Fontane Verlag 1937.

Theodor Fontane. Briefe. Herausgegeben von Kurt Schreinert. 4 Bände. Berlin: Propyläen-Verlag 1968–1971.

Theodor Fontane. Briefe an Wilhelm und Hans Hertz. 1859–1898. Herausgegeben von Kurt Schreinert und Gerhard Hay. Stuttgart 1971 [Veröffentlichungen der Deutschen Schiller–Gesellschaft. 29]. – Stuttgart: Klett 1972.

Theodor Fontane. Briefe an Paul Lindau. Mitgeteilt von Paul Alfred Merbach. In: Deutsche Rundschau. Jg. 53 (1927), Bd. 210, S. 239–246, Bd. 211, S. 56–64.

Der Briefwechsel von Theodor Fontane und Paul Heyse. 1850–1897. Herausgegeben von Erich Petzet. Berlin 1929.

Der Briefwechsel zwischen Theodor Fontane und Paul Heyse. Herausgegeben von Gotthard Erler. Berlin und Weimar: Aufbau-Verlag 1972.

Theodor Fontane: Briefe. 5 Bände. München: Hanser 1976–1994. [Theodor Fontane: Werke, Schriften und Briefe. Abteilung IV, 5 Bände. Herausgegeben von Walter Keitel und Helmuth Nürnberger. München: Hanser 1962 ff.].

Emilie und Theodor Fontane. Der Ehebriefwechsel. Herausgegeben von Gotthard Erler und Therese Erler. 3 Bde. Berlin und Weimar: Aufbau-Verlag 1987.

Theodor Fontane. Dichtungen über ihre Dichtungen, 12. Herausgegeben von Richard Brinkmann. München: Heimeran 1973, Bd. 2, S. 244–261.

Theodor Fontane: Tagebücher. Band 1: 1852, 1855–1858. Herausgegeben von Charlotte Jolles unter Mitarbeit von Rudolf Muhs. – Band 2: 1866–1882, 1884–1898. Herausgegeben von Gotthard Erler unter Mitarbeit von Therese Erler. Große Brandenburger Ausgabe. Herausgegeben in Zusammenarbeit mit dem Theodor–Fontane–Archiv in Potsdam. Berlin: Aufbau–Verlag 1994.

Gesamtdarstellungen und Dokumentationen zu Leben und Werk Theodor Fontanes

P. AGGELER: Theodor Fontane. Literatur der Welt in Bildern, Texten, Daten. Salzburg 1983.

H. AHRENS: Das Leben des Romanautors, Dichters und Journalisten Theodor Fontane. Düsseldorf 1985.

L. ARNOLD (Hg.): Theodor Fontane. Text und Kritik. München 1989.

H. AUST: Theodor Fontane: 'Verklärung'. Eine Untersuchung zum Ideengehalt seiner Werke (Bonner Arbeiten zur deutschen Literatur, Bd. 26). Bonn: Bouvier Verlag 1974.

H. AUST (Hg.): Fontane aus heutiger Sicht. Analysen und Interpretationen seines Werks. München: Nymphenburger Verlagshandlung 1980.

H. AUST: Literatur des Realismus (Sammlung Metzler, 157). Stuttgart: Metzler Verlag 1981.

H. AUST: Theodor Fontane. Ein Studienbuch. Tübingen / München: Francke 1998.

H. AUST: Realismus. Lehrbuch Germanistik. Stuttgart: Metzler 2006.

R. BACHMANN: Theodor Fontane und die deutschen Naturalisten. München 1988.

A. BANCE, H. CHAMBERS, C. JOLLES (Hg.): Theodor Fontane. The London Symposium. London, Stuttgart 1995.

K. BAUER: Fontanes Frauenfiguren. Zur literarischen Gestaltung weiblicher Charaktere im 19. Jahrhundert (Europäische Hochschulschriften. Deutsche Sprache und Literatur). Frankfurt am Main: Lang Verlag 2002.

S. BECKER und S. KIEFER (Hg.): „Weiber weiblich, Männer männlich"? Zum Geschlechterdiskurs in Theodor Fontanes Romanen. Tübingen: Francke 2005.

C. BEINTMANN: Theodor Fontane (dtv-portrait). München: dtv 1998.

R. BERBIG (Hg.): Theodorus victor: Theodor Fontane, der Schriftsteller des 19. am Ende des 20. Jahrhunderts. Eine Sammlung von Beiträgen (Literatur – Sprache – Region, Bd. 3). Frankfurt am Main: Lang Verlag 1999.

E. BEUTEL: Fontane und die Religion. Neuzeitliches Christentum im Beziehungsfeld von Tradition und Individuation. Gütersloh 2003.

A. BOßHART: Theodor Fontanes historische Romane. Winterthur / Zürich 1957.

R. BRINKMANN: Theodor Fontane. Über die Verbindlichkeit des Unverbindlichen. München: Piper 1967, 2. Aufl. 1977.

H. E. CHAMBERS: Supernatural and Irrational Elements in the Works of Theodor Fontane. Stuttgart 1980.

H. E. CHAMBERS: Fontanes Erzählwerk im Spiegel der Kritik. 120 Jahre Fontane-Rezeption. Würzburg 2004.

R. C. COWEN: Der poetische Realismus. Kommentar zu einer Epoche. München: Winkler 1985.

G. A. CRAIG: Über Fontane. München 1997.

E. CRONER: Fontanes Frauengestalten. Langensalza 1931.

P. DEMETZ: Formen des Realismus. Theodor Fontane. Kritische Untersuchungen. München: Hanser 1964, 2. Aufl. 1966.

R. DIETERLE: Vater und Tochter. Erkundung einer erotiiserenden Beziehung in Leben und Werk Theodor Fontanes. Bern 1996.

R. DIETERLE: Die Tochter. Das Leben der Martha Fontane. München: Hanser 2006.

O. DRUDE: Theodor Fontane. Leben und Werk in Texten und Bildern. Frankfurt am Main und Leipzig: Insel Verlag 1994.

K. DINGELDEIN: Die Konfiguration des Gegenständlichen. Eine Studie zur geschichtlichen Denkintention in den Texten Theodor Fontanes. Frankfurt am Main: Fischer 1994.

E. ELLINGER: Das Bild der bürgerlichen Gesellschaft bei Theodor Fontane. Würzburg 1970.

G. ERLER und **E. ZIEGLER:** Theodor Fontane. Lebensraum und Phantasiewelt. Berlin 2002.

G. ERLER: *Das Herz bleibt immer jung.* Emilie Fontane. Berlin: Aufbau-Verlag 2002.

J. ETTLINGER: Theodor Fontane. Ein Essai (Die Literatur. Herausgegeben von Georg Brandes). Berlin: Marquart [1904], S. 19 f.

K. VON FABER-KASTELL: Arzt, Krankheit und Tod im erzählerischen Werk Theodor Fontanes. Zürich 1983.

THEODOR FONTANE. Stationen seines Werkes. 1819 bis 1969. Eine Ausstellung des Deutschen Literaturarchivs im Schiller–Nationalmuseum in Marbach am Neckar. Ausstellung und Katalog von Walther Migge. Stuttgart 1969.

FONTANES REALISMUS. Vorträge und Berichte. Herausgegeben von H.-E. Teitge. (Wissenschaftliche Konferenz zum Hundertfünfzigsten Geburtstag Theodor Fontanes in Potsdam, 1969). Berlin: Akademie-Verlag 1972.

THEODOR FONTANE. Dichtung und Wirklichkeit. Herausgeben vom Verein zur Erforschung und Darstellung der Geschichte Kreuzbergs e. V. und dem Kunstamt Kreuzberg. Berlin 1981.

THEODOR FONTANE im literarischen Leben seiner Zeit. Beiträge zur Fontane-Konferenz vom 17. Juni bis 20. Juni 1986 in Potsdam (Beiträge aus der Deutschen Staatsbibliothek, 6). Mit einem Vorwort von Otfried Keiler. Berlin 1987.

THEODOR FONTANE. Märkische Region und Europäische Welt. Katalog zur Ausstellung in Bonn vom 20. Oktober bis 16. November 1993. Herausgegeben von Helmuth Nürnberger. Bonn / Potsdam: Ministerium für Wissenschaft, Forschung und Kultur des Landes Brandenburg 1993.

THEODOR FONTANE und seine Zeit. Beiträge zu einer Tagung der Evangelischen Akademie Baden vom 14. bis 16. Februar 1992 in Bad Herrenalb. Karlsruhe 1993.

THEODOR FONTANE. The London Symposium. Herausgegeben von A. Bance, H. Chambers, C. Jolles. London, Stuttgart 1995.

FONTANE. Ein Klassiker. Vorträge zu verschiedenen Aspekten seines Werkes. Ortsvereinigung Hamburg der Goethe-Gesellschaft in Weimar, Jahresgabe 2003. Verlag Janos Stekovics 2003.

W. FREUND: Die deutsche Kriminalnovelle von Schiller bis Hauptmann. Einzelanalysen unter sozialgeschichtlichen und didaktischen Aspekten. Paderborn: Schöningh 1975.

H. FRICKE: Theodor Fontane. Chronik seines Lebens. Berlin 1960.

C. GRAWE (Hg.): Fontanes Novellen und Romane. Interpretationen. Stuttgart: Reclam 1995.

C. GRAWE: Führer durch die Romane Theodor Fontanes. Frankfurt am Main 1980. – Stuttgart 1996.

C. GRAWE: Fontane–Chronik. Stuttgart: Reclam 1998.

C. GRAWE und **H. NÜRNBERGER** (Hg.): Fontane-Handbuch. Stuttgart: Kröner 2000, bes. S. 510-518.

C. GRAWE: „Der Zauber steckt immer im Detail". Studien zu Theodor Fontane und seinem Werk (Otago German Studies, Vol. 16). Dunedin: University of Otago 2002.

S. GREIF: Ehre als Bürgerlichkeit in den Zeitromanen Theodor Fontanes. Paderborn 1992.

W. HÄDECKE: Theodor Fontane. Biographie. München: Hanser 1998.

W. HUDER: Theodor Fontane und die preußische Akademie der Künste. Ein Dossier seiner Briefe und Dokumente des Jahres 1876. Berlin 1971.

C. JOLLES: Theodor Fontane (Sammlung Metzler, 114). Stuttgart 1993.

R. KOLK: Beschädigte Individualität. Untersuchungen zu den Romanen Theodor Fontanes. Heidelberg 1986.

L. KORTEN: Poietischer Realismus. Zur Novelle der Jahre 1848 bis 1888. Stifter, Keller, Meyer, Storm (Studien zur deutschen Literatur, Bd. 187). Tübingen: Niemeyer 2009.

E. LAUTENBACH: Lexikon. Fontane Zitate. Auslese für das 21. Jahrhundert. Aus Werk und Leben. München: Iudicium Verlag 2013, bes. S. 107 f.

K. LAZAROWICZ: Moral und Gesellschaftskritik in Fontanes erzählerischem Werk. In. Festschrift für Hermann Kunisch. Berlin 1961, S. 218–231.

C. LIEBRAND: Das Ich und die andern. Fontanes Figuren und ihre Selbstbilder. Freiburg im Breisgau 1990.

C. LIESENHOFF: Theodor Fontane und das literarische Leben seiner Zeit. Eine literatursoziologische Studie (Abhandlungen zur Kunst-, Musik- und Literaturwissenschaft, 28). Bonn: Bouvier 1976.

G. LOSTER-SCHNEIDER: Der Erzähler Fontane. Seine politischen Positionen in den Jahren 1864 bis 1898 und ihre ästhetische Vermittlung. Tübingen 1986.

F. MARTINI: Deutsche Literatur im bürgerlichen Realismus. 1848 bis 1898. (Epochen der deutschen Literatur, Bd. V/2). Stuttgart 1962; 1974; 4. Aufl. 1981.

E. MARSCH: Die Kriminalerzählung. Theorie – Geschichte – Analyse. München: Winkler 1972.

H. MITTELMANN: Die Utopie des weiblichen Glücks in den Romanen Theodor Fontanes (Germanic Studies in America, Vol. 36. University of Los Angeles, California). Bern: Lang-Verlag 1980.

I. MITTENZWEI: Die Sprache als Thema. Untersuchungen zu Fontanes Gesellschaftsromanen (Frankfurter Beiträge zur Germanistik, Bd. 12). Bad Homburg v.d.H.: Gehlen 1970.

W. MÜLLER-SEIDEL: Theodor Fontane. Soziale Romankunst in Deutschland. Stuttgart: Metzler Verlag 1975; 1994, S. 72–81.

H. NÜRNBERGER: Der frühe Fontane. Politik, Poesie, Geschichte. 1840 bis 1860. Hamburg: Wegner 1967. – Berlin: Ullstein Taschenbuch Verlag 1967. – München: Hanser 1971.

H. NÜRNBERGER: Theodor Fontane in Selbstzeugnissen und Bilddokumenten. Reinbek bei Hamburg: Rowohlt 1968.

H. NÜRNBERGER (Hg.): Theodor Fontane. Märkische Region und Europäische Welt. Bonn 1993.

H. NÜRNBERGER: Fontanes Welt. Berlin: Siedler 1997.

H. Nürnberger und E. Heftrich (Hg.): Theodor Fontane und Thomas Mann. Die Vorträge des Internationalen Kolloquiums in Lübeck 1997 (Thomas-Mann-Studien. Achtzehnter Band). Frankfurt am Main: Klostermann 1998.

H. NÜRNBERGER: Fontanes Welt. Eine Biographie des Schriftstellers. München: Pantheon 2007, bes. S. 101, 342, 374, 545, 547–552.

H. NÜRNBERGER und D. STORCH (Hg.): Fontane–Lexikon. Namen – Stoffe – Zeitgeschichte. München: Hanser 2007.

H. NÜRNBERGER und C. GRAWE (Hg.): Fontane–Handbuch. Stuttgart: Kröner 2000, bes. S. 510-518.

H. NÜRNBERGER: „Auf der Treppe von Sanssoucci". Studien zu Fontane (*Fontaneana*). Herausgegeben von Michael Ewert und Christine Hehle. Würzburg: Könighausen & Neumann 2016.

H. OHFF: Theodor Fontane. Leben und Werk. München 1995; 2002.

H. OHL: Bild und Wirklichkeit. Studien zur Romankunst Raabes und Fontanes. Heidelberg: Striehm 1968.

W. PAULSEN: Im Banne der Melusine. Theodor Fontane und sein Werk. Bern 1988.

B. PLETT: Die Kunst der Allusion. Formen literarischer Anspielungen in den Romanen Theodor Fontanes. Köln 1986.

B. PLETT (Hg.): Fontane-Brevier. Stuttgart: Reclam 1990.

K. K. POHLHEIM: Handbuch der deutschen Erzählung. Düsseldorf: Bagel 1981.

W. RATH: Die Novelle. Konzept und Geschichte. Göttingen: Vandenhoeck & Ruprecht 2008.

G. Reichelt: Fantastik im Realismus. Literarische und gesellschaftliche Einbildungskraft bei Keller, Storm und Fontane (Schriftenreihe für Wissenschaft und Forschung). Stuttgart: Metzler 2001.

H.-H. Reuter: Fontane. Berlin / München 1968.

H.-H. Reuter: Theodor Fontane. Grundzüge und Materialien einer historischen Biographie. (Reclams Universal-Bibliothek, 372). Leipzig 1976.

K. Richter: Resignation. Eine Studie zum Werk Theodor Fontanes (Studien zur Poetik und Geschichte der Literatur, Bd. 1). Stuttgart: Kohlhammer 1966.

G. F. Ritchie: Der Dichter und die Frau. Literarische Frauengestalten durch drei Jahrhunderte (Abhandlungen zur Kunst-, Musik- und Literaturwissenschaft, Bd. 383). Bonn: Bouvier 1989.

H. Ritscher: Fontane. Seine politische Gedankenwelt (Göttinger Bausteine zur Geschichtswissenschaft. Heft 8). Göttingen 1953.

E. Schmidt: Theodor Fontane. In: Charakteristiken. Zweite Reihe. Berlin 1912, S. 281 ff.

K. Schober: Theodor Fontane. In Freiheit dienen. Herford 1980.

H. Scholz: Theodor Fontane (Kindlers literarische Portraits). München 1978.

G. Sichelschmidt: Theodor Fontane. Lebensstationen eines preußischen Realisten (Heyne-Biographien, 141). München 1986.

G. Sichelschmidt: Theodor Fontane. Eine Biographie. Berg 1995.

C. Sieper: Der historische Roman und die historische Novelle bei Raabe und Fontane. Weimar 1977.

H. Spiero: Fontane. Wittenberg 1928.

H. Spiero und **O. Spiero:** Fontane-Brevier, Berlin 1905.

M. Swales: Epochenbuch Realismus (Grundlagen der Germanistik, Bd. 32). Berlin: Schmidt 1997.

U. Tontsch: Der „Klassiker" Fontane. Ein Rezeptionsprozeß (Abhandlungen zur Kunst-, Musik- und Literaturwissenschaft, Bd. 217). Bonn: Bouvier 1977.

E. Verchau: Theodor Fontane. Individuum und Gesellschaft (Ullstein-Buch, 4604). Frankfurt am Main 1983.

A. M. Uhlmann: Theodor Fontane. Sein Leben in Bildern. Leipzig 1961.

L. Voss: Literarische Präfiguration dargestellter Wirklichkeit bei Fontane. Zur Zitatstruktur seines Romanwerks. München: Fink 1985.

C. Wandrey: Theodor Fontane. Berlin / München 1919.

B. Weber: Der literarische Garten im bürgerlichen Zeitalter. Die Motive 'Park' und 'Garten' in den Prosawerken von Mörike, Storm und Fontane. Düsseldorf 1991.

L. Weber: „Fliegen und Zittern". Hysterie in Texten von Theodor Fontane, Hedwig Dohm, Gabriele Reuter und Minna Kautsky. Bielefeld: Aisthesis-Verlag 1996.

G. WILHELM: Die Dramaturgie des epischen Romans bei Theodor Fontane. Frankfurt 1981.

H.-J. ZIMMERMANN: „Das Ganze" und die Wirklichkeit. Theodor Fontanes perspektivischer Realismus (Literarhistorische Untersuchungen, Bd. 11). Frankfurt am Main: Lang Verlag 1988.

W. L. ZWIEBEL: Theodor Fontane. New York 1992.

Literaturhistorische Forschungs– und Interpretationsliteratur zu Theodor Fontanes Novelle „Grete Minde"

P. I. ANDERSON: Der Durchbruch mit *Grete Minde.* Ein Probekapitel aus Fontanes Biographie. In: Fontane–Blätter 52 (1991), S. 47–68.

H. AUST: *Grete Minde.* In: Hugo Aust: Theodor Fontane. München: Francke 1998, S. 49-56.

B. BARTOS-HÖPPNER: Die Schuld der Grete Minde. München: C. Bertelsmann 1993.

F. BETZ: Theodor Fontane: Grete Minde. Erläuterungen und Dokumente. Stuttgart 1986.

J. BOS: Die kritische Funktion der religiösen Motivik in Fontanes *Grete Minde.* Utrecht 1980.

A. BOSSHART: Theodor Fontanes historische Romane. Winterthur/Zürich 1957, S. 42–66.

P. DEMETZ: Formen des Realismus. Theodor Fontane. München 1964, S. 91–99.

E. ELLINGER: Das Bild der bürgerlichen Gesellschaft bei Theodor Fontane. Würzburg 1970.

G. ERLER und E. ZIEGLER: Theodor Fontane. Lebensraum und Phantasiewelt. Berlin 2002.

H. ESTER: Zur Gesellschaftskritik in Fontanes *Grete Minde.* In: Fontane–Blätter 5 (1982), Heft 1, S. 73–78.

H. ESTER: *Grete Minde.* Die Suche nach dem erlösenden Wort. In: Interpretationen. Fontanes Novellen und Romane. Herausgegeben von Christian Grawe. Stuttgart 1991, S. 44–64.

H. ESTER: Der selbstverständliche Geistliche. Untersuchungen zu Gestaltung und Funktion des Geistlichen im Erzählwerk Fontanes. Leiden 1975, S. 67–72.

N. FREI: Die Frau als Paradigma des Humanen (Literatur in der Geschichte – Geschichte in der Literatur, Bd. 3). Königsstein/Taunus: Verlag Anton Hain 1980.

K. GLOBIG: Theodor Fontanes *Grete Minde*: Psychologische Studie, Ausdruck des Historismus oder sozialpolitischer Appell? In: Fontane–Blätter Bd. 32 (1981), S. 706–713. – Diskussionsbeiträge: Fontane–Blätter 33 (1982), S. 67–82.

K. GRÄTZ: „Alles kommt auf die Beleuchtung an". Theodor Fontane – Leben und Werk. Stuttgart 2015.

C. GRAWE: Führer durch die Romane Theodor Fontanes. Ein Verzeichnis der darin auftauchenden Personen, Schauplätze und Kunstwerke (Fontane Bibliothek). Frankfurt am Main / Berlin / Wien: Ullstein 1980.

C. GRAWE und **H. NÜRNBERGER** (Hg.): Fontane–Handbuch. Stuttgart: Kröner 2000, bes. S. 510-518.

G. HAUT: Eine Frage der Institution. Ermittlungspraktiken und Spureninterpretationen in Kriminalnovellen von Fontane, Storm und Raabe (Das unsichere Wissen der Literatur. Natur, Recht, Ästhetik). Freiburg im Breisgau 2017.

G. H. HERTLING: Kleists *Michael Kohlhaas* und Fontanes *Grete Minde*. Freiheit und Fügung. In: The German Quarterly 40 (1967), S. 24–40.

U. HORSTMANN-GUTHRIE: Thackerays *Catherine* und Fontanes *Grete Minde*. In: Fontane–Blätter 48 (1989), S. 82–92.

P. HUCHEL: *Margarethe Minde*. Eine Dichtung für den Rundfunk (1939). Mit einem Nachwort von Hans Mayer. (Bibliothek Suhrkamp, Band 868). Frankfurt am Main: Suhrkamp 1984.

B. A. JENSEN: Die Entfachung der kindlichen Vitalität in Fontanes *Grete Minde*. In: German Life and Letters 50 (19979), S. 339-353.

C. KAHRMANN: Idyll im Roman. Theodor Fontane. München: Fink-Verlag 1973, S. 62–84, bes. S. 77–84.

S. KLEINPAß: Theodor Fontane (Literatur Kompakt, Bd. 2). Herausgegeben von Gunter E. Grimm. Marburg: Tectum Verlag 2012, S. 71–83.

H.-J. KONIECZNY: Fontanes Erzählwerk in Presseorganen des ausgehenden 19. Jahrhunderts. Eine Untersuchung zur Funktion des Vorabdrucks ausgewählter Erzählwerke in den Zeitschriften „Nord und Süd", „Westermanns illustrierte Monatshefte", „Deutsche Romanbibliothek", „Über Land und Meer", „Die Gartenlaube", „Deutsche Rundschau". Paderborn 1978.

I. LEITNER: Sprachliche Archaisierung. Historisch–typologische Untersuchung zur deutschen Literatur des 19. Jahrhunderts. Frankfurt am Main 1978, S. 215–221.

V. L. LEWIS: Flames of Passion, Flames of Greed. Acts of Arson in German Prose Fiction 1850–1900 (Studies on Themes and Motifs in Literature. Vol. 2). New York 1991.

M. LINCKENS: Hans Memlings „Das jüngste Gericht". Eine Vorlage zu Fontanes *Grete Minde*. In: Zeit–Schrift 3 (1989), Heft 6, S. 29–38.

B. LOSCH: Widerstandsrecht bei Fontane – Grete Minde gegen Unterdrückung und Rechtsverweigerung. In: Fontane–Blätter 67 (1999), S. 59 ff.

B. LOSCH: Rechtswahrung – Rechtsdurchbrechung – Widerstandsrecht. In: Religion als Relikt? Christliche Traditionen im Werk Fontanes. Internationales Symposium. Veranstaltet vom Theodor-Fontane-Archiv und der Theodor-Fontane-Gesellschaft e. V. zum 70-jährigen Bestehen des Theodor-Fontane-Archivs Potsdam, 21. bis 25. September 2005. Fontaneana, Bd. 5. Herausgegeben von Hanna Delf von Wolzogen und Hubertus Fischer. Würzburg: Königshausen & Neumann 2006, S. 63-76.

G. LOSTER-SCHNEIDER: Der Erzähler Fontane. Seine politische Vermittlung (Mannheimer Beiträge zur Sprach– und Literaturwissenschaft. 11). Tübingen 1986.

B. MÜLLER-KAMPEL: Theater–Leben. Theater und Schauspiel in der Erzählprosa Theodor Fontanes. Frankfurt am Main 1989.

W. MÜLLER-SEIDEL: Theodor Fontane. Soziale Romankunst in Deutschland. Stuttgart: Metzler Verlag 1975, 1994, S. 72–81 [Kapitel: „Im Banne des Historismus"].

H. NÜRNBERGER: „Ein von Borniertheit eingegebener Katholizismus [...] etwas ganz besonders Schreckliches". Fontanes Reaktion als Kritiker und Erzähler im Klima des Kulturkampfes. In: Religion als Relikt? Christliche Traditionen im Werk Fontanes. Internationales Symposium. Veranstaltet vom Theodor-Fontane-Archiv und der Theodor-Fontane-Gesellschaft e. V. zum 70-jährigen Bestehen des Theodor-Fontane-Archivs Potsdam, 21. bis 15. September 2005. Fontaneana, Bd. 5. Herausgegeben von Hanna Delf von Wolzogen und Hubertus Fischer. Würzburg: Königshausen & Neumann 2006, S. 157-182.

H. OHL: Theodor Fontane. In: Handbuch der deutschen Erzählung. Herausgegeben von K. K. Polheim. Düsseldorf 1981, S. 342–348.

J. OSBORN: „Wie lösen sich die Rätsel?" Motivation in Fontanes *Grete Minde*. In: Modern Languages 64 (1983), S. 245–251.

G. PAILER: Schwarzäugige Mordbrennerin. Fontanes *Grete Minde*, eine Tochter von Cervantes *La gitanilla*. In: Renate Möhrmann (Hrsg.): rebellisch – verzweifelt – infam. Das böse Mädchen als ästhetische Figur. Bielefeld 2012, S. 171–186.

K. PAPIES: Fremdheit und Nähe. Zwei Kategorien zum Erschließen von Dichtung, dargestellt am Beispiel von Peter Handke *Die linkshändige Frau*, Theodor Storm *Immensee* und Theodor Fontane *Grete Minde*. In: Der Deutschunterricht V (1986), S. 47–58.

E. Pastor: *Das Hänflingsnest.* Zu Theodor Fontanes *Grete Minde.* In: Revue des Langues Vivantes 44 (1978), S. 99–110.

O. Pniower: *Grete Minde,* in: O. Pniower: Dichtungen und Dichter. Essays und Studien. Berlin 1912, S. 295–331.

H. Scholz: Theodor Fontane. München 1978, S. 155–162 [Kapitel: „Verschenkter Romanstoff. *Grete Minde*"].

H. Settler: Fontanes Hintergründigkeiten. Aufsätze und Vorträge. Flensburg / Glücksburg: Baltica Verlag 2006, S. 9–39 [Kapitel: Fontanes „*Grete Minde*" und die Strukturen seiner Romane].

C. Sieper: Der historische Roman und die historische Novelle bei Raabe und Fontane. Weimar 1930, S. 44–47, 75–77.

G. Sylvain: Theodor Fontanes „Neben–Werke". Würzburg 2004.

J. Thanner: Die Stilistik Theodor Fontanes. Untersuchungen zur Erhellung des Begriffs 'Realismus' in der Literatur (Studies in German literature, Vol. 9). The Hague: Mouton 1967.

J. Thunecke: Klosteridyll und Raubmörderidyll. In: Fontane–Blätter 5 (1982), H. 1, S. 78–80.

C. Wandrey: Theodor Fontane. München 1919, S. 138–145 [Kapitel: „Die balladesken Novellen"].

E. Ziegler und **G. Erler:** Theodor Fontane. Lebensraum und Phantasiewelt. Eine Biographie. Berlin 2002.

Lokalhistorische und regionalhistorische Literatur zur Elbestadt Tangermünde und zum Kloster Arendsee

J. C. Bekmann: Historische Beschreibung der Chur und Mark Brandenburg. 2 Bände. Berlin 1751–1753.

K. Blaschke: Kirchenorganisation und Kirchenpatrozinien als Hilfsmittel der Stadtkernforschung. In: Stadtkernforschung. Herausgegeben von H. Jäger. Köln, Wien 1987.

S. Brückner: Tangermünde. Der Stadtführer. Wettin–Löbejün–Dössel 2011.

W. Däther: Der Prozeß gegen Margarete Minden und Genossen. Ein dunkles Kapitel Tangermünder Stadtgeschichte. Tangermünde o. J. [1931], bes. S. 9, 15, 42, 58 f., 76, 98 f.

Evangelischer Gemeindekirchenrat des Kirchspiels am Arendsee (Hg.): Kloster Arendsee. Dössel 2007.

A. F. L. Felcke: Chronik der Stadt Arendsee in der Altmark. Gardelegen 1891/1892.

D. FETTBACK (Hg.): A. H. Thieme: Kloster Arendsee. Die Klostergebäude und das Klostergebiet. (Neuauflage in unveränderter Textfassung von 1878). Osterburg 2000.

L. GÖTZE: Geschichte der Burg Tangermünde. Stendal 1871.

A. GRUß: Kloster Arendsee. Kirche, Geschichte, Kultur. Herausgegeben vom Förderverein Kloster Arendsee. Arendsee o. J.

O. HEINECKE: Chronik der Stadt Arendsee in der Altmark. Arendsee 1926.

C. HELMREICH: Annales Tangermundenses. Magdeburg 1636; neu herausgegeben in: Georg Gottfried Küster (Hrsg.), Antiquaitates Tangermundensis, Berlin 1729.

C. HELMREICH: Antiquitates Tangermundensis. In: Georg Gottfried Küster (Hg.): Antiquaitates Tangermundensis. Berlin 1729.

W. VON HIPPEL: Armut, Unterschichten, Randgruppen in der Frühen Neuzeit. München 1995.

R. HUCH: Tangermünde. In: Ricarda Huch: Im alten Reich. Lebensbilder deutscher Städte. Der Norden. Leipzig . Bremen 1960, S. 129–135.

E. KEYSER: Deutsches Städtebuch, Bd. II. Mitteldeutschland. Berlin, Stuttgart 1941.

E. KNEEBUSCH: Die Burg Tangermünde zur Zeit Karls IV. Hannover 1916.

J. KOHLMANN: Tangermünde – Ein Besuch der alten Elbestadt. Tangermünde 1960. 2. Auflage Stendal 1967. 3. Auflage Stendal 1978.

J. KOHLMANN: Tangermünde – Geschichte der alten Elbestadt. Tangermünde 1962.

J. KOHLMANN: Tangermünde. Ein Führer durch die historische Altstadt. Tangermünde 1991. 2. Auflage 1998.

J. KOHLMANN: Tangermünde wie es früher war. Gudensberg-Gleichen: Wartberg Verlag 1993.

G. G. KÜSTER: Antiquaitates Tangermundenses. Berlin 1729.

L. LAMBACHER: Bemerkungen zum Hochaltarretabel der ehemaligen Benediktinerinnen–Klosterkirche zu Arendsee in der Altmark. In: U. Albrecht (Hg.): Figur und Raum. Berlin 1994.

G. G. A. MARKLEIN: Tangermünde. Die Kaiserstadt an der Elbe. Herausgegeben von der Rathausbuchhandlung Tangermünde, Irmgard Wiederhöver. Gudensberg-Gleichen: Wartberg Verlag 1999.

H. MÜLLER: Beiträge zur Baugeschichte der Klosterkirche Arendsee in der Altmark. Halle 1972.

H. MÜLLER: Die Klosterkirche Arendsee (Große Baudenkmäler, Heft 460). München, Berlin 1997.

H. NEUMANN: Die Klosterkirche zu Arendsee. Christliches Denkmal, H. 134. Berlin 1986.

E. NEUß: Kleiner Führer durch die St.-Stephanskirche Tangermünde. Tangermünde 1984.

L. PARISIUS: Grete Minden und die Feuersbrunst am 13. September 1617. – Eine Ehrenrettung. In: H. Dietrichs / L. Parisius: Bilder aus der Altmark. Bd. 1. Hamburg 1883, S. 66–108. – Königstein/Taunus 1994, bes. S. 29 f., 49.

O. PNIOWER: *Grete Minde.* In: Brandenburgia. Monatsblätter der Gesellschaft für Heimatkunde der Provinz Brandenburg zu Berlin. 9. Jg. (1900–1901), S. 389–411.

A. W. POHLMANN: Geschichte der Stadt Tangermünde. Stendal 1829.

A. W. POHLMANN: Margarethe Minde und die Feuersbrunst zu Tangermünde am 13. September 1617. Ein Denkmal menschlicher Verworfenheit. Tangermünde 1843.

A. W. POHLMANN: Historische Wanderungen durch Tangermünde. Tangermünde 1846.

H. REIMANN: Flammen über Tangermünde. Schwarzholz o. J. [1994].

H. REIMANN: Grete Minde. Justizopfer des Mittelalters. Tangermünde 1995, bes. S. 7 f.

H. REINICKE: Kaiser Karl IV. und die deutsche Hanse. In: Blätter des Hansischen Geschichtsvereins. Bd. XXII. Lübeck 1931.

F. RIEDEL: Der Grete-Minde-Brandstiftungsprozeß in seiner finanziellen Dimension. In: Klaus-Christoph Claveé (Hg.): Justiz in Stadt und Land Brandenburg im Wandel der Jahrhunderte. Berlin 1998.

F. RIEDEL: Der Glanz verblasst. Tangermünde und die Tangermünder in der Frühen Neuzeit. In: Sigrid Brückner (Hg.): Tangermünde. 1000 Jahre Stadtgeschichte. Dößel 2008, S. 225–244.

H. ROSENDORF: Tangermünder Verfassungs– und Verwaltungsgeschichte bis zum Ende des 17. Jahrhunderts. Greifswald 1914.

W. E. ROST: Örtlichkeit und Schauplatz in Fontanes Werken (Studien zur Sprache und Kultur. H. 6), Berlin/Leipzig 1931, S. 102–106, 152.

W. SALCHOW / M. EHLIES: Arendsee und Altmark. Leipzig 1961.

J. SCHULTZE: Entstehung der Mark Brandenburg und ihrer Städte. In: Berlin. Neun Kapitel seiner Geschichte. Berlin 1960.

J. SCHULTZE: Die Mark Brandenburg. Berlin 1961.

W. SCHWARTZ: Sagen und alte Geschichten der Mark Brandenburg. Berlin 1871.

H. C. STEINHART: Die Altmark. Stendal 1800.

D. STÖSSEL-VÖLCKERS: Die Baugeschichte der St.-Stephanskirche zu Tangermünde. Würzburg 1941.

M. SÜNDER-GAß: Die Stephanskirche zu Tangermünde. Großer Kunstführer. Bd. 240.

THIETMAR VON MERSEBURG: Chronik. Neu übertragen und erläutert von W. Trillmich. Berlin o. J. (Ausgewählte Quellen zur deutschen Geschichte des Mittelalters. In: Reichs-Freiherr vom und zum Stein-Gedächtnisausgabe. Bd. IX. Herausgegeben von R. Buchner).

J. THUNECKE: Klosteridyll und Raubmörderidyll. In: Fontane–Blätter 5 (1982), S. 78–80.

H. TROST: Norddeutsche Stadttore zwischen Elbe und Oder. Berlin 1959.

H. TROST: Tangermünde. Leipzig 1965.

S. W. WOHLBRÜCK: Geschichte der Altmark. Berlin 1855.

W. ZAHN: Die romanischen Bau- und Kunstdenkmäler der Altmark. In: 28. Jahresbericht des altmärkischen Vereins für vaterländische Geschichte zu Salzwedel. Magdeburg 1901.

W. ZAHN: Kaiser Karl IV. in Tangermünde. Festschrift zur Enthüllungsfeier des Denkmals Kaiser Karl IV. Tangermünde 1900.

Historische und rechtshistorische Forschungsliteratur

G. BANDMANN: Das Kunstwerk als Geschichtsquelle. In: Deutsche Vierteljahrsschrift für Literaturwissenschaft und Geistesgeschichte. 24. Jg., H. 4. Stuttgart 1950.

G. BANDMANN: Mittelalterliche Architektur als Bedeutungsträger. Berlin 1951.

G. DANE: Zeter und Mordio. Vergewaltigung in Literatur und Recht. Götingen 2005.

Y. GREVE: Verbrechen und Krankheit. Die Entdeckung der „Criminalpsychologie" im 19. Jahrhundert. Köln/Weimar/Wien 2004.

Y. GREVE: Die Unzurechnungsfähigkeit in der „Criminalpsychologie" des 19. Jahrhunderts, in: Michael Niehaus und Hans-Walter Schmidt-Hannisa (Hrsg.), Unzurechnungsfähigkeit: Diskursivierungen unfreier Bewusstseinszustände seit dem 18. Jahrhundert, Frankfurt am Main u.a. 1998, S. 107 ff.

K.G. HERING: Der Weg der Kriminologie zur selbstständigen Wissenschaft. Hamburg 1966.

K. HÄRTER: Strafverfahren im frühneuzeitlichen Territorialstaat: Inquisition, Entscheidungsfindung, Supplikation. In: Andreas Blauert / Gerd Schwerhoff (Hg.): Kriminalitätsgeschichte. Konstanz 2000, S. 469–480.

G. KAISER: Kriminologie. Ein Lehrbuch.3. Auflage. Heidelberg 1996.

T. KRAUSE: Der Prozess gegen Margarete Minde aus Tangermünde. In: O. Behrends und R. Dreier (Hg.): Gerechtigkeit und Geschichte. Beiträge eines Symposions zum 65. Geburtstag von Malte Dießelhorst. Göttingen 1996, S. 107–117, bes. 109, 116.

K.L. KUNZ: Kriminologie. Bern, Stuttgart/Wien 5. Aufl. (2008)

NORBERT LAZAY: Margarethe Minde oder die Feuersbrunst in Tangermünde am 13. September 1617. Ein Denkmal menschlicher Verworfenheit. 400 Jahre Stadtbrand in Tangermünde. Gedenkveranstaltung im Christophorushaus in Tangermünde am 13. September 2017. Tangermünde 2017.

T. A. LINDSTEDT: Männliche Aussage gegen weibliche Beweise: Der Prozess gegen Grete Minde in Tangermünde (1617–1619). Frauenschuld nach der Novelle von Theodor Fontane sowie die wahre Geschichte. Halle an der Saale 2017, bes. S. 11, 18 f., 26 f., 32.

F. VON LISZT: Lehrbuch des Deutschen Strafrechts. Berlin: J. Guttentag 1897. – Berlin: Walter de Gruyter 1908; 1911.

F. VON LISZT: Das Verbrechen als sozialpathologische Erscheinung (1898). In: Franz von Liszt: Strafrechtliche Aufsätze und Vorträge. Bd. 2. Berlin 1905.

B. LOSCH: Widerstandsrecht bei Fontane – Grete Minde gegen Unterdrückung und Rechtsverweigerung. In: Fontane–Blätter 67 (1999), S. 59 ff.

B. LOSCH, K. KRANEN: Fontanes Kriminalgeschichten, in: NJW 1999, 1913

H. LÜCK: Flammen und Tränen. Der historische Hintergrund für Theodor Fontanes Novelle „Grete Minde". In: M. Kilian (Hg.): Jenseits von Bologna – Jurisprudentia literarisch. Von Woyzeck bis Weimar, von Hoffmann bis Luhmann. Berlin 2006, S. 281 f., 289 f., 294 f., 297.

K. LÜDERSSEN: Der Text ist klüger als der Autor. Kriminologische Bemerkungen zu Theodor Fontanes Erzählung „Unterm Birnbaum", in: Theodor Fontane, Unterm Birnbaum (1885), Berlin 2000, S. 129 ff.

P. VON MATT: Gerechtigkeit und Sympathie. Über die Gerichtsbarkeit der Literatur und ihre Strategien. Zürich: Dike 2013.

TH. MORUS: Utopia (Nachdruck des Originals von 1516), in: Klaus Heinisch (Hrsg.), Der utopische Staat, Reinbeck 1960, S. 9 ff.

L. PARISIUS, Grete Minden und die Feuersbrunst vom 13. September 1617. Eine Ehrenrettung, in: Ludolf Parisius und Hermann Dietrichs, Bilder aus der Altmark, Königstein am Taunus 1994

A. W. POHLMANN: Margaretha Minde oder die Feuersbrunst zu Tangermünde am 13.September 1617. Ein Denkmal der Verworfenheit. Aus den Originalakten gezogen und der werthen Bürgerschaft zu Tangermünde gewidmet. Tangermünde 1843.

G. RADBRUCH (Hg.): Die „Peinliche Gerichtsordnung" Kaiser Karls V. von 1532. Herausgegeben und erläutert von Gustav Radbruch (Reclams Universal-Bibliothek, 2990/2990a). Stuttgart: Reclam-Verlag 1960.

H. **REIMANN:** Grete Minde. Justizopfer des Mittelalters, Tangermünde 1995.

F. RIEDEL: Der Grete-Minde-Brandstiftungsprozeß in seiner finanziellen Dimension, in: Klaus-Christoph Claveé (Hrsg.), Justiz in Stadt und Land Brandenburg im Wandel der Jahrhunderte, Berlin 1998

A. RITNER: Alt–Märkisches Geschichtsbuch. Zerbst 1651.

H. RÜPING, G. JEROUSCHEK: Grundriss der Strafrechtsgeschichte, München 5. Aufl. (2007)

E. SAMMEL: Von Amazonen, männischen Weibern und sympathischen Mörderinnen. Eine Untersuchung weiblicher Gewalt in der neueren deutschen Literatur des 17. bis 20. Jahrhunderts anhand der Werke „Betrogener Frontalbo", „Die Familie Seldorf", „Grete Minde" und „Die Apothekerin". Hamburg 2012.

W. SCHILD: Folter, Pranger, Scheiterhaufen. Rechtsprechung im Mittelalter. Augsburg 2011.

H. ROSENDORF: Tangermünder Verfassungs– und Verwaltungsgeschichte. Greifswald 1914.

C. **SCHMITZ:** Anhang zu Theodor Fontane. Große Brandenburger Ausgabe. Das Erzählerische Werk. *Grete Minde. Nach einer altmärkischen Chronik.* Berlin 1997, S. 121 ff.

H.-D. SCHWIND: Kriminologie. Eine praxisorientierte Einführung mit Beispielen, Heidelberg 21. Aufl. (2011)

P. STRASSER: Verbrechermenschen. Zur kriminalwissenschaftlichen Erzeugung des Bösen. Frankfurt 2005.

TH. VORMBAUM: Einführung in die moderne Strafrechtsgeschichte, Heidelberg 3. Aufl. (2016)

F. WEIN: Auf den Spuren der *Grete Minde.* Zu den Quellen von Fontanes Novelle. In: Aus den Schubladen. Beiträge zur deutschen Philologie. Freie

Universität Berlin, Fachbereich Philosophie und Geisteswissenschaften. Berlin 2013.

F. WEIN: Auf den Spuren der *Grete Minde*. Zur historischen Vorlage von Fontanes Novelle. In: U. Ralmbach und D. Fettback (Hg.): 84. Jahresbericht des Altmärkischen Vereins für vaterländische Geschichte zu Salzwedel e. V., Salzwedel 2014, bes. S. 87, 89 f., 92 f., 101.

F. WEIN: Aus der Akte mit dem roten Einband. Neues zu *Grete Minde*. 400 Jahre Stadtbrand in Tangermünde. Gedenkveranstaltung im Christophorushaus in Tangermünde am 13. September 2017. Tangermünde 2017.

S. W. WOHLBRÜCK: Geschichte der Altmark. Berlin 1855.

Dank

Für großzügig bereitgestellte, oft nur schwer erreichbare Literatur, Archivalien und Dokumente danke ich folgenden Institutionen:

Theodor-Fontane-Archiv Potsdam | Philosophische Fakultät der Universität Potsdam
Gesellschaft der Freunde und Förderer des Theodor-Fontane-Archivs e. V. in Potsdam
Theodor-Fontane-Gesellschaft e. V. | Fontanestadt Neuruppin
Theodor-Fontane-Gesellschaft e. V. | Sektion Berlin-Brandenburg in Berlin
Der Fontane-Literaturkreis | Fontane-Bibliothek | in Bocholt
Theodor-Storm-Zentrum | Archiv – Bibliothek | in Husum
Theodor-Storm-Gesellschaft e. V. in Husum
Germanistisches Institut der Ruhr-Universität Bochum
Universitäts- und Landesbibliothek der Heinrich-Heine-Universität Düsseldorf
Institut für Juristische Zeitgeschichte der Rechtswissenschaftlichen Fakultät
der FernUniversität in Hagen
Stadtgeschichtliches Museum Tangermünde
Stadtarchiv Tangermünde
Evangelische Kirchengemeinde St. Stephan in Tangermünde
Evangelischer Gemeinderat des Kirchspiels am Arendsee in Arendsee
Förderverein „Kloster Arendsee" e. V. in Arendsee
Tourist-Information der Kaiser- und Hansestadt Tangermünde

Juristische Zeitgeschichte

Herausgeber: Prof. Dr. Dr. Thomas Vormbaum, FernUniversität in Hagen

Abteilung 1: Allgemeine Reihe

3 *Thomas Vormbaum (Hrsg.):* Vichy vor Gericht: Der Papon-Prozeß (2000)

4 *Heiko Ahlbrecht / Kai Ambos (Hrsg.):* Der Fall Pinochet(s). Auslieferung wegen staatsverstärkter Kriminalität? (1999)

5 *Oliver Franz:* Ausgehverbot für Jugendliche („Juvenile Curfew") in den USA. Reformdiskussion und Gesetzgebung seit dem 19. Jahrhundert (2000)

6 *Gabriele Zwiehoff (Hrsg.):* „Großer Lauschangriff". Die Entstehung des Gesetzes zur Änderung des Grundgesetzes vom 26. März 1998 und des Gesetzes zur Änderung der Strafprozeßordnung vom 4. Mai 1998 in der Presseberichterstattung 1997/98 (2000)

7 *Mario A. Cattaneo:* Strafrechtstotalitarismus. Terrorismus und Willkür (2001)

8 *Gisela Friedrichsen / Gerhard Mauz:* Er oder sie? Der Strafprozeß Böttcher/Weimar. Prozeßberichte 1987 bis 1999 (2001)

9 *Heribert Prantl / Thomas Vormbaum (Hrsg.):* Juristisches Zeitgeschehen 2000 in der Süddeutschen Zeitung (2001)

10 *Helmut Kreicker:* Art. 7 EMRK und die Gewalttaten an der deutsch-deutschen Grenze (2002)

11 *Heribert Prantl / Thomas Vormbaum (Hrsg.):* Juristisches Zeitgeschehen 2001 in der Süddeutschen Zeitung (2002)

12 *Henning Floto:* Der Rechtsstatus des Johanniterordens. Eine rechtsgeschichtliche und rechtsdogmatische Untersuchung zum Rechtsstatus der Balley Brandenburg des ritterlichen Ordens St. Johannis vom Spital zu Jerusalem (2003)

13 *Heribert Prantl / Thomas Vormbaum (Hrsg.):* Juristisches Zeitgeschehen 2002 in der Süddeutschen Zeitung (2003)

14 *Kai Ambos / Jörg Arnold (Hrsg.):* Der Irak-Krieg und das Völkerrecht (2004)

15 *Heribert Prantl / Thomas Vormbaum (Hrsg.):* Juristisches Zeitgeschehen 2003 in der Süddeutschen Zeitung (2004)

16 *Sascha Rolf Lüder:* Völkerrechtliche Verantwortlichkeit bei Teilnahme an „Peacekeeping"-Missionen der Vereinten Nationen (2004)

17 *Heribert Prantl / Thomas Vormbaum (Hrsg.):* Juristisches Zeitgeschehen 2004 in der Süddeutschen Zeitung (2005)

18 *Christian Haumann:* Die „gewichtende Arbeitsweise" der Finanzverwaltung. Eine Untersuchung über die Aufgabenerfüllung der Finanzverwaltung bei der Festsetzung der Veranlagungssteuern (2008)

19 *Asmerom Ogbamichael:* Das neue deutsche Geldwäscherecht (2011)

20 *Lars Chr. Barnewitz:* Die Entschädigung der Freimaurerlogen nach 1945 und nach 1989 (2011)

21 *Ralf Gnüchtel:* Jugendschutztatbestände im 13. Abschnitt des StGB (2013)

22 *Helmut Irmen:* Stasi und DDR-Militärjustiz. Der Einfluss des MfS auf Militärjustiz und Militärstrafvollzug in der DDR (2014)

24 *Zekai Dağaşan:* Das Ansehen des Staates im türkischen und deutschen Strafrecht (2015)

25 *Camilla Bertheau:* Politisch unwürdig? Entschädigung von Kommunisten für nationalsozialistische Gewaltmaßnahmen. Bundesdeutsche Gesetzgebung und Rechtsprechung der 50er Jahre (2016)

Abteilung 6: Recht in der Kunst

Mitherausgegeben von Prof. Dr. Gunter Reiß

1 *Heinz Müller-Dietz:* Recht und Kriminalität im literarischen Widerschein. Gesammelte Aufsätze (1999)

2 *Klaus Lüderssen (Hrsg.):* »Die wahre Liberalität ist Anerkennung«. Goethe und die Juris prudenz (1999)

3 *Bertolt Brecht:* Die Dreigroschenoper (1928) / Dreigroschenroman (1934). Mit Kommentaren von Iring Fetscher und Bodo Plachta (2001)

4 *Annette von Droste-Hülshoff:* Die Judenbuche (1842) / Die Vergeltung (1841). Mit Kommentaren von Heinz Holzhauer und Winfried Woesler (2000)

5 *Theodor Fontane:* Unterm Birnbaum (1885). Mit Kommentaren von Hugo Aust und Klaus Lüderssen (2001)

6 *Heinrich von Kleist:* Michael Kohlhaas (1810). Mit Kommentaren von Wolfgang Naucke und Joachim Linder (2000)

7 *Anja Sya:* Literatur und juristisches Erkenntnisinteresse. Joachim Maass' Roman „Der Fall Gouffé" und sein Verhältnis zu der historischen Vorlage (2001)

8 *Heiner Mückenberger:* Theodor Storm – Dichter und Richter. Eine rechtsgeschichtliche Lebensbeschreibung (2001)

9 *Hermann Weber (Hrsg.):* Annäherung an das Thema „Recht und Literatur". Recht, Literatur und Kunst in der NJW (1), (2002)

10 *Hermann Weber (Hrsg.):* Juristen als Dichter. Recht, Literatur und Kunst in der NJW (2), (2002)

11 *Hermann Weber (Hrsg.):* Prozesse und Rechtsstreitigkeiten um Recht, Literatur und Kunst. Recht, Literatur und Kunst in der NJW (3), (2002)

12 *Klaus Lüderssen:* Produktive Spiegelungen. 2., erweiterte Auflage (2002)

13 *Lion Feuchtwanger:* Erfolg. Drei Jahre Geschichte einer Provinz. Roman (1929). Mit Kommentaren von Theo Rasehorn und Ernst Ribbat (2002)

14 *Jakob Wassermann:* Der Fall Maurizius. Roman (1928). Mit Kommentaren von Thomas Vormbaum und Regina Schäfer (2003)

15 *Hermann Weber (Hrsg.):* Recht, Staat und Politik im Bild der Dichtung. Recht, Literatur und Kunst in der Neuen Juristischen Wochenschrift (4), (2003)

16 *Hermann Weber (Hrsg.):* Reale und fiktive Kriminalfälle als Gegenstand der Literatur. Recht, Literatur und Kunst in der Neuen Juristischen Wochenschrift (5), (2003)

17 *Karl Kraus:* Sittlichkeit und Kriminalität. (1908). Mit Kommentaren von Helmut Arntzen und Heinz Müller-Dietz (2004)

18 *Hermann Weber (Hrsg.):* Dichter als Juristen. Recht, Literatur und Kunst in der Neuen Juristischen Wochenschrift (6), (2004)

19 *Hermann Weber (Hrsg.):* Recht und Juristen im Bild der Literatur. Recht, Literatur und Kunst in der Neuen Juristischen Wochenschrift (7), (2005)

20 *Heinrich von Kleist:* Der zerbrochne Krug. Ein Lustspiel (1811). Mit Kommentaren von Michael Walter und Regina Schäfer (2005)

21 *Francisco Muñoz Conde / Marta Muñoz Aunión:* „Das Urteil von Nürnberg". Juristischer und filmwissenschaftlicher Kommentar zum Film von Stanley Kramer (1961), (2006)

22 *Fjodor Dostojewski:* Aufzeichnungen aus einem Totenhaus (1860). Mit Kommentaren von Heinz Müller-Dietz und Dunja Brötz (2005)

23 *Thomas Vormbaum (Hrsg.):* Anton Matthias Sprickmann. Dichter und Jurist. Mit Kommentaren von Walter Gödden, Jörg Löffler und Thomas Vormbaum (2006)

24 *Friedrich Schiller:* Verbrecher aus Infamie (1786). Mit Kommentaren von Heinz Müller-Dietz und Martin Huber (2006)

25 *Franz Kafka:* Der Proceß. Roman (1925). Mit Kommentaren von Detlef Kremer und Jörg Tenckhoff (2006)

26 *Heinrich Heine:* Deutschland. Ein Wintermährchen. Geschrieben im Januar 1844. Mit Kommentaren von Winfried Woesler und Thomas Vormbaum (2006)

27 *Thomas Vormbaum (Hrsg.):* Recht, Rechtswissenschaft und Juristen im Werk Heinrich Heines (2006)

28 *Heinz Müller-Dietz:* Recht und Kriminalität in literarischen Spiegelungen (2007)

29 *Alexander Puschkin:* Pique Dame (1834). Mit Kommentaren von Barbara Aufschnaiter/Dunja Brötz und Friedrich-Christian Schroeder (2007)

30 *Georg Büchner:* Danton's Tod. Dramatische Bilder aus Frankreichs Schreckensherrschaft. Mit Kommentaren von Sven Kramer und Bodo Pieroth (2007)

31 *Daniel Halft:* Die Szene wird zum Tribunal! Eine Studie zu den Beziehungen von Recht und Literatur am Beispiel des Schauspiels „Cyankali" von Friedrich Wolf (2007)

32 *Erich Wulffen:* Kriminalpsychologie und Psychopathologie in Schillers Räubern (1907). Herausgegeben von Jürgen Seul (2007)

33 *Klaus Lüderssen:* Produktive Spiegelungen: Recht in Literatur, Theater und Film. Band II (2007)

34 *Albert Camus:* Der Fall. Roman (1956). Mit Kommentaren von Brigitte Sändig und Sven Grotendiek (2008)

35 *Thomas Vormbaum (Hrsg.):* Pest, Folter und Schandsäule. Der Mailänder Prozess wegen „Pestschmierereien" in Rechtskritik und Literatur. Mit Kommentaren von Ezequiel Malarino und Helmut C. Jacobs (2008)

36 *E.T.A. Hoffmann:* Das Fräulein von Scuderi – Erzählung aus dem Zeitalter Ludwigs des Vierzehnten (1819). Mit Kommentaren von Heinz Müller-Dietz und Marion Bönnighausen (2010)

37 *Leonardo Sciascia:* Der Tag der Eule. Mit Kommentaren von Gisela Schlüter und Daniele Negri (2010)

38 *Franz Werfel:* Eine blaßblaue Frauenschrift. Novelle (1941). Mit Kommentaren von Matthias Pape und Wilhelm Brauneder (2011)

39 *Thomas Mann:* Das Gesetz. Novelle (1944). Mit Kommentaren von Volker Ladenthin und Thomas Vormbaum (2013)

40 *Theodor Storm:* Ein Doppelgänger. Novelle (1886) (2013)

41 *Dorothea Peters:* Der Kriminalrechtsfall ‚Kaspar Hauser' und seine Rezeption in Jakob Wassermanns Caspar-Hauser-Roman (2014)

42 *Jörg Schönert:* Kriminalität erzählen (2015)

43 *Klaus Lüderssen:* Produktive Spiegelungen. Recht im künstlerischen Kontext. Band 3 (2014)

44 *Franz Kafka:* In der Strafkolonie. Erzählung (1919) (2015)

45 *Heinz Müller-Dietz:* Recht und Kriminalität in literarischen Brechungen (2016)